한국어로 내려온
New Bible

새로운
성 경

제98권

7부 | 총10부

하얀마음

하나님 말씀 중에서

1. 사랑의 하나님

- 세상을 창조하신 하나님은 모두를 사랑하신다. 인간만 특별히 더 사랑하지 않고, 우주 만물을 다 똑같이 사랑하신다. 그러니 하나님이 창조하신 천지 만물과 화친하고, 미물까지도 소중히 대하라.

- 하나님은 특정 종파나 민족만을 더 사랑하지 않으신다. 자기 자신만 구원받겠다는 욕심을 버리고, 자기 종파만 구원받는다는 편협한 교리에서 벗어나야 한다. 종파를 초월해서, 모두를 사랑하라.

- 원수까지 사랑하라 했으니, 이 세상에 사랑하지 못할 자가 누가 있겠는가? 종파가 다르다고 해서 부모 형제와 원수처럼 지내는 자는 인간의 근본을 모르는 자다. 가장 가까운 가족부터 사랑할 때 남도 진심으로 사랑할 수 있다.

- 한 사람을 원수같이 생각하던 마음에서 사랑하는 마음으로 돌리면, 자기 자신의 마음이 가장 기쁘고 행복하다. 하나님께서는 인간의 마음속에 무거움이 없이 기쁘고 행복한 삶을 살기를 바라신다.

- 이웃을 "내 몸처럼" 사랑하라 했으니, 마지막 한 장 남은 천국의 티켓도 이웃에게 양보하라. 자기 중심적인 신앙에서 벗어나서 남을 위해 살아야 한다.

- 독초도, 약초도, 이단도 사탄도 천사도 다 필요하기에 존재한다. 독초일지라도 극소량을 사용해서 생명을 살릴 수 있고, 약초라 하더라도 남용하면 생명을 잃을 수 있다.

- 세상 모든 것을 명약으로 활용하는 것은 인간의 지혜에 달렸다. 어떤 것이든 어떤 사람이든 적재적소에 꼭 필요한 명약으로 승화시키라.

- 사탄도 이단도 천사도 모두 하나님의 주관하에 존재한다. 진정한 하나님의 백성은 사탄과 마귀까지도 감화시켜서 천사로 거듭나게 한다.

2. 기도

- 하나님은 인간의 생각까지 모두를 다 알고 계신다. 우리의 소원도 이미 알고 계시기에, 소원의 기도를 할 필요가 없다. 우리가 받을 자격이 되면 내려 주신다.

- 죄를 짓고 아무리 회개를 해도 용서받지 못한다. 도둑질한 자는 용서해 달라고 기도하고, 도둑맞은 자는 도둑을 잡게 해 달라고 기도하면, 공의의 하나님은 누구의 편에 서시겠는가?

- 자기가 잘못한 것은 그 사람에게 직접 갚고 용서를 구하라. 그가 용서하면 하나님도 용서하신다. 땅에서 매면 하늘에서도 매이고, 땅에서 풀리면 하늘에서도 풀리는 이치다.

- "회당에서 기도하지 말고 골방에서 기도하라" 했다. 눈에 보이는 골방이 아니라, 골방과 같이 고요한 마음이다. 잡념을 버리고 하나님을 향해 마음을 집중하며, 사랑하고 용서하는 아름다운 생각만 나오도록 하라.

- "두드리면 열릴 것이다." 하는 것은 육의 소원을 위해 두드리라는 것이 아니라, 진리의 깨달음을 얻기 위해 두드리라는 것이다.

- 기도하는 방법: 생활 속에서 수시로 기도하는 삶을 살아야 한다.

- "저의 죄를 용서하여 주옵소서." 하는 회개의 기도를 하라.
- 범사에 "하나님! 감사합니다." 하라. 현재 가진 것에 감사하며, 과욕하지 말라. 자기 노력 이상의 것을 더 갖고자 기도하는 것은 도둑놈심보다. 공의의 하나님은 각자 노력한 만큼 주신다.
- "하나님 뜻대로 살아가겠나이다." 하며 마음의 각오를 다지라.

- 기도는 하나님의 말씀을 받아서 "행하는 것"이다. 하나님이 계심을 굳건히 믿고, 하늘을 향하여 한 점 부끄럼 없이 사는 삶 자체가 가장 위대한 기도이며, 삶이 곧 예배다.

3. 지도자

- 똑같이 사랑한다는 말을 해도, 순수하게 하는 말은 천사의 말이지만, 사기 쳐서 재산을 가로채려고 하는 말은 사탄의 말이다.

- 종교 지도자가 아무리 훌륭한 설교를 해도, 신도의 재물을 거둬서 더 큰 교회를 짓고 자기의 부귀영화를 바라며 설교하면 사탄의 가르침이 된다.

- "저희 교회는 만원사례요, 믿음은 다 같으니 이웃의 개척 교회에 가서 예배를 드리시오." 하며, 이웃 교회의 부흥을 먼저 생각하여 제 신도를 보내는 종교 지도자가 있다면 그를 따르라. 그가 하나님의 사랑을 실천하는 자다.

- "부자가 천국에 들어가는 것은 낙타가 바늘구멍을 통과하는 것보다 더 힘들다" 하였거늘, 지금의 교회에서는 부자가 되기만을 기도하고 소원하니, 이는 곧 천국을 포기하고 지옥 행 열차의 티켓을 사는 것과 같다.

- 예수는 빈손이었다. 종교 지도자가 예수보다 더 호화롭고 편안하게 살아간다면 잘못된 것이다. 부귀영화와 명예를 바라는 자는 절대로 갈 수 없는 좁고 협착한 길이 종교 지도자의 길이다.

- 종교 지도자는 유리로 비춰 봐 한 점의 부끄러움이 없이 살아야 한다. 의식주도 직접 일해서 해결하고, 예수의 가르침과 행함을 그대로 따라야 한다.

- 종말은 없다. 지금의 잘못 가는 종교 집단에게만 종말이 있다. 보이지 않는 하나님은 보이는 육의 종말은 관여하지 않으신다. 환경 파괴로 인간이 스스로 멸망을 자초하는 것이다. 종파끼리 싸우기 전에, 무너진 인성을 바로잡고 지구의 몸살을 해결하는 데 뜻을 모으는 게 급선무다.

4. 성전이란

- 이 세상 자체가 하나님께서 만드신 성전이다. 자연보다 더 아름다운 성전이 있는가? 보이는 건물이 성전이 아니라, 성스러운 마음가짐이 성전이다.

- 반석 위에 교회를 지으라 했다. 지상의 단단한 돌은 인간이 쪼갤 수 있으나, 마음속의 굳은 결의는 세상 무엇으로도 쪼갤 수 없다. 바르고 굳건한 믿음으로 성경의 가르침을 실천하는 것이 마음의 반석 위에 교회를 짓는 것이다.

- 손으로 지은 건물의 교회에 모여서 복음을 전하는 것이 아니라, 교회를 개인과 가정에 심어 주어야 한다. 무너지고 부서지는 건물을 짓지 말고, 마음속에 영원히 불변하는 참진리의 교회를 지으라.

5. 십계명

- 십계명은 인간이 죽어서 반드시 통과해야만 하는 열 개의 관문이다.

- 부모를 공경하지 아니한 자는 "네 부모를 공경하라." 하는 제5계명의 관문이 열리지 않으니 구원받을 수 없다.
- 살인, 간음, 거짓, 우상 등의 나머지 계명도 마찬가지다.

- 십계명은 하나님의 친필이다. 모기소리만 한 하나님의 음성이라도 들어 보겠다고 여기저기 찾아 헤매지 말고, 십계명부터 암송하고 지키라.

- 십계명은 영혼을 구원하는 양식이며, 십계명을 지키는 것이 구원을 받는 길이다. 인간이기에 지키고자 노력하고 또 노력한다면 지킬 수 있다.

- 십계명을 지키고 천사처럼 아름답게 살아가는 그 마음 하나면 세상에 이루어지지 않는 것이 없다.

6. 보물

- 하나님은 재물이 아니라 우리의 마음을 받으신다. 사랑을 실천하며 천사처럼 변하는 마음이 하나님께 바치는 보물이다.

- 보이지 않는 하나님께 재물을 바치려 하지 말고, 너희를 길러 준 부모에게 용돈드리고, 찾아뵙고, 효성을 다하라. 그것이 하나님께 효도하는 것이다.

- 하늘에는 선과 악의 창고가 있다. 자기 창고에 선이 많으면 천국으로 구원을 받고, 악이 많으면 심판받아 지옥으로 간다. 그것이 바로 "선한 일을 행한 자는 생명의 부활로, 악한 일을 행한 자는 심판의 부활로" 나오는 것이다.

- "선악과를 따먹지 말라"는 것은 양심을 지키라는 것이다. 선과 악을 구분할 수 있는 양심을 최초에 인간에게 주셨다. 선한 열매는 취하고, 악한 열매는 버리며, 양심에 비추어 부끄럼 없는 삶을 살아가라.

- 가장 작은 거짓말을 하지 않고, 가장 작은 죄를 짓지 않으며, 가장 작은 선행을 하고, 가장 작은 악행을 멀리하는 것이 율법의 일점 일획도 빠뜨리지 말고 다 지키는 삶을 사는 것이다.

7. 우상

- 박물관에 있는 불상은 하나의 예술품이다. 그 조각품에 대고 제 소원을 빌 때 우상숭배가 된다. 십자가라 하여도 그 앞에서 소원을 빈다면 우상숭배하는 것이며, 하나님께 소원을 빈다면 하나님을 우상으로 전락시키는 것이다.

- 지금 기복신앙에 젖어 있는 모든 사람이 우상 앞에 절을 하고 있다. 조각품을 우상이라며 파괴하지 말고, 네 마음속에 있는 욕심의 우상을 무너트리라.

- 생수를 약초가 먹으면 약을 만들고 독사가 먹으면 독을 만든다. 같은 성경을 봐도 선한 지도자는 신도를 천사로 만드는 데 활용한다. 그러나 욕심이 가득한 지도자는 재물을 거두어들여 제가 부귀영화를 누리는 데 악용한다. 그가 바로 성경을 우상숭배의 도구로 전락시키는 거짓 선지자다.

- 성경을 한 획도 빼거나 더하지 말라는 것은, 그 가르침을 빠트리지 말고 온전히 지키라는 것이다. 성경 속에서 자기에게 유리한 구절만 보는 것은, 자기에게 불리한 구절들을 빼 버리는 것이다. 믿음이 제일이요, 행함은 구원과는 관계없다는 것은 자신에게 유리한 쪽으로 성경을 악용하는 것이다.

- 진정한 종교 지도자는 종파에 관계없이 어떤 종파든 어떤 책이든 접하고 보고 깨우쳐 견문을 넓히도록 인도한다. 참진리를 모르고 자신이 없는 자가 남을 이단이라며 배척하고, 신도들의 눈과 귀를 가린다.

8. 예수

- 예수의 재림은 없다. 예수가 다시 온다 해도, 과연 누가 그를 예수라고 믿겠는가? 예수와 같은 삶의 행함이 곧 예수의 재림이다. 각자 모두가 "재림 예수"가 되는, 차원 높은 믿음으로 가야 한다.

- 예수는 "주여 주여 하지 말고, 아버지의 뜻대로 행하라"고 했다. 예수가 전한 하나님의 뜻이 곧 "길이요, 진리요, 생명"이며, 그 가르침이 예수의 보혈처럼 소중한 것이다. 예수를 믿는 것은, 예수의 가르침을 믿고 따르는 것이다.

- 예수는 낮은 자로서 만백성을 섬기고자 했다. 만나는 모든 사람을 다 하나님이라 생각하라. 돈을 벌수록 겸손하고, 높은 지위를 얻을수록 낮아지라.

▪ 예수는 종파를 만들지 않았다. 인간이 만든 종교와 인간의 교리를 따르지 말고, 예수를 통해 전한 하나님의 참진리를 연구하고 따르라.

▪ 예수가 2천 년 전에 만백성을 위해 죽었으니, 지금 이 땅에는 예수의 가르침대로 사는 천사만 존재해야 한다. 예수가 죽어 가면서 바란 것은 만백성이 천사가 되어 예수의 자리를 채워 주는 것이지, 지금과 같이 재물을 바치면서 중언부언 제 소원만을 비는 백성들을 바란 것이 아니다.

9. 구원

▪ 천사가 사는 천국에는 천사만 갈 수 있으니, 천사 같은 마음을 길러야 한다.

- "천국 열쇠를 네게 주리니 땅에서 무엇이든지 매면 하늘에서도 매일 것이라" 했다. 땅에서 천사같이 사는 자가 하늘에서도 천사가 되어 천국에 들어간다. 모든 사람에게 천사같다는 말을 듣는 삶을 살아야 한다.

▪ 천사의 곱고 아름다운 마음은 부모를 공경하고 어른을 어른으로 대접하는 데에서 출발한다. 효도하는 자는 형제와 화목하게 지내기에 가정이 화목해지고, 이웃과 화목해지고, 국가가 화목해지고, 온 인류가 화목해진다.

- 그러므로 지상의 아름다운 소왕국은 가정에서부터 이루어야 한다.

▪ 선택된 14만 명만 구원받는 것이 아니라, 천사처럼 변하고자 하는 14만 명을 기초로 온 인류가 천사처럼 거듭나는 영적인 개혁이 시작되는 것이다.

▪ 천 년에 걸쳐서 하늘에서 이루어진 것같이 이 세상을 낙원으로 만들어, 만백성이 지상의 천국에서 살다가 죽어서 그대로 하늘의 천국으로 들어가는, 영원한 지상 낙원을 건설하는 것이 하나님의 계획이다.

- **이것이 구약과 신약에 이어 "새로운 성경"으로 역사하시는 하나님의 창조의 완성이다.**

▪ 지금의 믿음으로 구원받을 수 있다면 그 길을 가라. 그러나 자신이 없다면 하나님께서 직접 내리신 160권의 "새로운 성경"을 읽고 구원의 길을 보라!

하나님 머리말씀

이 새로운 성경을 읽는 너희 모두는
이 율법에 따라 행하면 영원히 구원받을 것이니라.

너희 인간이 수년, 수십 년, 평생
성서를 공부하고 기도하는 것은
하늘나라 나의 곁으로 오고 싶은 소망일진대,

몇천 년 전의 너희 인성과 생각이
지금의 너희와는 판이하게 다르니,

꺾여 가고 병들어 가는 너희를 고칠 수 있는 길은,
오늘 내가 선지자에게 내리는 새로운 성경과 같이
너희가 변화되는 것뿐이니라.

나의 예수가 태어난 것처럼
내가 아들 선지자를 선택하여
나의 새로운 성경을 온 세계에 전하고자 하니,

묵은 것은 버리고 새로운 것은 취하여,
너희 모두는
'여호와 하나님! 저의 죄를 용서하여 주옵소서.'
하는 기도문으로 기도하고, 죄를 뉘우치라.

이 새로운 성경은
수천 년간 내려온 성서를 요약한 것이니,
너희는 이 책을 정독하여 쉽게 깨달음을 얻고,
이대로 실천하여 하늘에 오르라.

대역자 머리말

■ 하나님의 율법을 지키는 선지자로 선택을 받도다.

저는 남들처럼 그저 열심히 살아온 평범한 사람이었습니다. 그러나 50대 중반에 사업에 실패하여 많은 부채에 시달렸으며, 건강도 악화되어 눈이 잘 안 보이고, 걷기도 어렵고, 두통이 심해서 잠을 이룰 수 없는 고통의 나날을 보냈습니다. 그때 제가 선택할 수 있는 것은 육의 삶을 끝내는 길뿐이었습니다.

죽기 직전에 그동안에 죄를 지은 이들에게 용서를 빌고 인생을 끝내기로 작정하였습니다. 어려서부터 지은 죄를 빌고 빌다 보니 끝이 없었고, 죽음으로도 그 많은 죄를 용서받을 길이 없다는 생각에 하염없이 눈물이 흘렀습니다. 그 순간 '재래식 화장실의 구더기는 죄를 짓지 않는데, 나는 인간으로서 구더기만도 못한 삶을 살았구나.' 하는 생각이 들면서 괴로움에 몸부림칠 때, 갑자기 하나님의 음성이 들렸습니다.

"나는 여호와 하나님이니라. 너는 십계명을 암송하고 내가 내려 주는 메시지를 받아 책으로 만들어 만백성을 구하라." 하시며, 제 눈을 손으로 문지르게 하시고, 아픈 머리와 다리를 손으로 두드리게 하셨습니다. 그러고 나니 눈도 잘 보이고 걸을 수 있었으며 머리의 통증도 말끔히 낫게 되었습니다. 그때부터 십계명을 암송하고 나면 들려주시는 말씀을 기록하였고, 1999년 8월부터 2004년 7월까지 권당 288쪽, 총 160권을 받아서 "새로운 성경"이라는 책으로 펴내게 되었습니다.

그러한 저에게 죽기보다도 힘든 길이 시작되었습니다. 모든 교인들이 저에게 사탄이요, 이단이요, 악마요, 마지막 시대에 온 거짓 선지자라 하면서 공격하였고, 저를 짐승을 보듯이 대하는가 하면, 편협한 종교 지도자들의 선동으로 신도들이 이 책을 직접 읽어 보고 평가할 기회마저 막아 버렸습니다. 그래서 하나님의 말씀을 세상에 내는 데 많은 어려움을 겪으며, 피를 토하는 심정으로 책을 전하고 있습니다.

그러나 아무리 인간의 힘으로 막으려 해도, 하나님의 뜻이 세상에 전해지는 위대한 역사는 계속될 것입니다. 책으로 전해지는 "하나님의 말씀"은 세상 끝날까지 항상 우리와 함께하실 것입니다. 사람은 죽어도, 책에 기록된 말씀은 영원히 남으니까요.

■ 따뜻한 실천

하나님께서는 어려운 사람들에게 삶의 터전을 마련해 주고, 미래를 열어 주는 것을 기뻐하십니다. 어려운 이웃이 스스로 자립할 수 있도록 이끌어 주는 것이 진정으로 이웃을 돕는 것이라고 말씀하셨습니다. 그래서 일자리가 없는 제자들에게 작은 사업장을 만들어 주는 "달란트 사업"을 하고 있습니다. 식당, 반찬 가게 등을 차려 주고, 기존의 어려운 사업장이 자립할 수 있도록 돕고 있습니다(커피숍, 미용실, 의상실 등).

하나님께서는 교회에 나와서 모든 시간과 재물을 쏟기를 원하지 않으시고, 그 시간과 재물을 교육에 투자하여 스스로 미래를 열어 가기를 원하십니다. 그래서 제때 공부하지 못한 제자들에게 학업을 이어 가도록 하였습니다. 중화요리 주방장을 하며 초등학교 검정고시부터 공부하여 2012년에 방통대를 졸업한 36세 남성, 만학도들의 2년제 중학교에 입학해서 2007년에 명지대학을 졸업한 38세 여성, 중학교 검정고시를 시작으로 숭의여자대학을 졸업한 47세 여성 등이 있습니다. 그밖에도 많은 제자들에게 나이를 초월하여 배우고 깨우쳐서 사회 속의 당당한 일원이 되도록 인도하고 있습니다.

학자금 대출로 힘겨워하는 젊은이들을 위해 "따뜻한 바람 장학회"를 발족하여(2016년 12월) 대출받은 학자금 전액을 매월 갚아 주고 있습니다. 또한, 다문화 가정을 위해 "다문화 가족 랜드"를 조성하여, 각종 시설을 무료로 활용하도록 하고 있습니다.

이러한 따뜻한 실천이 아직은 미약합니다. 그러나 책의 수입이 늘고, 저와 뜻을 같이하는 분들이 늘어나면 계속 확대할 것입니다. 지도자로서 신도의 재물을 헌금으로 거둬들여 착복하는 것이 아니라, 하나님께서 기뻐하시는 일에 사용하도록 중매 역할만 하며 살아가고자 합니다. 이런 제가 과연 사탄이고 이단인가요? 하나님께서 기뻐하시는 일이라면, 저에게 사탄이라 하든 거짓 선지자라 하든 굽히지 않고 실천해 나갈 것입니다.

끝으로, 일상의 삶 속에서 "지금 내가 하는 행동이 과연 하나님께서 기뻐하실까, 슬퍼하실까?" 생각하고, 매사에 하나님께서 기뻐하시는 길을 택하기 바랍니다. 교회에 모여서 집단적으로 예배 드리는 것이 아니라, 개인이나 가정 단위로 새로운 성경을 읽어 스스로 깨우치고 그대로 행하면 충분합니다. 그것이 마음속에 성전을 짓고, 신령과 진정으로 예배 드리는 길입니다. 그러면 천국의 문에 들어서게 됩니다.

2017.2.1.

하나님 말씀 대역자 김용철

차 례

십 계 명

이 책은 십계명을 암송하고 나면 내려 주시는 "하나님의 음성"을 듣고 그대로 받아쓴 기록입니다. 하나님께서 십계명을 모세에게 내려 주셨지만, 그것은 만백성에게 내려 주신 것입니다. 마찬가지로 이 책의 모든 말씀도 저에게 내려 주셨지만, 만백성 각자에게 들려주시는 말씀입니다. 여러분도 이 책을 접할 때마다 십계명을 암송하고 나서 정독해 주시기 바랍니다.

제일은, 너는 나 외에는 다른 신들을 네게 있게 말지니라.
제이는, 너를 위하여 새긴 우상을 만들지 말고, 또 위로 하늘에 있는 것이나, 아래로 땅에 있는 것이나, 땅 아래 물 속에 있는 것의 아무 형상이든지 만들지 말며, 그것들에게 절하지 말며, 그것들을 섬기지 말라.
제삼은, 너는 너의 하나님 여호와의 이름을 망령되이 일컫지 말라.
제사는, 안식일을 기억하여 거룩히 지키라.
제오는, 네 부모를 공경하라.
제육은, 살인하지 말지니라.
제칠은, 간음하지 말지니라.
제팔은, 도적질하지 말지니라.
제구는, 네 이웃에 대하여 거짓 증거하지 말지니라.
제십은, 네 이웃의 집을 탐내지 말지니라.

나 여호와가 존재함을 믿는 그 자체가 구원의 길에 들어서는 기본이요, 근본이며, 나의 새로운 성경을 가슴에 안고 정독하는 자, 반석 위에 서서 하늘에 오르는 찬란한 빛을 보게 되는 영광을 얻게 됨이니라. 진정 나를 따르고 믿는 자는 감히 사탄이나 마귀도 근접하지 못하느니라.

〈하나님 말씀〉

2003년 8월

7,069 번째 하나님 말씀

2003년 8월 8일 23시 29분

1 사랑하는 나의 아들아!
2 "네, 아버님! 말씀하옵소서."
3 너의 제자들과 너를 따르는 백성 그들
은 알아야 할 것이니라.
4 '나의 법전을 가슴에 안고 정독하는
자, 반석 위에 서서 하늘에 오르는 찬
란한 빛을 보게 되는 영광을 얻게 됨
이라' 하였음이니,
5 곧 나의 법전이 어찌하여 이 세상에
나가며 이 법전은 과연 누가 전하고
역사하는 것인지 너희는 돌이켜 생각
해 보았는가?
6 나의 법전을 가슴에 안고 정독하면 그
것이 하늘에 오르는 그 빛을 볼 수 있
다 하였음이니, 그보다 더 영광이요,
그보다 더 위대한 것이 어디 있겠느냐?
7 그러나 수천 수억의 그 많은 백성이
나의 법전을 가슴에 안고 정독하는 그
영광을 얻기 위해서는 그들이 나의 법
전을 봐야 할 것이며 나의 법전을 그
들이 접해야 하지 않겠는가?
8 내가 만든 아름다운 이 세상의 나의
피조물 만백성들은 피부색이 다르며
생각이 다르며 언어가 다르며 생활 습
관이 모두 다 다름이니라.
9 그러니 내가 너에게 일러 깨우치기를
뭐라 하였더냐?
10 나의 법전을 세상에 전하며 나의 법전
을 가장 많이 읽는 제일인자가 되는
것이 나의 뜻이라 그리 말하였으며,
어떠한 종파도 어떠한 권력도 이를 읽
지 않는 자가 없게 만드는 것이 나의
뜻이라 하였음이니라.
11 그리하여 피부색이요, 그 모든 것이
다른 나의 백성이 이를 읽고 깨우치기
위해서 누군가는 이 법전을 전해 줘야
할 것이며,
12 그들에게 전해 주는 그 역사가 있지
아니하면 그들이 어찌 법전을 접할 수
가 있겠는가?
13 그러니 그것이 인간으로서 이루어야
할 길이며 그것을 행하는 사람으로서
선택된 백성이 과연 얼마나 소중한 것
이며 얼마나 귀한 백성인지를 알아야
함을 너희는 잊어서는 아니 될 것이니
라.
14 너희가 어찌 노력하며 어찌 역사하느
냐에 따라서 나의 아들이 나의 성령을
받을 수 있는 기도할 수 있는 장소요,
그리고 나를 경배할 수 있는 그 시간
과 모든 것을 역사해 주는 그것이 가
장 중요한 것이며,
15 그와 같이 나의 아들이 나를 향하여
경배하고 기도함으로써 내가 나의 모
두를 태워 내려보내는 나의 성령이요,
이를 내가 나의 아들을 통하여 너희에
게 전함이니,
16 이를 전함을 받아야만 너희가 책을 만
들 것이며, 또 책으로 만들어야만 나
의 피조물 만백성들이 그 책을 갖고
만백성들에게 전하는 그와 같은 역사

의 순서가 있음이니,
17 이를 순서대로 어떤 것이 중요하며 어
떤 것을 먼저 행해야 할 것이며 어떤
것이 순서에 따라 행해야 할 것인지
그를 알아야 할 것이며,
18 너희가 지금 어느 자리에서 어떤 임무
를 수행하느냐에 따라서 또한 그만큼
책임이 중요하며 임무가 중요하다는
것을 너희는 알아야 할 것이니 이를
잊지 말라.
19 나의 아들이 나로부터 성령을 받아 너
희가 책을 만드는 그 시간과 장소를
얻으며 만드는 것이 중요하다면,
20 나의 법전을 보고 비웃는 자, 사탄이
요, 이단이라 하는 자들은 나의 아들
이 나의 성령을 받으려는 것을 빙자하
여 그가 편하고자 그가 안락한 것으로
써, 그리고 너희가 그를 따르며 순종
하라는 그와 같은 말로써 너희를 이끌
것이며 그리 비웃고 나의 아들을 폄하
려 들 것이니라.
21 그러나 너희는 알아야 할 것이니라.
22 나 여호와의 성령이요, 나의 뜻은 한
인간을 통하여 세상에 내려보내야 할
것이며, 누군가는 받는 자가 있어야
할 것이 아니던가?
23 그러니 나 여호와 창조주의 하늘의 뜻
인 이 성령이 내려가는 것이 얼마나
소중하고 귀한 것인가, 먼저 너희가
그것을 받아서 기록할 수 있는 모든
준비가 이루어지는 것, 또 나의 아들
이 나에게 경배하여 기도함으로써 받
을 수 있는 것이 중요함이니, 그를 가
지고 시시비비를 해서는 아니 되며,
24 그것은 너희 욕심이요, 받지 못하는
그 마음에서 나의 아들을 핍박하고자
하는 자들이 할 수 있는 일일 것이니
라.
25 그러니 나의 아들을 따르는 제자 너희
는 거기에 동요되지 말며, 거기에 갑
론을박하지 말며, 거기에 시시비비나
대꾸조차 하지도 말라.
26 나의 성령이 세상에 내려가는 것을 받
아서 기록하는 것이 제일 중요할 것이
며,
27 이를 책으로 만들어 엮는 나의 아들을
따르는 제자들이 소중하며,
28 이를 이고 지고 세상의 만백성에게 전
하여 그들이 깨우칠 수 있도록 전하는
역사 또한 얼마나 소중하고 귀하던가?
29 이와 같은 절차의 역사를 밟아서 감이
니,
30 순서에 따라서 하나하나 이룰 수 있도
록 모든 준비를 하여 역사하고 가는
것이 나의 아들을 따르는 제자가 해야
할 길이며 만백성을 구하는 대명을 받
은 너희가 해야 할 길이니라.
31 이제는 순서를 생각하며 전할 것을 생
각하며 만들 것을 생각하며 이와 같이
만백성에게 전해야만 그들이 이를 보
고 깨우쳐 하늘에 오르는 그 빛을 보
는 영광을 얻게 됨이니,
32 그들이 전해서 받아 보지 못하며 읽지
못하면 그는 이루어질 수 없음이니라.
33 그러니 그게 전해질 수 있도록 전함을
맡아 나의 법전을 만들어 역사하는 너
희가 얼마나 해야 할 일이 많으며 갈
길이 멀고도 멀단 말이더냐?
34 이 세상의 수많은 백성을, 언어가 다
르며 풍습이 다른 백성을 내가 1부서

부터 3부까지 48권이라는 그 법전은
어느 민족이든 그를 번역해서 쓸 수
있도록 하여 그들이 깨우칠 수 있도록
그리하라 하였으나,
35 내가 4부인 49권서부터 160권까지는
절대 그와 같은 것을 해서는 안 되며,
동양의 작은 나라요, 내가 선택한 이
민족 너희의 글과 문자로써만 세상에
전하여 그 역사를 이루라 하였음이니,
36 이것이 내가 천 년에 걸쳐서 모두를
통일하는 역사를 이루고자 함을 알라.
37 지금은 강대국이요, 너희보다 큰 나라
들이 모두를 장악하고 너희를 관장하
기에 동양의 작은 나라의 언어로써 세
계의 공통어로 만든다는 것은 꿈과 같
은 말이라 할 것이나, 너희는 두고 보
라.
38 지금 믿음을 깨우친 모든 종교 집단이
요, 이 동양의 작은 나라 백성이 어느
민족보다도 가장 많은 십자가의 공동
묘지를 이 세상에 만들어 놓고 준비한
자들이 아니던가?
39 그와 같은 기질과 그와 같은 능력을
가진 이 동양의 선택된 백성이기에 그
들은 그와 같은 모두를 다 역사할 수
있는 기질이 있으며 그만큼 능력이 있
는 백성임을 너희는 알아야 할 것이니
라.
40 동양의 작은 나라의 그 백성의 특성과
기질을 너희는 아직 깨우치지 못하고
알지 못함이니,
41 그를 연구하여 깨우쳐 봤을 때 어느
민족보다도 나로부터 선택된 백성이
가진 그 특기요, 그들이 가진 장점이
많이 있음을 너희는 알아야 할 것이니
라.
42 모두 준비된 백성임을 잊지 말라, 사
랑하는 동양에 사는 모든 백성들아!
43 내가 선택한 백성이며, 내가 너희를
사랑하며, 마지막 시대에 내가 역사하
고 심판하는 그 모두는 너희와 더불어
시작되며 너희와 더불어 역사하며,
44 너희 언어요, 습성이요, 너희들의 전
하는 관습이요, 그 모든 것으로써 이
세상은 이루어지는 것이요, 그것이 곧
지상에서 이루고자 하는 그 천국을 이
루는 것이며,
45 그리하여 너희가 이 언어요, 풍습으로
살다 나에게 심판받지 아니하고 하늘
에 올 수 있는 그 역사를 이루고자 하
는 것이 나 여호와의 뜻이요, 그는 천
년에 걸쳐 이루어진다는 엄연한 사실
을 잊지 말라.
46 동양의 작은 나라에 지금 내가 말하는
잘못 간 종교 집단이요, 지도자들이
온갖 공동묘지를 만들어 놓은 그와 같
은 그 형국의 특출한 기질이 있으며,
너희 나름대로 뛰는 재주가 있으며 나
는 재주를 나로부터 받은 백성이라는
것을 잊지 말라.

7,070 번째 하나님 말씀

2003년 8월 8일 23시 36분

1 사랑하는 나의 아들아!
2 **"네, 아버님! 말씀하옵소서."**
3 인간 세속의 살아가는 그 속에서 살다
보면 서로 원망하며 마음을 상하는 그
와 같은 일들이 수없이 부닥치고 부닥
침이니라.

4 그와 같이 하여 또한 고집이 센 자, 또
한 누구도 꺾을 수 없는 그와 같은 고
집이 있는 자, 그리고 제 뜻을 굽히지
못하는 자, 이해 못 하는 자, 그와 같
은 백성이 얽히고설키고 사는 것이 이
세상 세속에서 사는 삶이니라.
5 그러니 그 사람들이 남을 이해하고 용
서하는 마음이 있는가 하면, 남을 원
망하며 용서하지 못하는 그와 같은 성
격을 가지고 사는 자, 편협한 자, 저만
을 위한 옹고집을 가지고 사는 백성이
있느니라.
6 그러나 저 자신만을 가지고 사는 그와
같은 백성이 어느 날 깨우침이 있어
원망하는 마음이요, 남을 미워하는 그
마음을 이해하는 마음으로 그리고 사
랑하는 마음으로 바꿨을 때 가장 기쁘
고 행복한 사람이 누구인 줄 알겠는가?
7 스스로 바꾼 자가 가장 행복한 것이
며, 제가 이해하고 용서할 수 있으며
그와 같이 제 성격을 다스려 나갈 수
있도록 변화된 것을 알 때 그 백성은
가장 행복하며 저 자신이 즐거움을 느
낌이니라.
8 남을 미워하는 마음이 행복하며, 자기
자신이 가진 자존심이 행복하며 자기
만 가진 특성이 행복한 것이라 하여,
남을 이해하지 못하며 양보하지 못하
며 그걸 끝까지 부닥치고 고집 피우고
살던 그와 같은 사람들이,
9 더러는 나이가 먹으며 세월이 흐르며
또는 남이나 선생의 가르침으로 인하
여 제 모난 성격을 고치고 살아가는
것을 느꼈을 때, 가장 행복하고 즐거
움을 느끼는 것은 스스로 본인이 느낄
것이니라.
10 그러니 이 세상에 살아가는 너희의 마
음의 변화는 어떻더냐?
11 남을 용서하는 것, 남을 이해하는 것
은 용서를 받는 자, 이해를 받은 사람
의 기쁨이요, 행복이 아니라,
12 용서해 줄 수 있는 그 용기를 가진 그
와 같이 용기 있는 사람으로 변하는
삶을 가진 사람이 가장 저 스스로 행
복하며 기쁨을 알게 되는 것이니라.
13 세상의 이치가 다 이와 같이 얽히고설
키고 이루어지는 것이 이 세상의 삶이
니라.
14 그러니 나로부터 선택된 백성 너희는
그와 같은 마음을 가지고 느끼고 사는
삶을 살아야 함을 알아야 할 것이니라.
15 그리하여 너희가 나에게 오르는 길이
요, 진리의 길을 오는 것도 힘들고 어
렵다 하여 주저하지 말라.
16 그 속에서 얻어지는 것이 있으며,
17 너희가 생각을 바꾸었을 때 그 고통이
요, 시련이 다 너희에게 양식이며 너
희를 위해서 역사하는 그와 같은 것이
이루어진다는 것을 알아야 할 것이니
라.
18 나의 아들을 따라가는 길이 어렵고 힘
든 길이요, 오늘의 가는 길이 힘들고
어렵다 하여 거기서 두 다리 뻗고 통
곡하며 후회한들 너희에게 이루어지
며 변화되는 것은 결코 없을 것이니라.
19 그러니 너희는 그 마음을 돌려, 나 여
호와로부터 나의 성령이요, 나의 뜻을
직접 강론을 듣고 나의 법전을 읽고
깨우치며 하늘에 오르는 진리의 길이
무엇이라 함을 느낀 그것으로써 세상

것을 다 주고도 얻을 수 없다는 소중
한 마음으로 생각하면 너희가 오늘 가
는 괴롭고 힘든 그 길이 너희만의 행
복이요, 즐거움이요, 영광이라는 것을
알게 될 것이니라.
20 그리고 너희는 또한 그를 믿어야 할
것이니라.
21 어렵고 힘든 오늘의 나의 아들을 따라
오는 그 길의 상을 받으며 그 상이 기
다린다는 것을 알라.
22 너희는 똑같이 살아가되 오늘에 만족
하는 오늘의 삶이요, 육에서 보이는
것으로 끝나는 그와 같은 삶을 사는
것이 아니라,
23 너희가 살고 와 심판을 받을 때 나로
부터 큰 은혜와 상을 받을 수 있으며
그를 기다리며 그를 받을 수 있는 삶
을 살아온 그 백성이 육이 죽어 가 심
판대에 섰을 때 그는 너희가 상상할
수 없는 영광의 은혜요, 축복이라는
것을 잊지 말라.
24 그러니 미래의 상을 받을 수 있는 것
을 준비하는 그와 같은 백성의 삶을
살라.
25 미래에 받을 상이 없어 미래에 받을
수 있는 상이라는 것이 지옥으로 가
너희가 지은 죄의 대가를 치르는 그와
같은 상을 받는 삶을 살지 말라, 어리
석은 백성들아!
26 오늘의 영혼과 육이 존재하는 이 삶이
나로부터 상을 받는 삶을 살 수 있으
며, 너희가 지옥으로 가서 고통스러움
을 겪는 그것을 대가로 받을 수 있는
그와 같은 선택의 길은 너희 손에 달
렸으며 너희 삶에 달렸으며 너희 생각
함에 달렸으며,
27 너희가 어떤 길을 선택하느냐 하는
것, 만들고 잃는 것은 너희에게 달렸
다는 것을 잊지 말라, 사랑하는 나의
아들딸들아!

7,071 번째 하나님 말씀

2003년 8월 8일 23시 46분

1 사랑하는 나의 아들아!
2 "네, 아버님! 말씀하옵소서."
3 나 여호와가 이 지상의 미물이요, 식
물이요, 동물이요, 인간인 너희까지
또는 바다 속에 사는 모든 물고기까지
생명이 존재해 숨 쉬고 살아가는 그
모든 것을 세상에 만들어 냈음이니,
4 그는 나의 작품이요, 창조주 내가 주
관하여 이 지상에 역사하도록 하였음
이니라.
5 그중에서도 인간 너희를 내가 가장 아
름다운 모습으로써 가장 높은 지혜를
주어 생각과 판단을 할 수 있으며, 양
심이라는 것을 들여다보며 자신을 자
책할 수 있는 그와 같은 능력을 주어
창조한 것이 나의 사랑하는 백성 너희
가 아니던가?
6 내가 너희에게 그리 높은 지혜를 주었
으며 너희를 그리 아름다운 모습으로
나의 형체를 닮게 하였으며, 모든 사
리 분별을 할 수 있고 죄와 벌을 알 수
있게 하였으며,
7 그리고 영혼을 주어 그 영혼이 영원히
살 수 있게 다시 태어나는 그 위대한
은혜까지 내가 세상에 내려보내 주었
음이니, 그 뜻이 무엇인 줄 알겠느냐?

8 너희가 그와 같은 것을 아름다운 쪽으
로 활용하고 내가 내린 계명대로 살아
올 때는 창조주 나 여호와와 대화할
수 있도록 내가 너희를 그리 높이 만
들었으며,
9 나와 더불어 세상에 존재하며 나와 더
불어 영원히 살아갈 수 있는 그를 위
하여 내가 너희를 그렇게 아름다운 모
습으로써 높은 지혜를 주었으며,
10 너희가 죄와 벌을 구분할 수 있게 하
였으며 선과 악을 구분할 수 있으며
양심이라는 것에 부끄럽지 않은 삶을
살 수 있도록 내가 너희를 그리 높고
아름답게 만든 것이니라.
11 나와 더불어 같이하고자 너희와 대화
하며 영원히 존재하고자 내가 너희를
그리 만들었거늘, 어찌하여 너희는 나
의 뜻을 이리도 저버리며 나의 마음을
울리는 그와 같은 삶을 살아가고 있는
가?
12 이를 어찌해야만 내 뜻이요, 내가 원
하는 그 길로 나의 백성을 돌이킬 수
있단 말이던가?
13 이제는 너무나도 멀리 가 있고 너무나
죽어 있으며 너무나 썩어져 있기에,
내가 그를 바로 돌이키며 바로 세울
길이 없음이니,
14 그리하여 나의 아들을 통하여 천 년의
세월 속에 나의 법전을 읽고 깨우쳐
그때라도 나에게 와 대화하며 나와 더
불어 살아갈 수 있는 백성이 이 세상
에 존재하도록 하여 그 역사를 시작함
이 내 뜻임을 너희는 알아야 할 것이
니라.
15 나의 성령이 임한 대로 너희가 살아가
기를 내가 바랐으며, 너희가 성령이
임한 대로 나의 뜻대로 살아오면 나에
게 오게 되어 있으며, 나에게 올라올
수 있도록 모든 것을 다 너희에게 갖
추어 주고 역사했음이니라.
16 그리고 너희의 육과 영혼이 같이 있는
그 영혼의 집을 다스리며 지탱할 수
있는 것까지도 이 세상에 모두 다 내
려 주어 그리 살라 하였거늘,
17 그보다 더 큰 은혜요, 그보다 더한 영
광이요, 그보다 더 완벽한 준비를 해
서 너희에게 내려 주는 것이 이 세상
에 어디 있단 말이더냐?
18 나 여호와가 너희를 얼마나 사랑하면
모든 것을 다 준비하고 만들어 너희에
게 내려보냈더냐?
19 그러한 인간 너희가 너무나 타락되어
있으며 이제는 씻을 수 없는 그 죄를
안고 사는 백성으로 변화되어 있음이
니, 과연 이를 내가 어찌 다스려야 할
것인가?
20 그대로 너희를 저버릴 수 없어 너희를
사랑하는 그 마음이 아직도 나의 가슴
에 남아 있기에,
21 너희가 천국을 볼 수 있으며 천국의
나의 품에 올 수 있도록 내가 너희를
다시 깨우치고 바로잡아, 너희가 생각
할 수 없으며 도저히 얻을 수 없는 영
광된 그 길을 내가 다시 한 번 열어 주
기 위하여 지금 나의 아들을 통하여
160권이라는 대장정을 만들어,
22 모두 구원을 받을 수 있으며 모두 하
늘에 오를 수 있는 이를 깨우치고자
이를 내려보내 너희에게 가슴에 전해
주는 이 역사를 이루고 있음이니,

23 너희가 이를 보고 감사하는 마음이요,
눈물로써 나에게 감사의 표시를 해도
다 할 수 없거늘,
24 어찌하여 내가 너희를 구원하기 위하
여 너희를 위해서 내리는 나의 법전
을, 나에게 오른다는 백성이요, 나를
경배하는 백성이요, 다른 신을 섬기지
아니하고 오로지 나 여호와만을 섬기
며 산다는 너희가 이를 찢어 버리고
태워 버리며 사탄이요, 사악한 자라
그리 말할 수 있는가?
25 이것이 너희의 오늘의 가는 형국이니,
너희 마음속에는 아직도 그 악의 뿌리
요, 시기하는 마음이요, 질투하는 근
성을 버리지 못하고 있기 때문에,
26 너희에게 있는 그 성령이 다 방황하며
성령들이 갈 길을 잃어버리며, 그리하
여 너희를 안내하는 그 임무를 그들이
행하지 못하고 있음이니,
27 이제 너희 자신의 성령이 방황하는 것
을 너희 가슴에 받아들여야 할 것이
며, 그리하여 그 성령이 명하는 대로
살아야 할 것이며, 그 성령이 인도하
는 대로 따라 하늘에 오르는 그 길을
볼 수 있도록 그리하라.
28 그리하여 내가 법전을 내림을 잊지 말
라.
29 너희는 지금 나에게 오를 수 없는 삶
을 살고 있으며 나를 볼 수 없는 그와
같은 삶을 살아가고 있음이니라.
30 영영 돌이킬 수 없는 그와 같은 타락
된 삶을 사는 것이 지금의 너희니라.
31 그러나 내가 너희를 버리지 아니하며
너희를 사랑하기에,
32 내가 2천 년 전에 나의 아들 예수를
보내어 타락된 너희를 구원하고자 하
였으나 그에 실패했으며,
33 이제 마지막 나의 아들을 통하여 나의
법전이라는 '하늘에 오르는 길'이요,
'하나님! 말씀하옵소서'라는 책으로
엮어 160권이라는 대장정의 역사를
이룸이니,
34 이보다 더 역사에 길이 남을 일이 없
으며, 너희에게 이보다도 더 소중한
것이 없으며, 이 세상에 이보다도 더
귀한 보배가 없다는 것을 너희가 어찌
모르고 그를 버리고 던지는가?
35 거기에서 너희가 눈을 뜨고 세상을 높
이 보는 그와 같은 깨달음을 얻도록
그리하라.
36 이제 그 모두를 알며 그 길을 알아 높
이 한 계단 한 계단 오르는 나로부터
선택된 백성 너희가 그들을 구원하고
그들을 위해서 해야 할 일이 무엇인가
를 너희 스스로 찾아서 목숨을 바쳐서
라도 이루는 데 최선을 다하라.
37 이제 나의 아들을 따르는 제자들이요,
법전을 읽고 깨우친 백성, 이 대목까
지 읽은 백성 너희는 할 일이 무엇이
며 너희가 역사할 것이 무엇인가를 알
고 있을 것이니,
38 너희 모두를 다 던져 너희가 해야 할
일이요, 가야 할 길을 찾아 그리 역사
하는 데 주저하지 말며, 무엇이 두렵
고 아까워 행하지 못하는 마음을 갖지
말며,
39 어떠한 소중하고 귀한 것이라도 놓지
못해, 영원히 사는 그 삶이요, 너희가
다시 나로부터 얻는 그 기회를 절대
잃어버리지 말며 놓지 말며 흘려보내

지 말도록 그리하라, 사랑하는 나의
아들딸들아!

7,072 번째 하나님 말씀

2003년 8월 9일 07시 23분

1 사랑하는 나의 아들아!
2 "네, 아버님! 말씀하옵소서."
3 강자의 힘으로 그 생명을 잃은 그 동
물이요, 미물들이 말하기를, '어찌하
여 저를 세상에 나오도록 하셨으며,
또한 저보다 이 강자가 나오도록 그리
하셨사옵나이까?' 하고 죽어 가면서
동물이요, 미물이 그리 기도한다면,
나 여호와가 무엇이라 말할 수 있겠느
냐?
4 그가 생각할 때는 저를 세상에 내놓고
제 생명을 끊어 가 생존하는 그와 같
은 강자를 어찌 만들었고 세상에 내보
냈느냐고 원망할 수 있으나,
5 그것은 이 세상에 존재하는 순리요,
이 세상의 모든 것이 존재할 수 있는,
내가 만든 변할 수 없는 법도임을 알
아야 할 것이니라.
6 좀 더 너희가 넓고 큰 곳에 서서 봐야
할 것이니라.
7 그러니 너희가 이 세상에 살아가면서
인간 또한 그러하니라.
8 너희가 무엇인가를 실패하고 무엇인
가 어려운 일이 닥쳤을 때, 그리고 벗
어날 수 없는 불가항력의 입장에 있을
때, 너희는 그리 말하느니라.
9 '창조주 하나님이 어찌하여 저 같은
사람을 세상에 내보냈으며 이와 같은
사람을 내보내 이 고통과 시련을 겪게
하나이까?' 그와 같이 말할 것이니라.
10 또한, 너희가 물리며 취했을 때 독소
가 되어 생명을 앗아 가는 그와 같은
것들이 세상에 많이 있음이니라.
11 뱀이라는 그 독성이 있는 것에 물려
너희가 죽게 되었을 때, 또한 그리 말
할 것이니라.
12 '어찌하여 세상에 인간을 만드셨으며,
인간의 생명이 이렇게 끊어질 수 있는
독소를 가진 벌레요, 미물들을 세상에
내보내, 오늘 이와 같이 죽음을 면치
못하는 그와 같은 운명이 되었느냐!'
한탄하고 원망할 것이니라.
13 그러나 그것 또한 이 세상에 모두가
다 존재할 그 원인이 있으며 근본이
있음이니, 그 원천적으로 존재하는 것
을 파괴할 수 없음을 너희는 알아야
할 것이니라.
14 지금 나의 피조물 만백성을 구하기 위
해 제3의 시대를 열어 나의 법전을 세
상에 내려보냄이니라.
15 그리하여 이 법전으로써 만백성을 구
하는 그 역사를 이루어, 내가 하늘에
서 이룬 것을 지상에서 이루는 역사를
이루지 아니하면, 내가 이 세상에 나
의 사랑하는 백성을 내보낸 그 뜻이
없으며 그 의미가 없는 것이니라.
16 나 여호와가 가장 사랑하는 모습으로
그리고 가장 예쁜 모습으로써 너희를
만들어 세상에 존재토록 한 것은,
17 바로 내가 너희와 영원히 대화하며,
너희가 육의 세상에 살다 다음 세상인
천국에 올라올 수 있는 그와 같은 길
을 가게 되어 있으며 그 길을 위해 너
희가 세상에 존재한다면 과연 너희는

어찌하겠는가?
18 그를 위해서는 많은 희생과 많은 역사
의 흐름이 따라야 하는 것은 당연함을
너희는 알아야 할 것이니라.
19 오늘의 제3의 시대를 이루기 위해 모
세의 구약 시대가 4천 년의 역사가 흘
렀으며 오늘의 신약의 시대가 또한 2
천 년의 그 역사가 흘렀으며,
20 그 속에서 이루어진 기적과 또 그 속
에서 이루었던 너희의 모든 아픈 지난
날의 그 상처들을 돌이켜 보면, 그 모
두는 오늘을 위하여 이루어졌다면 거
기에 따르는 그 희생과 얼마만큼 많은
생명이요, 많은 세월이 그리 흘러갔는
가 이를 너희는 생각해 봐야 할 것이
니라.
21 이 세상에 독소가 있는 미물이요, 모
든 식물이 필요하듯이, 모두는 내가
제3의 시대를 열어 가는 그 역사에서
이루어지며 나의 주관에서 모두가 이
루어진다는 것을 너는 알아야 할 것이
니라.
22 네가 나에게 기도하며 네 마음의 아픔
이요, 네가 무엇 때문에 그와 같은 생
각을 하는지 또한 내가 알고 있으며,
23 네가 오늘에 설 듯 말 듯하며 바로 서
지 못하는 그와 같은 네 마음 때문에
너 또한 괴로워하는 것을 나 여호와는
알고 있음이니라.
24 그러나 내가 너희에게 말하기를 독소
가 있는 뱀에 물려 죽는 그 백성이 어
찌하여 저를 내 놓고 독소가 있는 그
뱀을 내놓느냐 그리 말할 것이나, 그
리고 약자가 강자에게 죽어 가면서 그
원망 섞인 소리를 할 수 있으나,
25 그것이 이 세상의 기본의 틀이요, 그
와 같은 기본의 틀 속에서 모두가 존
재하는 그 원천적인 것은 버릴 수가
없는 것이니라.
26 내가 지금 수천 년 동안에 많은 희생
이요, 그 많은 역사 속에서 오늘의 마
지막 제3의 시대를 이루기 위해 나의
법전이 세상에 내려가 모든 백성이 읽
고 깨우쳐 하늘에서 이루어진 것같이
이 지상에서 이루어지기 위한 그 길을
역사하는 것은 모두 내가 주관한 것이
며 내가 직접 관장하는 것이니,
27 너는 내가 명하는 것, 내가 너에게 지
시하는 그 모든 것을 묵상과 기도로
행함으로써 너는 네 마음에 아픔을 갖
지 말라.
28 오로지 너는 내가 다시 생명을 내려보
내어 너를 내가 이 세상에 존재토록
하였으며, 그리고 모두는 네가 묵상과
기도로써 모두를 역사할 때 그는 네
책임이 아님을 알라.
29 이것이 네가 다른 백성과 다른 점이
요, 내가 모두를 관장하며 너에게 내
린다는 것을 절대 잊어서는 아니 될
것이니 그리 알라.
30 그리하여 네 마음을 아파하지 말며,
네가 마음으로 울며 너 자신이 고통스
러워하지 말며 바로 서지 못하며 바로
못 가는 것을 네 탓이라 그리 생각하
지 말라.
31 나는 네가 필요하며 네가 해야 할 그
길을 알고 있으며 네가 역사하는 것을
잘 알고 있으며, 미리 준비된 나의 아
들이요, 그 계획에 의하여 그 준비된
길을 너는 그냥 열심히 가면 되는 것

이니라.
32 너 자신이 모든 것을 이루는 것이 아
님이니 너 자신이 또한 소중함을 알아
야 할 것이니라.
33 내가 너에게 이르기를, 내가 생명을
연장해 준다 하며 내 뜻에 따라 존재
하는 나의 아들이라 함이니,
34 너는 아무런 가치가 없는 사람이라 그
리 생각할 것이나,
35 너는 돌이켜 생각하면 내가 너를 다시
이 세상에 존재케 한 소중한 나의 아
들이요, 모든 역사를 이루고자 하며
내 뜻을 이루고자 존재하며 그 길을
가는 나의 아들이니,
36 너 자신이 아무런 가치가 없는 사람이
라 생각하기 전에, 네가 얼마나 소중
하며 귀한 자인가를 또한 알아야 할
것이며,
37 너를 따르는 제자들 또한 그 생각으로
써 마음을 돌려야 하는 것을 잊지 말
라 전하라.
38 생명을 연장해 줘 내가 지시하는 대로
나의 명에 따라 움직이는 나의 아들이
라 하여 네가 그저 쓰이는 자요, 그저
부림을 받는 자라 그리 생각할 것이나,
39 나의 아들로서 만백성을 구하기 위해
그 대명을 받은 나의 아들을 너의 제
자들이 보기를 그와 같이 생각해서는
아니 될 것이니라.
40 그는 가장 소중한 자라 생각할 수 있
는 마음으로 그를 돌아다봐야 할 것이
며, 너희 마음의 자세를 그리고 얻고
가야 하는 것을 잊어서는 아니 될 것
이며, 모든 제자가 그리 따라가야 할
것이니라.
41 나의 아들 예수에게 등을 돌렸던 그
제자들이 또한 그러했느니라.
42 그 마음을 갖지 못했으며 그와 같은
생각으로써 예수를 따르지 못하였기
때문에 그들은 어렵고 힘들 때 등을
돌렸음이니라.
43 그러나 지금의 시대에 나의 아들을 따
르는 너희는 모두 그와 같은 일이 다
시 있어서는 안 되는 것이니라.
44 마지막 시대이기 때문에 너희 제자 자
신이 등을 돌리는 그와 같은 슬픈 오
늘의 역사를 이룬다면 나의 법전은 세
상에 나갈 수 없으며 내가 이루는 그
역사는 이룰 수 없음을 너희는 알라.
45 이제 너희는 한 길을 가야 할 것이며,
죽음의 선도 같이 넘어야 할 것이며,
46 피로 맺어진 것보다도 더 진한 인간관
계가 아니면 이 모두를 넘고 갈 수 없
는 것이 인간의 마음이니라.
47 인간은 조석으로 변한다 하지 않았더
냐?
48 아침저녁으로 변하는 그 마음이 변하
지 않는 마음이요, 오로지 나를 향하
여 사랑하는 그 마음으로써 모두 굳어
져, 너와 너의 제자들이 피를 나눈 것
과 같은 굳은 결의요, 그와 같은 마음
으로써 이루어지지 아니하면 이 역사
는 이루어질 수가 없음이니라.
49 너의 제자들 또한 인간이요, 그들 또
한 사람이기에 그들이 무너질 수 있고
넘어질 수 있음이니,
50 그를 바로잡 그들에게 힘과 용기를 줄
수 있는 그와 같은 세월의 가르침이
필요함을 너는 알아야 할 것이니 그리
알라, 나의 아들아!

51 마음 아파하지 말며 괴로워하지 말라.
52 모두는 나의 주관이요, 모두는 계획된
그 역사 속에 하나하나 진행되며 이루
어짐이니,
53 너는 세월이 지난 다음에 그 모두를
알 수 있을 것이니라.
54 오로지 네가 묵상과 기도로써만 모두
를 행하라.
55 네가 인간의 생각으로써 인간으로서
행하는 것은 내가 그에 대한 책임을
지지 아니하며 그를 용서하지 아니하
나,
56 네가 묵상으로써 나의 답을 받아 움직
이는 것은 내 뜻이며 내가 주관한 것
이니, 네가 움직이는 행동 하나하나가
얼마나 소중하고 귀한 것인가를 너의
제자들은 알아야 할 것이니,
57 그와 같은 의미를 깨우쳐 주어, 등 돌
리고 돌아서는 예수의 제자와 같은 제
자들이 나오지 않도록 그리 가르치고
깨우쳐야 할 것이니라.
58 이제 대역사는 시작할 것이며 네 주변
에 남는 제자들이 얼마나 될 것인지는
너도 모르느니라.
59 다만, 나만이 알고 있음이니라.
60 단 한 사람이라도 남아 있을 수 있는
사람이 필요하며, 어떠한 길이든 어떠
한 방법이든 나의 법전을 입증하는 데
목숨을 바쳐 따라갈 수 있는 너의 제
자가 단 한 사람이라도 이 세상에 나
온다면 그보다 더 큰 영광은 없을 것
이며, 그보다 더 역사하는 위대함은
없을 것이니라.
61 너는 나의 뜻에 따라 움직이는 나의
아들이요, 모두는 내가 주관하여 그
계획대로 감이니,
62 인간의 생각으로써 괴로워하지 말며
인간의 생각으로써 울지 말라, 사랑하
는 나의 아들아!
63 네 마음을 알며 네 생각을 알며 네가
어떠한 일을 하고자 하는지도 나 여호
와는 알고 있음이니, 묵상과 기도로써
그리 행하도록 하라.
64 네 생각으로써 행위를 하며 네 몸에
대해 어떠한 부분도 네가 마음대로 할
수 없는 것이 너라는 것을 절대 잊어
서는 아니 됨이니라.
65 그러니 너는 그저 묵상으로써만 일관
하도록 그리하라, 사랑하는 나의 아들
아!

7,073 번째 하나님 말씀

2003년 8월 9일 07시 35분

1 사랑하는 나의 아들아!
2 "네, 아버님! 말씀하옵소서."
3 나의 사랑하는 아들 예수가 고통 속에
죽음의 그 길을 간 것은 오로지 너희
가 바른 삶을 살게 하기 위함이요, 내
가 구약의 시대에 내렸던 십계명의 그
율법을 완성하게 하기 위해 나의 아들
을 그리 보냈느니라.
4 성서에도 말이 있지 않더냐?
5 곡식을 거둬들이는 데 종을 보냈으나,
농사지어 바칠 그 관리자들이 그 종을
때려 죽게 하는 그와 같은 포악한 마
음으로 변함이니, 그 주인은 아들을
보냈다 그리 말하였음이니라.
6 그러나 그 아들의 뜻 또한 거역했을
때 결국 누가 내려가는가?

7 주인이 직접 가서 그 종들을 데려다
그들보다 더 강한 훈련으로써 그들을
다스리고 통제하는 길밖에 없지 않은
가?
8 너희는 그 성경의 한 구절을 읽으면서
무엇을 생각하는가?
9 오늘의 흐르는 역사를 그와 같이 생각
하지 아니하는가?
10 오늘을 대비하여 내가 너희에게 내려
가르친 대목이요, 깨우쳐 준 역사라
그리 생각하지 않느냐?
11 이는 바로 그러니라.
12 모세를 통하여 나의 피조물 만백성들
을 내가 구원하고자 하였으며, 그리되
지 아니하여 나의 아들을 보냈으며,
지금은 내가 성령으로써 직접 너희를
다스리느니라.
13 사탄들 또한 그를 알고 있다 하지 아
니하였던가?
14 사탄들이 나의 아들 예수가 재림할 수
있다 하는 것은 사탄들이 한 말이라
하지 않았느냐?
15 나의 아들 예수를 보내어 그를 이기지
못한 자들에게 내가 어찌하여 나의 아
들을 또 보낸단 말이더냐?
16 농작물을 갖다 바쳐야 할 그 사람들이
나의 아들 예수를 죽게 하였다면, 또
다시 내가 나의 아들 예수를 보낼 때
그들이 과연 그 농작물을 거둬 나의
아들 예수를 통하여 그 모두를 바치겠
는가?
17 그들은 더 간단한 방법으로써 나의 아
들 예수를 정리하고 또 처리할 것이니
라.
18 이것이 오늘의 너희 형국이니, 나의
아들 예수가 재림한다는 그와 같은 소
리를 하는 것은 사탄들이 너희를 현혹
게 하는 말이요,
19 그들은 절대 예수가 내려오지 아니하
며 직접 나 여호와요, 더 강한 방법으
로써 저희를 다스릴 것을 알기 때문
에, 나의 피조물 만백성들을 현혹해
저희의 성과를 더 이루고 있다 내가
그리하지 않더냐?
20 그것이 오늘날 너희 세상의 믿음의 집
단들이 가는 것이며 이루어져 있는 그
와 같은 형국이니라.
21 그리하여 너희를 구원하기 위하여 내
가 보낸 나의 아들을 죽게 하였으며
그가 원하는 것을 따르지 아니하였으
며 주인의 말을 듣지 않는 농작물을
관리하는 자들과 똑같은 형국의 그 형
태를 이루지 아니하였던가?
22 너희는 나의 아들을 죽여 놓고 뭐라
말하느냐?
23 모든 백성 너희의 오늘이요, 미래의
너희 자손들까지도 그 모든 죄에 대해
속죄하기 위하여 내려왔으며 죄를 대
속하기 위해서 제물로써 나의 아들이
세상에 내려왔다 그리 말하며,
24 나의 아들이 오로지 너희 죄를 다 짊
어지고 하늘에 올라가 그 죄를 나에게
용서를 빌어 너희는 죄가 없다 그리
말하며,
25 온갖 너희 머리에서 생각나는 대로 나
의 아들을 찬양하며 그리 높여 그와
같은 말을 하는 자들이니,
26 그와 같은 행위를 하면서 나의 아들
예수의 보혈로써 은혜를 받았다 말하
는 너희가 어떠한 형국인 줄 알겠느냐?

27 주인이 농작물을 관리하는 자들에게
그 농작물을 수확하기 위해 보낸 그
아들을 죽게 해 놓고 그들이 뭐라 말
하느냐?
28 그 아들이 스스로 죽었으며 스스로 실
수하여 죽었으며, 그리고 그 아들이
스스로 웅덩이에 빠져 죽었으며, 스스
로 그 아들이 과음하여 죽었다 하여
저희가 그 아들을 죽여 놓고,
29 농장 주인에게는 그 아들이 스스로 죽
은 자라 그리 말하며, 그 아들을 찬양
하며 그 아들을 경배한다며 온갖 방법
으로써 그 농장 주인의 눈을 속이려는
농장을 관리하는 자들이요,
30 농장을 관리하여 수확한 농작물을 바
치기가 싫어 그와 같이 그 주인을 속
이는 자며,
31 그 주인의 사랑하는 아들을 죽여 놓
고, 농작물을 바치지 아니하려고 그
아들이 실수로 죽었으며 너희와 관계
없이 죽었으니, 그 아들은 위대한 아
들이요, 그 아들은 훌륭한 아들이요,
32 그 아들은 주인의 대를 이어 농장을
잘 관리할 수 있는 아주 훌륭한 아들
인데, 스스로 죽었으니 애도하고 가슴
아프게 생각한다 하며,
33 그 주인의 마음을 달래려는 얄팍하고
간악한 방법이 지금 오늘의 종교 집단
이요, 지도자들이 하는 짓이라는 것을
너희는 알겠는가?
34 너희가 뭐라 말해도 나 여호와가 보는
너희 행동이 그와 같은 짓을 하고 있
음을 알라.
35 그리하여 나의 아들이 위대한 제물이
요, 저희를 구하려는 것이요, 그 피로
써 구원을 받은 것이요, 그리고 저희
를 위하여 희생한 것이요,
36 그리고 나 여호와가 독생자인 나의 아
들을 너희를 구원하기 위해 내려보냈
다 하여 나 여호와까지 너희가 들추며
춤을 추는 것이니,
37 그것이 사탄이요, 악마가 아닌 다음에
야 어찌 그와 같은 행위를 할 수 있으
며 그와 같은 말을 할 수 있는가?
38 너희는 손으로 하늘을 가리고자 하는
것이 아니요, 그저 하늘을 맞대 놓고
속이려 하며,
39 너희 자신이 그와 같이 사악한 사탄의
후예들이요, 오늘의 교회를 지은 자들
이요, 종교 집단의 지도자들임을 잊지
말라.
40 바로 너희가 그와 같은 자니라.
41 너희가 농장 주인의 그 땅을 관리해
농사를 지었다면 그 대가를 반드시 지
불하는 것은 당연하거늘,
42 그 감사함을 모르며 그걸 바치기가 아
까워 세를 받으러 간 그 아들을 죽여
놓고 그 아들이 스스로 잘못해서 죽었
으며 너희가 오기 전에 죽었다 그와
같이 말하며,
43 그 아들을 위로하고 그 아들은 위대하
다 하며 그 주인 앞에 입이 마르도록
칭찬을 하여 그 주인을 달래려 하나,
44 나 여호와 앞에서 너희는 감히 그와
같은 짓을 하지 말라.
45 그것이 바로 너희가 하는 짓이며 얼마
나 사악한 짓이던가?
46 나 여호와를 속이려는 너희는 어리석
은 자들이니라.
47 사탄들이 나를 속이려 대들며 그것이

또한 너희에게 먹히며 나의 사랑하는 백성이 그를 믿으며 '옳소, 믿습니다, 찬양합니다.' 하며 울고불고 손뼉 치며 그 사탄의 종으로 넘어지며 저 자신도 모르고 지옥으로 가는 그 길이 옳다고 가는 백성이 있기에,

48 그들이 감언이설로 하늘을 손으로도 가리지 아니하고 대놓고 그와 같은 사악한 짓을 하며 나를 속이고 있음을 너희는 알아야 할 것이니라.

49 내가 오늘 나의 아들을 통하여 너희에게 이루어졌던 그 역사요, 오늘의 가는 너희를 이리 성서에 기록하여 전하거늘,

50 이를 보고도 깨우치지 못하는 그 백성은 그 고집이요, 오만이요, 교만으로써 너희 스스로 너희 자신이 지옥으로 감을 알아야 할 것이니라.

51 나 여호와의 뜻을 거역하고 죄지은 백성을 바로 세우기 위해 나의 아들 예수는 세상에 내려갔음을 너희는 잊어서는 아니 될 것이니라.

52 그러니 찬양하는 말로 그리 붙여 대지 말라.

53 너희가 찬양하는 말이 얼마나 무서운 줄 알겠는가?

54 너희를 대신하여 죽은 자요, 너희를 대신하여 소와 양처럼 제물로써 보내진 자요, 그리고 내가 너희를 위하여 세상에 내보내 그를 고통스럽게 거둬들인 자라 그리 말하는 것이 얼마나 사악한 자들이냐?

55 다만, 나의 아들의 죽음을 애도하며 그를 슬퍼하는 마음이라면, 오로지 그가 너희에게 가르치고 전하고자 한 것을 하나도 틀리지 않도록, 거역하는 것 없이 그리 지키고 살아가는 것이 너희가 가야 할 도리며 행해야 할 삶이라는 것을 말하고 가르치면 되는 것이니라.

56 그리고 종교 집단들 너희 조상이 그와 같이 사악한 짓을 한 것을 조금이나마 부끄럽고 죄스러운 마음으로 산다면,

57 '우리를 위하여 대신 왔던 그 예수요, 그리고 우리를 위하여 그와 같이 죽음의 길을 마다하지 아니하고 간 그분이 살아가고자 했던 것, 그분이 전하고자 했던 그 길을 가는 것이 우리가 할 길이요, 가는 길이라' 그리 가르치며,

58 그것만이 너희가 나 여호와의 아픈 마음이요, 아픈 마음의 상처를 치유하는 길이라 그리 말하며,

59 너희가 은혜를 받으며 너희 죄를 대속해서 갈다는 말을 하기 전에, 나의 아들 예수의 고통이요, 그를 보면서 내가 손을 놓아야 했던 나 여호와의 아픈 마음을 위해서는 너희가 십계명대로 지키고 살며 율법대로 지키고 살며,

60 세상의 양심을 저버리는 그와 같은 삶을 살아서는 절대 안 되니, 너희가 바른 삶으로 살자고 그대로 가르치기만 했더라면 오늘과 같이 사악한 형국은 이루어지지 아니하였으며,

61 너희가 말하는 말세요, 종말의 이 시대는 결코 이루어지지 아니하였을 것이며,

62 내가 나의 아들을 통하여 너희에게 160권의 대장정의 하늘의 뜻을 상세히 풀어 너희에게 내리는 이와 같은 역사 또한 있지 아니하였을 것이니라.

63 너희가 정녕 그와 같은 마음으로 살아
가는 자세로 바꿔야 할 것이니라.
64 나의 아들 예수로부터 너희가 받은 은
혜요, 영광을 생각하지 말고, 예수가
너희에게 전하고자 한 것, 그리고 예
수가 너희에게 역사하고자 했던 것을,
65 '그분이 우리에게 아버지의 말씀과 아
버지의 뜻을 따라 이루고자 한 그 길
을 가며 그가 원했던 것, 부르짖고 행
했던 것을 묵묵히 지키고 살아가는 것
이 우리가 살아야 할 도리라' 그리 말
하고 가르치면 되거늘,
66 그와 같이 가르치지 아니하고 온갖 감
언이설로써 지금 나의 백성을 사탄으
로 이끌어 간다는 것을 잊어서는 아니
될 것이며,
67 사탄의 후예들이 이끌어 가는 그 길에
너희가 그대로 말없이 끌려가는 것이
오늘의 형국이라는 것을 알라.

7,074 번째 하나님 말씀

2003년 8월 9일 07시 44분

1 사랑하는 나의 아들아!
2 "네, 아버님! 말씀하옵소서."
3 내가 너희에게 일찍이 깨우쳐 주었음
이니라.
4 너희 육의 몸에 상처가 생기면 그 상
처를 다스리고 관리하지 아니하며 치
료하지 아니하면 너희는 그 상처로 인
하여 그 육신이 병들어 쓰지 못하는
그와 같은 형국이 된다 내가 그리 말
하였느니라.
5 나의 아들 예수를 세상에 내려보내 죄
없는 세상이요, 죄짓지 않는 백성으로
만들어 나에게 오르게 하고자 그리하
였으나,
6 이를 거역하고 순종치 아니하는 종교
집단이요, 지도자 그들의 사악한 방법
으로 인하여 내가 2천 년 동안 암흑의
세상을 들여다보지 아니하였다 하였
음이니,
7 너희는 결국 2천 년 동안 어찌 되었는
가?
8 너희 몸에 난 상처를 2천 년 동안 치
료하지 아니한 그와 같은 형국이 되었
음이니,
9 바로 그와 같이 2천 년 동안 돌아다보
지 아니하고 치료하지 아니한 그 육체
요, 그 육신이 모두 다 썩어져 쓸 수
없는 그 형국이 지금 되어 있음이니,
10 바로 나의 아들을 죽게 했던 그 종교
집단이요, 그 믿음의 길을 가는 너희
가 그 사악한 짓을 함으로 인하여, 그
를 치료할 수 있는 나의 아들 예수가
그를 치료하지 못하게 한 그와 같은
사악한 마음의 뿌리가 계속 전하고 전
해져,
11 2천 년의 세월이 흘러 오늘의 너희가
이 세상을 다 덮는 그와 같은 형국이
이루어졌음이니라.
12 그러니 세상은 세상대로 썩어져 있으
며, 나의 백성은 너희대로 지금 썩고
병들어져 있음이니,
13 그를 치료하고 다스리기가 그리 쉬운
일이 아님을 알고 있음이니라.
14 또한, 너희가 그 의미를 알아야 할 것
이니라.
15 그리하여 2천 년 동안 그대로 암흑의
세상에서 내가 너희를 바라보지 아니

하였음이니, 그것이 바로 치료할 약이
없었으며 치료하는 자가 없었음이니,
16 그저 썩고 썩은 그대로 병들어진 것이
오늘날 너희가 이 세상에 존재하는 그
와 같은 형국 속에서 이루어졌음을 알
아야 할 것이니라.
17 그러니 도둑이 들끓은 세상이요, 모두
다 믿을 수 없는 세상이요, 모든 인간
이 인간을 두려워하는 이와 같은 무서
운 세상으로 변했으며,
18 말로는 사랑을 베푼다 하나 사랑이 없
는 삭막한 세상이 되어 있음을 알아야
할 것이니라.
19 그래도 내가 너희를 사랑하기에 지금
나의 아들을 통하여 너희를 수술할 수
있으며 치료할 수 있는 나의 법전을
세상에 내려보냄이니라.
20 그러니 이 법전을 가지고 직접 치료하
며 그들의 상처를 다스려 주어야 할
것은 바로 너희임이니라.
21 물론 2천 년 동안 썩고 썩어 병들 대
로 병든 그를 치료하라 하며 내가 약
을 내려 손에 쥐여 보내는 너희의 그
고통과 어려움을 알고 있음이니라.
22 썩은 냄새가 진동하는 그 썩은 것을
치료하지 아니하려는 그와 같은 오늘
의 형국이 되어 있음이니라.
23 저희는 오늘의 너희가 가지고 가는 그
생수의 약으로써 치료하고 다스려야
할 것이니라.
24 그들은 너희를 믿지 아니하며 더 썩게
하며 더 죽게 하는 그와 같은 자라 하
여 너희를 배척하는 자들로 그리되어
있음이니라.
25 그러니 그들이 얼마나 어리석고 불쌍
한 백성으로서 지금 존재하는가?
26 그것이 바로 내가 너희를 세상에 내려
보낸 오늘의 그 형국임을 알아야 할
것이니라.
27 내가 2천 년이라는 그 암흑의 세상을
버려두었으며 이제 다시 너희에게 마
지막 한 번의 기회를 주어 치료할 수
있는 생수인 나의 법전을 내려보냄이
니라.
28 그러나 그 생수를 떠서 먹이고 그들에
게 구원의 약으로써 쓸 수 있는 것은
너의 제자들이 그 역사를 해야 하는
것이니라.
29 그 누구도 그를 할 수 없음을 알라.
30 그러나 그 생수를 떠서 전할 수 있는
그릇이요, 그 백성 자신이 또한 썩어
있으며 병들어 있으며 오염이 되어 있
다면,
31 그 백성이 썩어져 있는 그곳을 더 오
염시키며 너희의 병이 첨부되는 그와
같은 역사가 있어서는 아니 될 것이니
라.
32 그러니 너희가 오염되지 않는 자로서
그들을 치료할 때, 치료할 수 있으며,
33 너희가 오염된 방법으로써 그들을 치
료한다면 결국 그들은 병균을 안고 더
썩어져 감이니,
34 그들이 거부하고자 하는 뜻은 그와 같
은 의미에서 거부하고자 하는 것임을
너희는 알아야 할 것이니라.
35 그러니 너희가 어찌 서야 할 것이며
어찌 믿음의 길을 가야 할 것인가는
너희 스스로 깨우쳐, 너 자신을 다스
려,
36 정녕 그들이 주저 없이 받아들일 수

있는 그와 같은 사람이 되어야 할 것
이니라.
37 그들이 의혹하는 자세로써 의심하는
모습으로써 그들에게 비쳤을 때,
38 그들은 지금 썩은 곳에 더 무서운 병
균이 침투되는 것을 두려워하여 받으
려 하지 아니할 것이니,
39 그들이 받을 수 있도록 하는 것은 너
희 몫이니라.
40 치료받기 위해 제 몸을 보일 수 있으
며 제 상처를 드러낼 수 있는 그와 같
은 모습으로 너희가 변해야 하며,
41 모든 백성이 너희를 볼 때 고해성사라
는 행위를 하고 싶은 자, 그리고 모든
비밀을 털어놓고 싶은 자로 그 마음에
느끼는 너희들로 변해야 한다는 뜻이
여기 있음을 알라, 사랑하는 나의 아
들딸들아!

7,075 번째 하나님 말씀

2003년 8월 9일 07시 57분

1 사랑하는 나의 아들아!
2 "네, 아버님! 말씀하옵소서."
3 이 세상에 이루어진 미물이요, 식물이
요, 동물이요, 그 모든 것은 내가 주관
하여 세상에 태어나지 아니한 것이 없
으며 존재하지 아니한 것이 없다 말하
였으며, 또한 너희는 그를 알고 있을
것이니라.
4 그들이 살아가는 모습이요, 그들이 형
성되는 그 모든 것을 볼 때, 벌어진 입
을 다물 수 없는 그 오묘함에 너희 자
신이 깨달음이 있을 것이니라.
5 그러나 그 모든 것보다도 가장 아름답
고 소중하게 만든 나의 백성 너희는
그들과의 차별화가 무엇이던가?
6 그들은 죽기 위해 살아가는 것이니라.
7 죽음을 향하여 그들은 살아가는 것이
며, 태어난 그 순간부터 그들은 죽음
을 향해서 그리 살아가며 그것으로써
그들은 매듭이 지어지는 것이 아니던
가?
8 그리하여 그들은 양심이 없으며 영혼
이 없다고 내가 그리 말하였음이니라.
9 그러나 똑같은 동물로써 태어난 나의
백성 너희는 어떠한 삶을 사느냐?
10 너희도 물론 그들과 같이 육의 죽어
감을 향하여 그 육의 죽음을 대비하는
삶을 사는 것이요, 죽기 위해 살아가
는 그와 같은 형국이 나의 백성이니라.
11 그러나 너희는 영혼이 있으며 그리하
여 거듭나고 다시 태어나는 그와 같은
영광과 은혜를 가지고 있는 것이며 그
를 갖고 세상에 태어난 것이 너희임이
니라.
12 그러니 그것 하나로써 모든 동식물보
다 나 여호와에게 얼마나 감사하며 은
혜를 갚고자 하는 마음의 자세로 살아
야 하겠는가?
13 내가 너희만큼은 다시 태어날 수 있으
며 다시 살 수 있는 그와 같은 특별히
기회를 주었으며 너희만 얻을 수 있는
위대한 영광이거늘, 과연 너희는 어찌
살아가는가?
14 그를 감사한 것으로 생각하며 감사하
다 생각하며 사는가?
15 나는 모든 미물이요, 날짐승들이요,
모든 동물이요, 식물들이요, 생명을
가진 것들은 다 죽음을 위하여 죽음의

길을 가고 있으며 죽음을 위해 살아가
는 그와 같은 형국이나,
16 그 모든 동물 속에서도 인간 너희는
내가 가장 아름다운 모습으로 만들었
으며, 다시 태어날 그 기회를 가진 자
요, 거듭날 수 있는 것이 너희라 그리
말하였음이니,
17 똑같이 죽음을 위해서 살아간다 해도
너희는 거듭나는 삶을 사는 것이니,
내가 너희를 얼마나 사랑하며, 너희가
나로부터 받은 그 은혜요, 영광이 위
대하고 소중하다 생각하는가?
18 다시 태어날 그 기회를 주었건만, 내
가 지키고 살라 하는 것을 지키지 아
니하고 사는 것이 너희니,
19 다시 태어날 그 기회가 얼마나 소중하
며 그게 얼마나 큰 은혜인지를 모르는
자들이요, 그를 저버리고 사는 것이
너희니,
20 정녕 너희는 나는 날짐승이요, 모든
동물에 이르기까지 얼마나 어리석은
삶을 사는가?
21 그들처럼 죽음을 위해서 가는 삶이요,
다시 태어나는 거듭나는 가장 소중한
것을 버리고 사는 나의 백성이니,
22 그들과 차별화되는 것이 하나도 없는
삶을 사는 것이 죄 속에서 사는 자요,
양심을 저버리고 사는 자라는 것을 잊
어서는 아니 될 것이니라.
23 이제 나의 법전을 읽고 깨우친 백성이
요, 나의 아들을 따르는 제자 너희는
이 세상에 생명을 가진 모든 것은 다
죽음을 위해서 살아가나,
24 너희는 죽음에서 거듭나는 그 영광이
요, 거듭나기 위해 살아가는 소중한
백성이라는 것을 잊지 말라.
25 그러니 거기서 거듭나기 위해서 어떠
한 삶을 살아야 하는지 스스로 너희가
알 것이니,
26 나의 법전을 읽고 나의 성경을 읽고
깨우치며 나의 아들의 강론을 듣고 깨
우치기 전에,
27 스스로 너희 자신을 돌이켜 보면 어떠
한 삶을 살아야 하는지 네가 알 것이
니, 그보다 위대한 가르침은 없다는
것을 잊지 말며,
28 너희가 그를 깨달았다면 그와 같이 행
하고 살면 거듭나며 나에게 오를 수
있는 영광을 얻을 수 있다는 것을 잊
지 말라, 사랑하는 나의 아들딸들아!
29 이것이 바로 순리요, 법도요, 너희가
살아가는 길이니라.

7,076 번째 하나님 말씀

2003년 8월 9일 11시 03분

1 사랑하는 나의 아들아!
2 "네, 아버님! 말씀하옵소서."
3 너희가 나의 법전이요, 나의 성령이
내 모두를 태워 내려보낸 것이라 믿고
따르는 나의 아들의 제자라 하면,
4 너희는 나의 법전을 가슴에 안고 정독
하는 자, 반석 위에 서서 하늘에 오르
는 찬란한 빛을 보게 되는 영광이 있
음이라 그리 말하였느니라.
5 그러나 너희는 나의 법전을 어찌하는
가?
6 너희는 이를 읽고 또 읽고 정독하는
백성이 아니더냐?
7 그러니 하늘에 오르는 그 길이요, 진

리를 아는 그것으로써 무엇을 더 바라
며, 그보다도 더 소중하고 귀중함이
이 세상에 무엇이 있겠는가?
8 너희가 그를 믿는다면, 나 여호와의
성령을 태워 내려보내는 것이 나의 뜻
이라 믿는다면,
9 내가 십계명 다음에 한 줄을 더 넣어
너희에게 암송시킨 그 대목의 중요함
을 알아야 할 것이며 그 소중함을 알
아야 할 것이니라.
10 너희가 지금 나의 아들을 따라 법전을
만들고 역사하는 것, 나의 성전을 위
하여 노력하는 것, 그 모든 것을 가지
고 어떠한 은혜요, 혜택이요, 영광을
받을 것이라 그리 생각해서는 아니 될
것이며,
11 너희가 죽어 와 나로부터 심판을 받을
때 그 모두가 선한 쪽에서 너희를 눌
러 주며 선한 쪽에 무게를 실어 준다
는 그와 같은 생각을 잠시 일분일초라
도 해서는 아니 될 것이니 그리 알라.
12 너희가 나의 법전을 접하며 나의 성령
을 들으며 한 줄을 읽고 깨우치는 그
은혜를 받는 그것으로써 너희가 오늘
어떠한 봉사요, 어떠한 것을 다 한다
해도 그것에 대한 은혜를 갚을 수 없
으며, 그보다도 더한 영광이 없음이니
라.
13 너희가 어떠한 역사를 하든 그를 가지
고 나에게 심판을 받을 때 선한 쪽에
무게가 실어지는 것이라 그리 생각하
지 말라.
14 그는 아니니라.
15 너희는 어떠한 역사를 하든 나로부터
나의 성령이요, 나의 강론을 들으며
나의 법전 한 줄을 깨우쳐 바로 서는
삶의 그 길을 얻는 그것보다 더 소중
한 것을 얻을 수 없으며 더 위대한 것
을 얻을 수 없음을 알라.
16 너희가 잘못 가고 잘못 이루었을 때
그 대가는 반드시 다른 백성과 같이
치른다는 것을 절대 잊어서는 아니 됨
을 알아야 할 것이니라.
17 그러니 너희 스스로 가는 길에서 각자
맡은 그 임무를 말없이 최선의 노력을
다할 때 너희에게 얻어지는 모든 은혜
요, 영광은 스스로 내가 평가하여 너
희에게 내린다는 그 사실을 알라.
18 너희는 그저 묵묵히 너희 자신이 해야
할 일, 너희가 명받은 것을 수행하고
지키고 나가면 되는 것이니라.
19 그러나 지금 나의 피조물 만백성 그들
이 수천 년 동안 믿음의 길을 오며 그
믿음의 길을 역사해 온 자들의 기도하
는 소리를 개구리 울음소리만큼도 듣
지 않는다는 그 뜻을 너희는 알겠는가?
20 나의 피조물 만백성 너희는 너무나 너
희 자신의 경험을 앞세우며 인간의 삶
의 그 짧은 지식이요, 지혜를 먼저 앞
세워 생각하는 그와 같은 삶을 살고
있는 것이니라.
21 그러니 수천 년 동안 흘러오는 모든
종교 집단이요, 그 종교 지도자들은
제 경험이요, 제 인생의 삶을 중요시
하며, 그를 더 높이 평가하고,
22 그를 가지고 세상을 다스리고 경륜으
로써 너희 모두를 다 이끌어 가려는
그와 같은 마음으로써 지금까지 왔음
이니라.
23 나 여호와의 뜻이요, 나의 진리를 가

지고 모두를 깨우치고 역사하는 것이
아니라,
24 저 자신의 경험을 가지고 모든 것을
역사하고자 하는 그 백성이라면, 그들
이 생각하는 것은 무엇이더냐?
25 저희 육이요, 오늘날 존재하기 위해
모두 살아간다는 것을 너희는 여기서
알아야 할 것이니라.
26 그들이 경험이요, 삶의 경륜으로 모두
를 다스린다는 것은 인간관계에서 이
루어진 것이요, 인간관계에서 얻어지
는 것이기 때문에,
27 그것은 인간관계의 삶이요, 그 생활을
벗어날 수 없으며, 그를 벗어나 하늘
의 뜻에 따라 움직이고 행하는 것이
아니니라.
28 그러니 인간의 삶에서 얻어진 그 모두
를 가지고 그 경험을 앞세우며 그 경
험의 오만함을 가지고 이루는 것은 인
간 세상의 삶을 위해 살아가는 삶이니
라.
29 그리하여 너희가 지금까지 잘못 왔으
며 나의 뜻과는 관계없는 지옥의 길로
가는 삶을 살아가는 것이 오늘의 나의
백성이요, 종교 집단이요, 지도자요,
믿음의 길을 가는 백성의 역사함이니
라.
30 나의 참진리를 가지고 깨우쳐 하늘에
오르고자 역사하고 가르치는 것이 아
니라 인간의 경험이요, 저희 생각에
맞춰 모두를 역사하는 그와 같은 가르
침을 가는 이 현실을 알면서 너희는
그대로 넘어갈 수 있으며 이를 묵과해
서야 되겠는가?
31 이를 바라보는 나 여호와가 그리 용서
치 아니하며 더 이상 방치하지 아니한
다 하였음이니,
32 그 모두를 앞에서 다스려 가는 것은
너희가 행함으로써 보여 주는 것이 선
택된 나의 백성이 가야 할 길이니,
33 너희의 그 책무가 얼마나 소중하고 귀
한 것인가를 다시 한 번 깊이 깨우치
도록 그리하라, 사랑하는 나의 아들딸
들아!

7,077 번째 하나님 말씀

2003년 8월 9일 11시 10분

1 사랑하는 나의 아들아!
2 "네, 아버님! 말씀하옵소서."
3 나의 사랑하는 백성이 지금까지 흘러
온 그 세월 속에서 저희가 구원하고자
그리고 저희가 역사하고자 하나, 그들
은 지금까지 관습이요, 흘러온 전통에
젖어 모두 역사하고 있음이니라.
4 그러니 그것은 나의 진리요, 나의 뜻
과는 관계없는 저희의 관습이요, 습관
이요, 저희가 만든 교리요, 교회법에
따라 운영하는 타성에 젖어 있음이니
라.
5 그 잘못된 타성에 젖어 있는 그것을
과감히 버리려는 자, 던지려는 자, 놓
으려는 백성이 세상에 없음이니라.
6 그를 그저 제 생명보다도 더 소중히
간직하고 지키는 것이 하늘에 오르는
길이라 그리 가고 있음이니, 이를 어
찌해야 한단 말이더냐?
7 지옥으로 가는 그 죽음의 길을 가는
것이 하늘에 오르는 길이라 하여 가슴
에 안고 그를 놓지 못하며 놓으려 하

지 아니하며, 그것을 빼으려 하는 자
를 적으로 생각하며,
8 그를 공격하여 그 생명까지도 노리는
그와 같은 형국으로 지금 되어 있음을
너희는 알아야 할 것이니라.
9 먹이를 물고 있는 동물이 그 먹이를
빼으려 하는 자에게 공격하는 것보다
도 더 무서운 방법으로써 항상 공격할
준비 자세를 하고 있음이니,
10 제가 지금까지 가진 관습이요, 흘러오
는 그 전통에 대해서 절대 벗어나지
아니하려 하며, 그를 벗어 버리고 던
져 버리는 그와 같은 용기 있는 백성
이 없는 것이 오늘의 모든 종교 집단
이요, 그들이 세뇌시킨 오늘의 결과이
니라.
11 2천 년 동안 암흑의 세상에서 이루어
진 결과가 그와 같이 나타나 있음을
너는 알아야 할 것이니라.
12 그러니 변하고자 하지 못하고 타성을
버리지 못하는 그 백성을 바라보는 나
의 마음이 얼마나 고통스럽고 괴로움
을 겪고 있는지 너희는 알고 있는가?
13 모두를 버리고 새로 태어나는 진정한
진리의 길을 가고자 하는 그 백성이
없음이니라.
14 그를 위하여 들고일어난 종교 지도자
가 없으며 그 모두가 잘못되었음을 알
면서도 말하는 종교 지도자가 없으며,
15 알면서 그 길을 가는 자, 잘못된 것을
알면서 거짓을 진실이라 말하지 않으
면 살지 못하는 오늘의 종교 집단이
요, 그 세상이 되었기에,
16 그와 더불어 흐르는 물처럼 따라가며,
깨달은 종교 지도자들까지도 변화되
는 역사를 이루지 못하고 있는 것이
오늘의 모든 실정이요, 흐름이니라.
17 나를 따르는 자들, 그리고 너를 따르
는 제자들은 모두 법전을 읽고 깨우쳐
만백성을 구하는 그 임무가 얼마나 막
중한 것인가를 알아야 할 것이니라.
18 너희 것은 하나도 없으며 나 여호와로
부터 받아 간 것이며, 모두 나의 뜻에
따라 관리하고 지금 보관하고 있다고
내가 그리 말하였음이니,
19 나의 것을 가진 자, 나의 것을 관리하
는 자들, 내가 불렀을 때 와야 하는 나
의 백성이 살아가는 그 지표를 어디에
두고 살아야 하겠느냐?
20 너희는 나 여호와에게 모두를 일치시
키는 그와 같은 삶을 살아야 하는 것
이 나의 천국이요, 나의 나라에 올 수
있는 그 길이 아니더냐?
21 그 길이 곧 구원의 길이라는 것을 너
희는 가슴 깊이 새겨 두어야 할 것이
니라.
22 너희 것이 하나도 없으며 너희 손발이
요, 입이요, 귀요, 너희 몸에 붙어 있
는 그 기능을 발휘하는 모든 것도 다
너희 것이 아니요, 나의 것으로써 너
희가 그를 빌려 사용하고 있다 하면,
과연 이 세상의 모든 것은 다 무엇이
더냐?
23 영원한 너희 것은 하나도 없으며 네
소관은 하나도 없는 것이니라.
24 그러니 그를 보내 주고 빌려주고 그리
고 나에게 돌아오라 하며 기다리는 나
여호와의 뜻에 모두를 일치시키고 거
기에 맞추어 살아가는 것이 곧 하늘에
오르는 그 아름다운 길을 가는 것이라

는 것을 너희는 어찌 모르는가?
25 너희는 그를 다 깨우칠 만한 지혜를
가진 나의 백성이거늘, 어찌하여 그
길을 보려 하지 아니하며 들으려 하지
아니하는가?
26 너희의 영혼을 구하기 위해 그치지 않
고 마르지 않는 강물을 내가 흘려 내
리는 것이니라.
27 아무리 가물어도 정녕 마르지 아니하
며 아무리 태양빛에서도 마르지 않는
풍부한 그 강물과 같은 사랑을 내가
너희에게 끝없이 내려보내고 흘려보
내고 있음이니라.
28 그것을 보지 않으려 하며 그를 받으려
하지 아니하며 그를 너희 것으로써 만
들려 하지 않는 것이 오늘의 종교 집
단이요, 지도자들이니라.
29 나 여호와는 매 순간 너희에게 모두를
주고자 하며 너희에게 모두를 다 맞춰
살아갈 수 있는 그와 같은 마음의 준
비가 되어 있거늘,
30 너희는 어찌하여 나 여호와에게 일치
시키는 그와 같은 삶을 살지 아니하고
사탄이요, 사악한 자의 삶에 모두를
맞춰 나가려 그리하는가?
31 그를 바라보는 나 여호와의 가슴이 얼
마나 아픈 줄 알겠느냐?
32 나는 마르지 않는 강물처럼 너희에게
풍부한 사랑을 계속 부어 내려 주고
있건만, 어찌하여 그 사랑을 보지 아
니하며,
33 끊이지 않는 강물을 붓듯이 내가 그
사랑을 내려보내는 것을 받지 아니하
며 보지 않는 어리석은 삶을 사는가?
34 나를 믿는 순간 너희는 변화되는 삶의
역사가 이루어질 것이며,
35 진정한 믿음으로써 나를 믿을 때 너희
는 하늘에 오르는 그 삶의 길에 들어
서는 것이며 구원의 길을 가게 되는
것이니라.
36 너희가 진정한 마음으로 나를 믿지 못
하며 나를 따르지 아니하는 것은 두
마음을 가지고 있기 때문이니라.
37 믿음을 가졌다는 모든 백성, 그리고
종교 지도자 그들도 그리 계산하느니
라.
38 오늘의 삶이 과연 진정한 삶이요, 나
에게 오르는 삶이요, 그리고 이와 같
이 변화되는 삶이 너희가 잃고 억울하
게 사는 삶은 아닌가 하는 이와 같은
계산이 너희 머릿속에 잠시라도 있어
서는 아니 될 것이니라.
39 두 가지 마음을 가진 자, 내가 그저 마
르지 않는 풍성한 강물을 내리붓는 것
보다도 더 위대하고 넓고 풍부한 사랑
을 내려보내는 것을 받지 못하며 보지
못하며 듣지 못하며 가슴에 심지 못하
는 것이니, 너희는 이를 잊어서는 아
니 될 것이니라.
40 그리고 관습과 폐습에서 벗어나고 집
어던지며,
41 지금까지 온 모든 믿음이요, 종교 집
단의 교리를 던지고 벗어 버리는 것,
그 타성에서 훨훨 날 수 있는 그와 같
은 용기를 가진 백성이 아니라면 나에
게 오르는 그 길을 올 수 없다는 것을
잊지 말라, 사랑하는 나의 아들딸들아!

7,078 번째 하나님 말씀

2003년 8월 9일 11시 20분

1 사랑하는 나의 아들아!
2 "네, 아버님! 말씀하옵소서."
3 너희는 구원의 그 시간이 없음을 알라.
4 지금 모든 백성이 정녕 구원의 시간이 없거늘,
5 단 1초도 얼마나 소중하고 귀한 것인지를 아느냐?
6 너희가 단 1초에 깨닫고 얻는 것이 거기에 있음이니라.
7 내가 너희에게 일찍이 가르치기를 뭐라 말하였느냐?
8 너희가 육의 세상에서 사는 삶의 숨을 거두는 단 1초도 안 되는 그 순간에 삶에 한 점의 부끄럼이 없이 당당히 그를 맞이할 수 있는 삶을 사는 것이 너희에게 소중하다 그리 너희에게 일찍이 가르쳤음이니라.
9 하루가 지나가는 것만큼 구원의 시간은 줄어들며 그 기회를 놓치고 있다는 것을 알아야 할 것이니,
10 1초가 소중하거늘 하루하루 지나가는 세월 속에 과연 어떠한 삶을 사는가?
11 구원의 길을 위하여 너희가 사는가, 육의 향락을 위한 삶을 사는가?
12 너희는 시간이 없음을 모든 백성에게 깨우쳐 주어야 할 것이니라.
13 모두는 다 제한된 속에서 정해진 그 속에서 사용하고 있다는 것을 알아야 할 것이니라.
14 무한정 연장되며 무한정 지속되는 것이 아니니라.
15 너희가 깨닫고 그 죄를 사하며 바른 삶을 살고자 하나, 이미 돌이킬 수가 없으며 돌아갈 수 없는 것이 너희니라.
16 지금 나이를 먹고 사는 백성 너희가 조용히 하늘을 보고 생각할 때, 네가 어린 시절 젊은 나이로 돌아간다면 아름다운 삶이요, 곧은 삶이요, 바른 삶을 살고자 하는 그 마음의 소원을 갈망하나,
17 이미 얼굴에는 주름이 졌으며, 죽음의 시간이 그늘졌으며, 얼마 남지 않은 그 삶을 너희가 돌이킬 수도 돌아갈 수 없는 것이 너희가 아니더냐?
18 그와 같은 것을 알고 사는 백성이라면, 지금의 돌이킬 수 없는 그 1초를 얼마나 소중히 아끼고 귀하게 써야 하는가?
19 그리고 지금서부터라도 후회하지 않는 삶을 살기 위해 너희 모두를 다 바치는 그와 같은 마음으로 살아가면 될 것이거늘,
20 너희는 그 시간의 소중함을 모르고 그저 그리 살아가는가?
21 한쪽에서는 후회하며 반성하면서도 앞으로 살아가는 그 마음은 잊어버리며, 그저 되는대로 흘러가는 세월 속에 그저 흘러가는 물처럼 더불어 살아가는 그와 같은 삶이 연속되는 것이 너희가 아니더냐?
22 그러니 너희의 믿음도 그러하니라.
23 고치겠다, 깨닫겠다, 변화되겠다고 말을 하면서, 오늘을 내일로 미루며 내일을 모레로 미루다 죽음을 맞이하여 나에게 와 그 대가를 치를 때, 너희는 허송세월한 것을 통곡한다고 내가 그리하지 아니하였더냐?

24 이를 너희가 어찌 받아들이든 그것은
너희 뜻이나,
25 나 여호와는 나의 법전에 기록하여 하
늘에 오르는 길을 가르쳐 주고 인도하
는 것이 내가 너희에게 내리는 가장
큰 사랑이요, 영광이기에, 내가 이 말
을 수없이 기록하여 전함을 너희는 알
아야 할 것이니라.
26 나의 사랑으로써 모두를 감싸고 있음
이니라.
27 이 세상의 모든 것이 나의 사랑에서
벗어나 있는 것이 없으며, 내가 사랑
으로 감싸지 않은 것이 없으며, 감싸
지 아니한 것이 없다는 것을 너희는
알라.
28 너희의 영혼과 나 여호와는 항상 같이
하고자 하며 내가 같이 존재하고자 하
며, 너희와 아름다운 대화를 나누며
존재하고자 하는 것이 나 여호와의 뜻
이라 그리 말하지 아니하였던가?
29 너희가 나의 은혜에 감싸인 삶을 사는
것보다, 모든 것이 나의 영혼으로써
감싸져 있는 그 은혜보다도,
30 너희 자신의 생각이요, 인간의 지혜
요, 그리고 오늘의 살아가는 그 길을
위하여 짧은 인간의 지식이요, 삶의
그 생각이요, 그리고 그 모두를 다 거
기에 바치고 살아가니,
31 너희는 내가 너희를 사랑하기에 모두
를 감싸고 있으며 너희와 같이하는 나
의 영혼의 뜻에 따라 사는 소중함을
모르며 그 길을 모르는 것이니라.
32 그러니 너희가 얼마나 어리석고 불쌍
한 백성인지 알겠는가?
33 그와 같은 너희를 바라보는 나의 마음
이 걱정스러우며 내 마음이 한심스러
움을 알겠느냐?
34 모든 근심으로써 내 마음이 그득히 차
있음이니,
35 이는 곧 너희가 하늘에 오르는 진정한
참진리를 버려두고, 너희가 가서는 안
되는 그 길로 달려가는 것이니라.
36 나 여호와의 가장 큰 고통이 무엇인
줄 아느냐?
37 생명을 나로부터 받아서 육이 존재하
며 오늘의 삶을 사는 것이 너희거늘,
38 너희는 구원의 역사함이요, 새로 태어
나는 모든 기회가 있는 것이 동물과
다른 자들이라 하였으며, 너희가 새로
태어나며 거듭나는 역사의 모든 것은
나 여호와에게 달렸다 내가 너희에게
그리 말하지 아니하였던가?
39 그 모두는 나에게 달렸거늘, 어찌하여
너희는 그 자체를 모르고 계명대로 살
수 없다고 말하며, 그리고 내가 내린
것이 의혹이 간다 하며,
40 내가 계명대로 지키라는 그것도 인간
이기 때문에 지킬 수 없다고 그리 말
하며, 그를 의심하며, 나의 율법을 의
심하며 나의 아들을 통하여 내리는 나
의 법전을 의심하니,
41 그 의심하는 마음으로써 너희는 아무
것도 얻을 수 없다는 것을 알아야 할
것이니라.
42 너희가 진정한 사랑이요, 모두 놓을
수 있다면, 너희 마음의 문을 열었어
야 할 것이며 활짝 열려 있어야 하는
것이 너희가 가야 할 길이니라.
43 너희가 마음을 굳건히 닫아 놓은 그
대표적인 것이 무엇인 줄 알겠느냐?

44 말로써 사랑을 베풀며 산다 하며 수천 년 동안 흘러온 종교 집단이요, 지도자요, 구원을 받았다는 그 백성이 문을 꽉꽉 닫아 놓은 자들이니라.
45 그리고 너희는 속마음이요, 가슴의 마음은 열지 않고 그저 그 마음을 꽉 닫아 놓고 육의 두 팔만을 벌려서 너희 팔에 오는 자, 네 가슴에 안기는 자, 거기에 들어오는 자가 구원을 받으며 하늘에 오르는 축복의 영광을 받는다고 그리 가르치느니라.
46 모든 종교 집단의 지도자가 나의 백성에게 팔을 벌려 그 가슴에 안기는 사는 구원을 받는다 말하면서 너희는 진정한 가슴을 열지 아니하고 있음이니라.
47 그는 무엇이냐?
48 팔을 벌려 그들을 사랑한다는 것은 육으로써 사랑함이요, 육의 재물을 거둬들이려는 것이요,
49 너희가 모두를 희생하여 그 백성을 하늘로 오르는 그 길로 인도한다면 가슴을 활짝 열고 너희가 어떠한 형태인가를 그들에게 보여 주며,
50 너희와 더불어 같이 하나하나 깨우쳐 참진리의 길에 눈을 뜨며 나 여호와가 성서에 기록한 내용을 그대로 읽고 그대로 행하며 그리고 나의 법전을 목숨을 다 바쳐 지키는 그와 같은 삶을 가자고 손에 손을 잡고 서로 그 길을 위해 노력하는 종교 지도자가 마음을 연 자이며,
51 마음을 연 자가 나의 백성을 품에 안을 때 그것이 진정한 사랑이요, 따뜻함이 거기에 있거늘,
52 너희는 마음은 굳건히 닫아 놓고 육의 팔만 벌려 그 팔에 안기라 함이니, 이것이 오늘의 종교 집단이요, 지도자가 가는 행위라는 것을 알라.
53 그러나 나는 너희를 사랑함이니라.
54 너희를 두 팔에 내가 안고자 함이니라.
55 너희는 나 여호와의 품에 오는 길 내 품에 안기는 그 길을 위하여 살아야 할 것이니라.
56 나 여호와는 너희가 오는 것을 원하고 있으며, 너희를 기다리고 있음이니라.
57 그러니 너희가 진정한 나 여호와 창조주의 가슴에 안기는 그와 같은 영광을 얻기 위해서 너희 가슴속에 있는 모든 마음을 버려야 하며,
58 두 가지 마음을 가지고 사는 자는 정녕 나에게 오를 수 없다는 것을 알라.
59 그리고 모든 것이 나 여호와에 의하여 역사하며 나에 의하여 이루어지며 나에 의하여 모든 게 변하며,
60 지옥이요, 천국이요, 그 역사의 결론은 나에게 달렸다는 것, 그리고 너희의 모든 것은 다 내가 관장한다는 것을 안다면,
61 내가 친필로 쓴 그 십계명을 암송하고 그대로 지키고 살아가는 것이 너희의 영혼을 구하는 삶이요, 영혼을 구하는 길이라는 것을 절대 잊지 말라.
62 내가 다시 너희에게 명하노니, 지금 시간이 없음이니라.
63 너희가 나에게 올 수 있는 그 시간이 없음이니라.
64 너희가 언제 나에게 부름을 받을지는 나 여호와만이 알며 너희는 모름이니라.

65 남은 시간을 대충 너희 마음대로 계산
하지 말라.
66 이웃 사람의 살아가는 것을 보며 너희
의 남은 생명의 시간이 그러려니 그리
계산하지 말라.
67 너희가 어느 날 나에게 불려 왔을 때
그 당황함은 이루 말할 수 없을 것이
니,
68 단 1초라도 시간이 없음을 알라.
69 1초라도 너희가 소중하게 쓰며, 오늘
의 폐습이요, 관습이요, 잘못된 것을
다 던지고, 타성에 젖은 마음을 바로
잡는 그와 같은 현명함으로 구원을 얻
도록 그리하라, 사랑하는 나의 아들딸
들아!
70 시간이 없음이니라.
71 너희가 언제 나에게 불려올지 각자가
다르며 너희는 모름이니, 각자가 시간
이 없다는 것을 알라.
72 단 1초를 소중히 아껴 쓰도록 하며,
그 1초 속에서 변함을 얻도록 그리하
라, 사랑하는 나의 아들아!
73 너희가 1초를 버리지 아니하며 1초를
소중히 하며 그 1초 속에서 변함을 얻
고 살아도, 지금까지 그 지은 죄요, 그
아름다움을 깨달아 행할 시간은 없을
것이며,
74 아무리 너희가 행하고 행한다 해도 지
금까지 그 지은 죄만큼 너희가 아름다
움을 행할 수 없을 것이니,
75 1초를 소중히 아껴 그 역사를 이루라.
76 1초를 함부로 쓰지 말라.
77 1초의 소중함을 알라.

7,079 번째 하나님 말씀

2003년 8월 9일 11시 32분

1 사랑하는 나의 아들아!
2 **"네, 아버님! 말씀하옵소서."**
3 지금의 수천 년 흘러오는 그 종교 집
단 그들이 잘못되며 잘못 가고 있다
내가 말하였음이니,
4 이는 정녕 나의 뜻과는 관계없는 것이
요, 잘못 가고 있음을 너희는 알아야
할 것이니라.
5 지금 잘못 가는 종교 집단이요, 그 속
에서 구원을 받았다 말하는 백성이요,
신도라는 그 백성의 가슴속에 과연 나
의 성령이 들어갈 공간이 있다고 너희
는 생각하는가?
6 수천 년 동안 믿음을 오는 그 백성이
요, 예수의 보혈로써 구원을 받았다
말하며, 너희만이 구원받은 자요, 너
희와 더불어 공부하며 예배하지 않는
자는 이단이요, 사탄이요, 사악한 자
라 그리 말하는 너희의 가슴속에, 가
장 중요한 나의 성령이 과연 들어갈
공간이 있다 생각하는가?
7 너희 마음속에는 나의 성령이 들어갈
공간이 하나도 없는 것이 너희의 오늘
의 삶이니라.
8 그리고 그 공간이 과연 생길 수 있다
고 생각하는가?
9 오늘과 같은 믿음의 형태로써 더 굳어
지고 굳어진다면,
10 너희 마음이요, 가슴속에 하늘로 인도
하며 하늘의 길을 가르쳐 주는 나의
성령이 너희 가슴속에 들어갈 수 있는
공간은 없어질 것이며, 더 굳어지는

그와 같은 형국으로 이루어질 것이니,
11 이를 보는 나 여호와의 마음이 과연 어떠하겠는가?
12 나 여호와의 슬프고 고통을 한결 가벼워진 마음으로 다스려줄 수 있는 것은,
13 너희 마음을 열어 나의 성령이 너희 가슴에 들어갈 그 공간을 만들어 주는 것이 너희가 나의 고통이요, 나의 슬픔을 한결 가볍게 이끌어 주는 길이라는 것을 알아야 할 것이니라.
14 나 여호와의 성령이 너희의 가슴속에 정녕 들어갈 곳이 없으며 남을 곳이 없음이니라.
15 그러니 그 마음을 과연 어찌 다스려야 하겠는가?
16 지금의 믿음의 길을 가는 백성이요, 믿지 않는 그 백성이요, 모든 백성의 가슴속에 나의 성령이 들어갈 수 있는 공간이 있다면, 나의 기쁨이요, 나의 오늘의 이 삶이 얼마나 보람되고 영광된 삶으로 살며,
17 너희는 나에게 올 그 기회의 선상에 서 있는 백성이니, 아장아장 걸어오는 아이들을 보는 것처럼 너희가 서서히 변화되는 것을 볼 수 있건만,
18 나를 믿지 않는 백성의 가슴속에 그리고 믿는다는 그 백성의 가슴속에 나의 성령이 임할 곳이 없음이니, 이를 보는 나 여호와의 마음이 과연 어떠하던가?
19 너희는 나의 성령이 임한다는 것을 말로써 들으니 그저 그런 것이라 생각할 것이니라.
20 그러나 너희 제자들과 나의 법전을 읽고 깨우친 만백성 너희는 알아야 할 것이니라.
21 이 세상 그 무엇과도 바꿀 수 없고 가장 소중한 것이 성령이 너희 몸에 임하는 것이며 가슴에 내려지는 것이니, 그게 얼마나 중요한 것인지 그 자체를 너희는 알아야 할 것이니라.
22 모든 백성이 그게 얼마나 소중한 것이지 모르고 가는 것이 오늘의 종교 집단이요, 지도자들이니라.
23 말로써만 소중하다 하며, 정녕 나의 성령이 임할 그 공간이 그들의 가슴속에 작은 구멍만 한 공간도 없으니 이를 어찌해야 한단 말이던가?
24 너희는 나를 경배하고 나의 뜻에 살며 다른 신을 절대 두지 아니하고 산다고 그리 말하느니라.
25 그러나 그 교회요, 성당 또한 거기에도 나의 성령이 임할 공간이 하나도 없음이니 이를 어찌하면 되겠는가?
26 너희가 다른 신을 두지 아니하며 오로지 나의 뜻이요, 예수의 뜻을 따라 살며 예수를 찬양하며 구세주라 부르는 너희가, 손으로 지은 교회요, 그 성당이라는 곳에 나의 성령이 너희를 위해 찾아간들 그를 받아들이는가?
27 그 성당이요, 교회라는 곳에 나의 성령이 내려가 너희를 찾아가게 해도, 너희가 가장 배척하는 자들이요, 외면하는 자들이요,
28 나의 성령이 너희를 구원하기 위해 교회를 찾아갔을 때 그들은 사탄이요, 이단이라 말하며 그를 멸시하고 욕되게 하며 태워 버리고 찢어 버리는 그 사악한 마음이 되어 있음이니라.
29 짐승이 먹이를 뺏기지 아니하기 위해

으르렁대는 것보다도 더 무서운 형국
으로 이빨을 드러내고,
30 나의 성령을 교회에 내려보냈을 때 너
희가 이를 배척하고 외면하며 사탄의
자식이라 그리 말하며 그를 멸시하며
죽이려고 으르렁대는 그 이빨이 얼마
나 무서운 형국으로 비치는 그림인 줄
알겠는가?
31 나의 아들은 너희의 그 그림을 다 보
고 있음이니라.
32 너희가 수천수만 명이 모여 있다 해도
지금 그 교회 안에서 나의 진리를 따
르며 나의 뜻대로 살아간다는 너희의
으르렁대는 그 모습을 나의 아들은 보
고 있음이니라.
33 그리하여 그를 바로잡고 그를 인간으
로 다시 태어나게 하기 위해 나의 아
들이 이 어려운 길을 마다하지 아니하
고 가는 것이니 그 모두를 보고 있음
이니라.
34 그걸 보는 그를 사탄이요, 이단이라
말하며 그 입을 통해서 너희를 구원하
고자 나의 성령이 찾아가는 것도 모르
고 그 사악한 짓을 지금도 계속하고
있으며,
35 앞으로 더 무서운 방법으로써 나의 아
들을 세상에 존재치 못하게 하며, 나
의 법전이 세상에 나오지 못하도록 온
갖 교활한 방법을 다 동원할 것이니,
36 2천 년 전 나의 아들 예수를 죽인 것
보다도 더 사악한 자니라.
37 그러나 나의 아들이 그 모두를 무릅쓰
고 가는 그 역사를 알겠느냐?
38 너희의 그 형상이요, 몰골을 다 보고
있기 때문이니라.
39 인간의 형태가 아니라 공동묘지 안에
죽은 자와 같은 형국이요,
40 그보다 더 무섭게 먹이를 놓고 서로
으르렁대는 그 짐승들의 형상보다도
더 무서운 모습으로 보이며, 인간의
모습은 보이지 아니하기에,
41 나의 아들이 죽어서라도 너희를 구원
할 수 있다면 그 길을 선택하고자 하
는 것이 나의 아들이요,
42 그리하여 너희가 불쌍하여 모두를 다
내놓았으며 너희가 나의 아들을 갈기
갈기 찢는 그날이 온다 해도 이 법전
을 만드는 것을 중단하지 아니하며 이
역사를 중단하지 아니하고 가는 것이
나의 아들이니, 그 사랑을 너희가 알
겠느냐?
43 나의 아들 예수를 너희가 죽이고자 하
여 그를 그와 같이 험악한 방법으로
죽이고자 할 때 나의 아들 예수도 그
모습을 보았느니라.
44 대제사장이요, 신도라 하는 자들이 인
간이 아닌 형태로 사악한 짐승의 형국
이 되어 먹이를 놓고 으르렁대는 것보
다도 더 으르렁대는 그들이 불쌍하고
가련하여,
45 어떠한 고통이라도 그들을 인간으로
만들어 나의 품에 올 수 있다면 그 길
을 가겠다 하여 그는 그 아픈 가슴을
안고 그 눈물의 고통이요, 누구도 견
딜 수 없는 그 길을 달게 받았음이니,
오늘의 나의 아들도 그러니라.
46 나의 아들들이 너희와 다른 것이 무엇
인 줄 알겠느냐?
47 인간 세상에 인간사 너희의 모양이요,
가진 마음까지 그 그림을 알고 있음이

니라.
48 너희는 인간의 형태를 했으나 짐승과 같은 형국으로 생각하면 너희는 짐승이요,
49 도둑질한 자요, 사악한 자요, 흉악한 마음을 먹을 땐, 그 흉악한 형상으로써 나의 아들 눈에 그게 비치며 그리 보이느니라.
50 그러니 그 인간으로서 같은 형제로서 흉악한 모습을 한 것을 인간으로 만들고자 하는 것이기 때문에, 그 자신을 다 태워 버리며 지금의 나의 아들의 육신이 갈기갈기 찢어진다 해도 그 피를 쏟아서 그 피로써 너희가 인간의 형태로 돌아올 수 있다면 그 모두를 위하여 다 뿌리고 싶은 것이 그 마음이니라.
51 나의 아들 예수도 그와 같은 마음이었음이니라.
52 그 흉악한 형국으로 있는 그들에게 나의 아들 예수가 피를 뿌림으로써 그걸 맞는 자가 인간으로 돌아올 수 있다면 그 핏방울의 숫자가 얼마가 되든지 그것은 한계가 있을 것이니라.
53 그 한계만큼이라도 인간으로 만들고자 하는 것이 나의 아들이며, 그 피를 뿌려 그들을 구하고자 했다는 뜻을 알라.
54 그와 같은 피를 가지고 너희가 영원히 구원받았다 말하지 말라.
55 그 피를 뿌렸으나 그를 보고 인간으로 돌아온 자가 없음이니,
56 그리하여 지금의 나의 아들이 그 형상을 보고 있으며 예수가 보았던 그 형상을 나의 아들이 다 보고 있음이니라.
57 그리하여 예수가 이루지 못했던 것을 이루기 위해,
58 오늘의 나의 아들은 저 자신을 갈기갈기 너희가 찢어 가기를 바라며 그가 가진 피 한 방울이 아니라 살점이요, 뼛가루까지도 너희가 갈아 가기를 바라는 것이 지금 나의 법전을 기록하는 나의 아들이니라.
59 너희의 추하고 흉한 몰골이요, 형상을 보고 있기 때문이니,
60 나로부터 받아 간 인간의 모습이 아니요, 먹이를 놓고 죽기 아니면 살기로 으르렁대는 짐승보다도 더 무서운 형국으로 지금 존재하는 것이 종교 십난이요, 지도자요, 믿음이요, 구원을 받았다는 백성이니,
61 거기에 피를 쏟고 그 살점을 쏟아 가루로 빻아 그 모두를 뿌려서 그 날아가는 꽃가루 같은 그 뼛가루가 날아가 한 사람을 구할 수 있으며 두 사람을 구할 수 있다면 나의 아들은 그 모두를 갈 것을 지금 결심하고 있으며,
62 그 마음이 굳어져 있으며 그 준비가 다 되어 있기에 나의 아들이 지금 가고 있는 것을 알라.
63 그는 알고 있음이니라, 결과가 어찌 될 것인가를.
64 그를 위하여 나의 아들이 이 길을 가는 것처럼, 나의 아들 예수가 어찌하여 그 길을 마다하지 아니하고 갈 수 있었는가?
65 그가 어떠한 형상이요, 그림을 보았는가?
66 너의 제자들이요, 나의 법전을 읽고 깨우치는 백성은 이 대목을 읽으며 그

형상의 그림을 그려 보도록 그리하라.
67 가장 추악한 짐승이요, 가장 무서운 짐승이요, 가장 악에 받친 짐승의 몰골이 오늘의 믿음의 길을 가는 지도자들이요, 구원을 받았다 말하는 백성이요, 믿지 않는 백성 너희의 형국이 다 그와 같음이니,
68 이를 보는 나의 아들이 무엇을 바쳐서라도 너희를 구하는 길이 있다면 던지지 못할 것이 무엇이 있겠느냐?
69 나의 아들 예수의 심정이 그러했음을 너희는 가슴 깊이 그리도록 그리하라, 사랑하고 사랑하는 나의 아들딸들아!

7,080 번째 하나님 말씀

2003년 8월 9일 11시 44분

1 사랑하는 나의 아들아!
2 "네, 아버님! 말씀하옵소서."
3 나의 백성 너희가 숨 쉬고 살아가는 이 세상이 얼마나 위험 속에서 존재하였으며 너희가 위험 속에 싸여 있는지 알겠느냐?
4 인화성 물질 앞에 성냥불을 켜든 어린아이 모습보다도 더 위험에 싸여 있는 것이 이 아름다운 지상이 그리되었음이니라.
5 내가 만든 하늘과 같은 천국을 만들고자 한 그 지상이 지금 낙원이 이루어진 것이 아니요, 인화물질을 놓고 그 앞에 어린아이가 성냥불을 켜든 그와 같은 위험에 처해 있다면 너희는 그를 믿겠는가?
6 그 위험을 너희는 계속 알지 못하고 있음이니라.
7 그와 같은 위험이 그대로 존재하는 것이 아니요, 어린아이가 인화물질에 성냥불을 켜든 것을 서로 유혹하며 그를 놓도록 하는 자는 없음이니라.
8 그러니 이 세상에 그 위험은 얼마나 도사리고 있느냐?
9 그 위험이라는 것이 너희를 계속 유혹하고 있음이니라.
10 그가 바로 사탄들이니라.
11 그리하여 그 사탄들의 손길이 이 세상을 감싸 나의 백성을 그저 유혹하고자 하며 너희를 끌어들이고자 그들의 손이 안 뻗친 곳이 없으며 손대지 않은 것이 없음이니라.
12 너희가 잠깐 생각을 잘못하며 한순간에 생각을 다시 했을 때, 그리고 한순간이라도 바른 생각을 하지 아니하며 욕심을 가지고 있을 때, 너희는 일순간에 넘어지도록 그리되어 있으며,
13 너희를 넘어트리기 위하여 모든 사탄의 손길이요, 그 사악한 자들이 이 세상을 덮고 있음을 알아야 할 것이니,
14 어린아이가 인화물질에 불을 켜든 것보다도 더 무서움을 알아야 할 것이니라.
15 그 속에서 나의 피조물 만백성들이 존재하며 그 속에서 견디는 자들이라는 것을 잊지 말라.
16 수시로 나의 많은 백성이 무너지고 죄악에 물들어 죽음의 길로 가고 있으며,
17 지옥으로 달려가는 그 길을 천국으로 가는 길이라 하여 달려가는 모습을 바라보는 내 마음이 과연 얼마나 저리고 쓰려 오는지 너희는 아는가?
18 너희는 어찌하여 이를 모르느냐?

19 너희를 항상 유혹하며, 너희가 잠시라
도 방심하면 그저 나의 백성을 꾀어
너희 형제를 지옥으로 이끌어 가는 사
탄들이 수없이 유혹하며 노리는 그 위
험한 세상 속에서 너희가 지금 살아가
고 있다는 것을 잊어서는 아니 될 것
이니,
20 너를 따르는 제자들이요, 이를 읽는
백성 너희는 잠시도 긴장을 놓아서는
아니 될 것이며,
21 잠시도 너희가 도덕적으로 잘못되는
것, 그리고 선이 아닌 악과 타협하는
그와 같은 생각도 가져서는 아니 될
것이니라.
22 그들에게 도움의 손길이 지금처럼 필
요하며 절실히 요구되는 때가 없기 때
문에, 너희가 깨끗하게 바로 서야만
그들을 구원할 수 있는 것이니라.
23 지금 위험 속에서 끌려가는 나의 백성
이요, 사탄이 되어 그 위험 속에서 모
든 백성을 끌어가는 그들 모두에게 구
원의 손길이 지금처럼 필요하며 절실
한 때가 없다는 것을 너희는 알아야
할 것이니라.
24 그러니 이 구원의 손길이 절실한 이
시점에 바로 그 구원의 손길을 내밀
수 있는 것은 나의 법전을 읽고 깨우
친 백성이요, 나의 아들을 따르는 제
자 너희니,
25 너희가 얼마나 조심스럽게 살아가야
하는가를 알아야 할 것이니라.
26 너희는 하늘나라 나의 품에 오기 위해
얼마나 많은 것을 지불해야 하며, 변
화를 위해서 얼마나 많은 노력이요,
얼마나 고통스러운 그 길을 가야 하는
것인지 너무나도 모르고 있음이니라.
27 너희가 정녕 하늘의 천국이요, 영원히
사는 나의 나라에 오르기 위해서 모두
를 다 바치는 노력이요, 얼마나 어렵
고 힘든 그 길을 가야 하며,
28 얼마나 어렵고 힘든 그 고비고비를 좌
절하지 아니하고 넘고 그 대가를 치렀
었을 때만 너희가 나에게 오르는지를
모르는 백성이니라.
29 한쪽에서는 사탄의 손길이요, 사탄이
너희를 유혹하며 그저 너희를 끌어가
고자 하며,
30 너희가 나에게 오르는 길은 너무나도
협착하고 어렵고 힘들고 고통스러운
길이니,
31 거기에서 견디고 살아나오는 백성의
그 고통이 얼마나 큰지 알겠느냐?
32 그러나 너희가 나에게 왔을 때 받는
은혜요, 영광은 너희가 상상할 수 없
음을 알아야 할 것이니라.
33 지금처럼 손길이 필요한 시대가 없으
며, 지금처럼 구원의 그 역사가 이루
어지지 아니하면 아니 되는 때가 없음
이니,
34 그때 너희가 구원자로서 나에게 부름
을 받아 이 역사를 이룬다는 것을 잊
어서는 아니 될 것이니라.
35 그러니 너희부터 어떠한 노력의 대가
가 필요하며, 어떠한 대가를 치른다
해도 변화되는 삶에서 무너지지 아니
해야 할 것이며, 넘어져서는 아니 된
다는 것을 절대 잊지 말라, 사랑하는
나의 아들딸들아!
36 나 여호와는 나의 아들딸들이 죄를 짓
고 지옥으로 가며 수많은 죄를 저지르

며 지옥으로 가기 위해 죄를 짓는 그 행동을 볼 때마다 내 마음이 갈기갈기 찢어지는 고통을 너희만이라도 알아야 할 것이니라.
37 지옥으로 가는 죄를 지으면서 그것이 죄인 줄 모르고 가는 백성을 바라보는 나의 마음의 고통이 얼마나 심한 것인지를 너희라도 알고 깨우쳐야 할 것이니라.
38 이제 너희는 어떠한 마음의 자세로 가야 하는지를 알아야 할 것이니라.
39 나 여호와의 갈기갈기 찢어지는 그 마음의 고통을 너희가 조금이라도 덜어주는 그 길을 가고자 한다면, 이 세상의 모든 백성이 너희에게 치욕적이요, 모욕적이요, 무서운 고통을 안겨 준다 하더라도, 너희는 그들에게 대적하지 아니하며,
40 나를 대신하는 큰 사랑으로써 베풀고 그들을 용서하는 마음으로, 모두를 끌어안는 마음으로 가야 하는 것이 너희가 갈 길이라는 것을 잊어서는 아니 될 것이니라.
41 남들이 도저히 갈 수 없는 그 길을 가는 것이 너희요, 남들이 치욕적인 욕이요, 고통을 준다 해도 그것을 또 다 인내하고 안고 가야 하는 어렵고 힘든 그 두 길을 다 안고 가는 것이 너희니라.
42 그러나 나 여호와는 너희 고통을 알고 있음이니라.
43 또한, 너희가 그와 같은 고통스러운 길을 변하지 아니하고 갈 때,
44 지금 구원의 길이요, 그 갈증에 목말라 몸부림치는 나의 백성이 알지 못하여, 목마름을 없애기 위해 지금 달려가는 길이 정녕 갈증이 더하며 목마름을 더하는 길이라는 것을 아는 백성이 나올 때,
45 그들이 너희가 전하는 법전을 보고 깨우쳐 정녕 저희가 가는 길이 목마름이요, 갈증을 더하는 길이라는 것을 알고,
46 그 목마름이요, 갈증을 해소할 수 있는 것을 나의 법전을 읽고 깨우쳤을 때, 모든 갈증을 해소한 그 백성이 그 갈증이 해소함을 감사하며 너희 손을 잡고 눈물을 흘리며 감사의 은혜를 표시할 것이니,
47 그들이 애절하게 감사의 표시를 하는 것만큼 너희가 나에게 와 그 사랑을 받으며,
48 남을 통하여 역사하는 모든 것이 나 여호와의 뜻이요, 남을 통해서 구원하며 남에게 베푸는 것이 나에게 베푸는 사랑이며, 남을 위해서 이루어지고 얻는다는 것을 안다면,
49 그들이 너희의 손을 잡고 갈증을 해소한 것이며 구원의 생수를 마시게 된 것을 너희에게 애절하게 감사하는 표시가 그만큼 내가 너희를 사랑하며 나에게 와 상을 받는다는 것을 너희는 정녕 잊지 말라.
50 다만, 상에 대해 기대하는 마음을 갖지 말고 살라.
51 그러나 내가 너희에게 주는 그 상의 위대함을 너희는 아직 모를 것이니라.
52 너희는 그 상에 대해 기대를 하지 말며 생각하지 말라.
53 아무리 생각하고 그려 본다 해도 그를

너희는 그릴 수 없으며 알 수 없음이
니,
54 그와 같은 생각을 저버리고 오로지 오
늘의 그 삶에 아래위의 고통의 그 길
을 마다하지 아니하고 싸워서 이기는
너희가 되도록 그리하라, 사랑하는 나
의 아들딸들아!

7,081 번째 하나님 말씀

2003년 8월 9일 14시 02분

1 사랑하는 나의 아들아!
2 "네, 아버님! 말씀하옵소서."
3 너희 육신의 한 곳에 상처가 생기며
병이 생기면, 결국 그 병은 거기서부
터 확장되며 벌어져 나가는 것이 아니
더냐?
4 한 곳에 상처가 난 것을 치료하지 않
을 때 거기서부터 병균은 발생되며 그
살은 상하기 시작하는 것이니라.
5 그 상처에서부터 모두가 상해져 가는
것이지,
6 너희 몸의 팔에서 그와 같은 상처가
났을 때 네 발에서 그 상처의 부위가
썩어 가는 그와 같은 형국으로 생기는
것은 아니니라.
7 한 곳이 썩기 시작하여 자리 잡았을
때 거기서부터 그 상처가 번져 나가는
것이 육신이 가지는 그 형태가 아니더
냐?
8 그러니 너희는 여기서 모든 것을 너
스스로 깨닫고, 너희 주변이요, 너 자
신서부터 다스리는 그와 같은 삶을 살
아야 할 것이니라.
9 모든 상처의 부위가 처음 상처 난 곳
에서부터 상하기 시작하며 썩기 시작
하듯이,
10 네 주변에 있는 형제요, 네 주변에 있
는 사람들로부터 신망을 받는 사람이
요, 믿음을 받는 사람이요, 그들로부
터 존경을 받는 그와 같은 마음의 자
세로 다스려 나가는 것이 중요하고 귀
함을 알아야 할 것이니라.
11 너희가 네 주변에 있는 사람과 인간관
계요, 네 주변에 있는 사람과 사랑을
나누지 못하면서 멀리 있는 사람과 사
랑을 나누며 멀리 있는 사람과 인간관
계를 돈독히 해 나간다 그리 생각해서
는 아니 될 것이니라.
12 그저 한두 사람을 사귀고 한두 사람의
친구요, 한두 사람의 벗을 두고 살아
가는 사람은 그리 갈 수 있으나,
13 나의 뜻으로 만백성을 깨우치는 대명
을 받은 너희는 네 주변서부터 정리를
잘 해 나가야 할 것이며, 네 주변에 있
는 사람들로부터 같이 갈 수 있는 그
와 같은 마음을 베풂에 대하여 신경을
써야 할 것이며, 그와 같은 역사가 이
루어짐을 너희는 알아야 할 것이니라.
14 믿음의 길이요, 지도자로서 네 주변에
가까이 있는 사람들부터 너희와 더불
어 갈 수 있는 그와 같은 노력함이 중
요함이니라.
15 네 주변에서 멀리 있는 사람부터 가까
이한다는 것, 그리고 종교 집단을 믿
음의 이 길을 갈 수 있도록 한다는 그
와 같은 것은 너희가 생각을 잘못함이
니라.
16 나 여호와가 나의 아들을 통하여 내리
는 나의 법전은 참진리요, 이는 두 번

다시 답이 없으며 그 이상의 답은 없
음이니라.
17 그러니 이는 나 여호와의 뜻이기에,
너희 주변서부터 다스려 나간다 해도
아무런 문제점이 없음이니라.
18 그러니 이제 너를 따르는 제자들과 나
의 법전을 읽고 깨우친 백성 너희는
네 주변서부터 정화해 나가기 시작해
야 할 것이니라.
19 너희가 나의 법전이 참진리이며, 너희
자신을 다스리고 너희 주변을 정리한
다음에 너희 주변에 있는 형제요, 이
웃에게 너희의 변한 모습이요, 아름다
운 모습으로 변함으로써 그들이 감화
를 받도록 그리해 나가라.
20 그것이 더 값진 노력이며, 미래에 그
것이 너희에게 큰 힘이며, 그보다 더
한 역사의 시작이 없음을 너희는 알아
야 할 것이니라.
21 이제 너의 제자들에게 그와 같은 길을
가도록 그리 깨우쳐 주라, 사랑하는
나의 아들아!

7,082 번째 하나님 말씀

2003년 8월 9일 14시 09분

1 사랑하는 나의 아들아!
2 "네, 아버님! 말씀하옵소서."
3 너를 따르는 백성이요, 나의 법전을
읽고 깨우친 백성, 그들에게 너는 반
드시 묻고 짚고 넘어가야 할 것이니라.
4 그들이 아직도 지난날 너희 인간의 삶
을 누렸던 것, 그리고 온갖 괴롭고 즐
거운 그 속에서 살았던 인간 세속의
그 삶이요, 그 추억을 아직도 버리지
못하며 그것을 떠나지 못하며,
5 그를 도려내지 못하여 정녕 그 길을
가고자 하는 마음으로 그 길을 그리워
하는 사람들이 있다면 너의 제자들로
서 그 자격이 없으며,
6 그와 같은 제자는 너를 도와 만백성을
구하는 그 임무를 대행할 수 없는 것
이니라.
7 모든 종교 집단 속에서 구원을 받았다
는 그 백성의 두 마음이라는 것이 바
로 무엇인 줄 알겠느냐?
8 인간의 쾌락이요, 인간 속에 살았던
그 추억들을 털어 버리지 못하면서 지
난날의 그 추억을 그리워하면서, 누리
고 살았던 그와 같은 것을 기억 속에
서 지우지 못하며 진정한 믿음을 간다
는 자, 그게 다 너희들이 다른 신을 네
게 있게 아니 한다는 그게 어떠한 형
국에 도달하는 것이며 어떠한 것에 관
계되는 것인지 잘 생각해 봐야 할 것
이니라.
9 모든 믿음의 길을 가는 백성이 그것을
아직 놓지 못하였으며 그것에 얽혀 있
는 끈을 끊지 못하였기 때문에, 그들
이 진정한 믿음이요, 진실한 믿음이
없다는 것이니라.
10 그러니 너의 제자들 또한 그와 같은
마음을 가지고 있다 하면 정녕 나의
뜻을 받아 역사할 자격이 없음이니,
11 그들대로 스스로 가는 길을 가고자 한
다면 그들이 갈 수 있게 잡지 말도록
그리하라.
12 그 길을 정녕 가고자 하는 너의 제자
들이 있다 하면 그들을 붙잡으며 그들
이 과거의 추억 속으로 돌아가고자 하

는 그 삶을 막지 말며 그를 단절 하려
하지 말라.
13 그저 그와 같은 추억 속의 삶으로 돌
아가고자 하는 사람이 있다면 그저 그
가 돌아갈 수 있도록 그리 놔두어야
할 것이니라.
14 그와 같은 자를 다시 돌려놓고자 하면
그는 점점 더 멀어지는 것이니,
15 스스로 깨달을 수 있는 시간의 공백을
그들에게 주도록 그리하라, 사랑하는
나의 아들아!
16 그러나 그들이 아무리 지난날의 삶이
그립고 그 삶의 추억을 못 잊어 그 길
로 간다 해도,
17 그들은 정녕 그 가슴에 아픈 상처요,
또 그 공허함이요, 그 가슴의 허전함
을 결국 채울 수가 없는 것이니라.
18 그것이 채워지지 아니할 것이니, 그들
은 항상 저희가 공허한 삶을 살게 될
것이니라.
19 그리하여 그 공허함과 허전한 마음을
채우지 못하여 어떤 종교 집단이나 어
느 곳에 얼굴을 내밀고 그곳에 가 나
를 찾고 눈물을 흘리며 경배하고 나를
부른다 해도,
20 나는 참진리의 길을 버리고 비진리의
길을 선택한 그들을,
21 아무리 나의 아들에게 처음부터 나의
법전을 공부하고 깨우쳐 내가 기억하
는 나의 백성이라 해도, 너희가 다른
길에서 나를 찾고 나를 부르짖는다면
나는 너희에게 단 하나의 대답을 내릴
것이니라.
22 '나는 너를 모름이니라. 정녕 내가 너
를 모를 뿐이니라.' 그 답 외에는 아무
것도 내가 너희에게 내릴 것이 없다는
것을 알라.
23 오늘의 고통과 시련을 모두 버리고 모
두를 놓고 살아가라, 그리고 모두를
놓을 수 있는 그 마음의 변화에서 고
통스럽고 어려운 그 길을 마다하지 아
니하고 가는 것이 너희가 가는 길이라
내가 그리 가르쳤거늘,
24 그를 따르지 아니하며 지난날 인간 세
속에서의 그 추억들이요, 그 속에서
얽히고설켰던 그 삶의 쾌락의 추억 속
에서 버리지 못하고 아직도 기억하는
자가 있다면, 그는 정녕 진정한 믿음
의 길을 갈 수 없으며,
25 나의 아들이 그를 믿고 어떠한 것을
던졌을 때 그는 그를 가지고 임무를
수행하는 것이 아니라 역행하는 그와
같은 행위를 할 수 있을 것이니라.
26 이는 곧바로 무엇이더냐?
27 등을 돌릴 수 있다 함이니라.
28 내가 나의 아들을 통하여 던지는 그
무거운 짐을 지고 고통의 길을 갈 것
인가, 그렇지 않으면 인간 세속에 사
는 그 추억 속의 쾌락을 위해 살 것인
가 그 계산을 할 때,
29 그는 그 무거운 짐을 벗어 놓고 그 추
억 속의 인간 세속으로 돌아갈 것이니,
30 그를 믿고 임무를 던졌던 나의 아들이
요, 내가 이루고자 하는 계획의 낭패
를 감당하기 어려울 것이니,
31 그리하여 완벽한 너를 따르는 제자들
만 여기에 존재하라 그리하는 것이며,
두 마음을 가진 자는 일찍이 떠나야
한다 함을 너는 알아야 할 것이니라.
32 내가 너희에게 고통과 시련이요, 그

어려운 길을 가게 하는 것도 그 두 마
음의 뿌리를 완전히 뽑아내어 한마음
으로써 정립되고 한마음으로써 자리
를 잡을 때 좁쌀알보다도 더 작은 것
으로써 선을 향하는 마음 하나로 자리
를 잡았을 때, 그때 너희에게 모든 역
사를 이룬다는 것이니,
33 너의 제자들에게 스스로 점검해 보라
하라.
34 천 가지 중에서 너희가 내 뜻을 지키
며 변화된 것이 과연 무엇이 있는가?
35 아직 아무것도 없음을 너희는 알아야
할 것이니라.
36 그저 이제 시작하고자 하며 이제 출발
하고자 하며 출발선상에 서서 몸을 푸
는 그 선수와 같으니라.
37 그도 대단하니라.
38 그 출발선을 달리는 선수로 나올 수
없는 백성에 비한다면, 너희가 목적지
까지 가든 가지 못하든 출발선에서 목
적지를 향해 갈 수 있다고 준비하고
나온 그것만으로도 위대한 것이니,
39 너희는 지금 출발선에 서 있는 자들이
니, 가고 못 가는 것은 너희 마음에 달
렸음을 알라, 사랑하는 나의 아들딸들
아!

7,083 번째 하나님 말씀

2003년 8월 9일 14시 15분

1 사랑하는 나의 아들아!
2 "네, 아버님! 말씀하옵소서."
3 내가 나의 법전에 무서운 말을 전하였
느니라.
4 너희가 나를 찾을 수 있으며 아버지라
부를 수 있는 것은, 내가 너희 입을 열
어 주었을 때만 나를 아버지라 부를
수 있으며 너희가 나의 아들딸이라 내
가 그리 말한 대목을 소홀히 들어서는
아니 될 것이며,
5 그와 같은 은혜의 역사를 반드시 입어
야 함을 잊지 말라.
6 나의 성령으로써 충만하며 너희가 나
를 보고 나의 음성을 들을 수 있는 그
와 같은 역사가 이루어지며, 너희가
직접 나의 음성을 들으며 나의 명을
받을 수 있는 그 길을 가게 되는 것은,
7 너희가 성령으로써 가득히 충만한 그
백성만 그를 얻을 수 있음이니라.
8 너희가 나의 음성을 들을 수 없으며
나를 볼 수 없는 그 모두는 너희가 성
령으로 충만되지 아니하였기 때문임
을 알아야 할 것이니라.
9 너희가 나로부터 직접 명을 받으며 나
의 음성을 들으며 나를 볼 수 있는 것
은 너희가 성령으로 그득히 충만된 삶
으로 변해 사는 것밖에는 없음을 알아
야 할 것이니라.
10 그와 같은 역사가 이루어지도록 노력
해야 함을 잊지 말라.
11 너희가 나를 볼 수 있으며 나의 음성
을 들을 수 있으며 나에게 직접 명을
받을 수 있는 그와 같은 삶으로 변하
도록 노력하지 아니하면 절대 안 됨이
니라.
12 지금 인간 세상에서 붙어 있는 군더더
기 살을 빼지 않고는 정녕 나에게 오
를 수 없음이니라.
13 너희에게 붙어 있는 온갖 군더더기 생
각과 너희 살에 붙어 있는 그 모두를

가볍게 빼지 아니하며 육에 붙어 있는
그와 같은 것을 빼지 아니하고는 나에
게 오를 수 없음이니라.
14 수천수만 가지 생각이요, 각종 사악한
생각이요, 그리고 용서하지 못하는 마
음이요, 그것으로써 너희 몸이 너무나
도 비대해져 있음이니,
15 너희 몸의 모든 군더더기를 빼지 아니
하고는 나에게 올 수 없으며 내 뜻을
알 수 없음을 알라.
16 너희가 그와 같은 역사를 이루지 아니
하면 아니 되며, 모든 것을 다시 태어
나는 모습으로 날렵한 모습으로써 모
든 사악한 생각의 군더더기를 다 씻어
버리고 지워야 함을 잊지 말라.
17 너희는 이 세상에 살아가면서 좋은 음
식을 만드는 집이요, 좋은 음식을 먹
었던 기억들이요, 그리고 좋을 옷을
살 수 있는 것이요, 좋은 것이 필요했
던 그 상점들의 위치나 그 이름 같은
것은 한 번 듣고 보면 잘 기억하고, 잘
외워 두며, 그곳을 잘 찾아가기도 하
며, 잘 안내하여 가기도 하느니라.
18 육의 세상에서 즐기고 좋아하는 것은
그렇게 한 번에 기억하며 그를 찾아갈
수 있는 기억력을 살리면서,
19 너희가 어찌하여 하늘에 오르는 길이
요, 나로부터 구원을 받는다는 다시
태어나는 그 소중한 삶의 자세요, 너
희에게 지키라는 나의 십계명이요, 나
의 법전이요, 나의 율법이요, 그리고
나의 아들을 통하여 내가 직접 내리는
그 강론 같은 것은 그리 기억하고 지
키고 남에게 가르칠 수 있는 것을 생
각하지 못한단 말이더냐?
20 자연적으로 너희가 좋아하는 것, 갖고
자 하는 것, 입고자 하는 것, 그리고
너희의 추억이 담긴 것은 잘도 기억하
며 그 모든 것을 잘도 찾아가면서,
21 어찌하여 너희는 나의 성령을 자발적
으로 기억하고 연구하고 공부하며 이
웃에게 가르치는 그와 같은 마음의 자
세로써 살아가지 못한단 말이더냐?
22 그 모두가 어찌하여 그와 같은 결과가
이루어지는 것인지 알겠는가?
23 너희가 오랫동안 젖어 온 생활 방식이
그러했기 때문이니라.
24 그러니 이와 같은 모든 관습이요, 습
성을 모두 다 바꿔야 함을 잊어서는
아니 될 것이니라.
25 믿음의 길을 가는 백성부터 모든 백성
이 살아가는 지금의 생활 상태에서 정
반대의 길을 가지 아니하면 아니 되
며, 모든 생활 방식을 바꿔야 함을 알
아야 할 것이니라.
26 너희가 추억에 남는 것을 기억하는 것
은 쉽듯이,
27 나의 법전을 기억하고 나의 강론을 기
억하는 것을 그보다 더 마음을 집중하
지 못하기 때문이요, 그보다 더 사랑
하지 못하기 때문이요, 그보다 기억하
고자 하는 그 아름다움이 없기 때문임
을 알아야 할 것이니라.
28 너희가 인간의 향락에 의한 것은 한
번에 기억하며 너희에게 필요한 영혼
의 양식이요, 꼭 기억해야 하며 영원
히 사는 구원의 길에 대한 나의 강론
이요, 나의 가르침은 한 번 읽어 기억
하지 못하며 한 번 들어 기억하지 못
하고 너희 것으로 만들지 못하는 그와

같은 마음의 자세가 무엇이더냐?
29 생각이 없으며 관심이 없으며 믿음이
없기 때문이며, 그만큼 너희 머릿속에
서 지워지기 때문에 그렇다는 것을 알
라.
30 그것이 얼마나 잘못된 삶의 기본인가
를 이제 너의 제자들은 깨달아야 할
것이며, 나의 법전을 읽은 백성은 알
아야 할 것이니라.
31 너희가 얼마만큼 나의 뜻을 사랑하며
내가 내린 법전이요, 내가 내린 강론
을 소중히 생각하며, 두려워하고 간직
하는 마음을 가지고 있지 않으면, 한
번 듣고 한번 읽어 그를 기억하지 못
한단 말이더냐?

7,084 번째 하나님 말씀

2003년 8월 9일 14시 31분

1 사랑하는 나의 아들아!
2 "네, 아버님! 말씀하옵소서."
3 네가 말하지 아니하여도, 네가 나에게
기도하지 아니하여도, 내가 네 마음이
요, 네 뜻을 다 안다 하였음이니라.
4 그러니 네가 어떠한 마음이나 생각을
모두 나에게 기도하여 그를 전하려 하
지 아니하여도 나 여호와가 다 알고
있음이니 그리 알라.
5 "네, 아버님! 알겠사옵나이다."
6 네가 지금 가지고 있는 그 마음을 너
의 제자들에게 전해서 깨우쳐 주도록
그리하라.
7 "네, 아버님! 그리하겠사옵나이다.
8 저희의 모든 육신이요, 눈이요, 손발
이요, 이와 같이 육신을 이루며 거기
에 붙어 있는 그 기능 하나하나 그 모
든 것은 아버님께서 은혜로써 내려 준
것이라 그리 깨닫고 있사옵나이다.
9 그리하여 모든 것은 제 것이 아니요,
아버님으로부터 받은 것이니,
10 오로지 제 육신은 아버님의 뜻을 이루
는 데 모두 역사하며 거기에 모두 다
바치는 그와 같은 삶을 살아가야 하며,
11 그것이 바른길이라 그와 같은 깨달음
을 느끼고 있사오며, 그와 같은 마음
으로 살아가고자 생각하고 있사옵나
이다."
12 네가 그리 생각했으면 그와 같은 것을
너의 제자요, 너를 따르는 자들에게
그리 가르치라.
13 네가 네 육신에 있는 그 모두를 다 나
의 뜻이요, 내가 역사하고자 하는 곳
에 아낌없이 모두 다 바치는 그 길을
선택하여 그리 가고자 한다면, 너를
따르는 제자들 또한 그와 같은 이치를
깨우쳐 주도록 그리하라.
14 그들의 육체에 붙어 있는 모든 기능이
요, 모든 것이 다 저희 것이 아니요,
나로부터 빌려 쓰는 것이요, 내가 역
사한 것이니,
15 그들 또한 너와 더불어 모든 역사를
이루는 그 기초를 다지는 데 그들 스
스로 두려움 없이 모두 다 던져 최선
의 노력을 다 할 수 있는 그와 같은 마
음의 자세로 살라 그리하라.
16 너희는 나 여호와가 모든 것을 크게
보라는 그 의미를 알 것이니라.
17 나 여호와가 너희를 사랑하지 아니함
이 아니니라.
18 내가 나의 아들 예수를 사랑하지 아니

하여 그와 같은 고통 속에 가도록 놔
두었겠는가?
19 오늘 나의 법전을 받아 기록하며 마지
막 시대에 나의 뜻을 역사하는 네가
밉고 싫어서 너를 고통 속에 그렇게
힘든 그 길을 가게 한다 생각하느냐?
20 너희를 사랑하고 아낌은 이루 말할 수
없음이니라.
21 그러나 너희가 희생함으로써 모든 만
백성이 바로 설 수 있는 그 길을 본다
면, 창조주 나 여호와로서 어떠한 길
을 선택하고 어찌 가겠느냐?
22 이는 인간을 통하여 모든 역사를 하며
모든 변화를 이루어야 하기 때문이니,
23 누군가는 그와 같은 길을 가야 하며
누군가는 그 희생의 길에 서야 할 것
이니라.
24 그러니 나의 아들들을 그곳에 보내어
그들이 역사하도록 하는 것이 나 여호
와의 마음이 편안하며 공의의 하나님
이라는 것을 알지 않겠는가?
25 내가 내 아들딸들을 놔두고 남을 갖다
이용하며 다른 사람을 통하여 그와 같
은 역사의 고통과 시련의 길을 가게
한다면 이것은 아니 되지 않느냐?
26 그리하여 내가 나의 아들들을 보내어
그와 같이 죽음의 고통이요, 오늘과
같이 힘들고 어려운 그 길을 역사하도
록 그리 보냄이니라.
27 너희가 가진 모든 것은 다 나의 것이
니, 그 모든 것을 내가 역사하고자 하
는 것에 다 던져 내가 역사하는 기초
를 다지는 그 임무를 하는 것에 잠시
도 게으르지 아니하며 최선을 다하겠
다는 그와 같은 마음의 자세가 되어야
할 것이며 그 결의를 다지도록 해야
할 것이니라.
28 내가 가장 사랑하는 나의 아들을 던져
너희를 구하고자 했듯이, 내가 그 모
두를 구하는 데 너희가 희생양이요,
본보기로서 그 고통과 시련의 길을 가
며, 너희가 모두를 다 태워 만백성을
구하는 그 길에 선택된 자들이니,
29 그를 영광이라 그리 생각하도록 그리
전하라.
30 그들만큼 무너지지 않은 너희를 바로
세워, 너희로 하여금 그 많은 백성을
구하는 역사를 이루니,
31 너희가 비록 희생으로써 어렵고 힘든
길을 간다 해도 그를 행복이요, 영광
이요, 즐거운 마음으로써 그 길을 가
도록, 그리고 모든 것을 너처럼 다 던
져 나의 뜻이 이루어질 수 있도록 그
런 마음으로 다 같이 하나가 되도록
그리 가르치도록 하라, 사랑하는 나의
아들아!
32 네가 나한테 그리 경배하고 기도하는
것보다도, 네가 깨달았으며 깨달음의
이치를 안다면 너의 제자들에게 그를
가르쳐 그들이 너와 똑같은 마음으로
써 하나가 될 수 있도록 가르침이 소
중함이요,
33 말로써 네가 나에게 기도하고 네 심정
을 전한다 하여 그것이 이루어지고 역
사하는 것은 없음이니라.
34 다만, 네가 나의 아들로서 나의 기쁨
을 위하여 그와 같은 말을 한다 하나
실천함이 더 중요함을 알라.
35 모든 믿음의 길을 가는 백성이 다 말
로는 한다 하지 않느냐?

36 말로는 청산유수요, 세상 것을 다 주
고 진실한 믿음을 가며 나를 위해 목
숨을 바치며 나에게 경배하고 약속하
는 것이 다 필요 없는 뜻이라는 것을
알겠느냐?
37 그 백성이 나에게 하는 것만큼 그대로
만백성에게 그리 전해 주면 되는 것이
니라.
38 그들이 나에게 재물을 바쳐 축복을 받
으며 영광을 받았다 하여 재물을 바치
는 것이 나는 귀찮은 것이며 그게 나
에게 관계없으며 나에게는 다 쓰레기
와 같은 것이거늘,
39 그와 같은 것을 나에게 바치면서 너희
가 상을 받고 영광을 받고 축복을 받
는다 하나,
40 그것을 너희 형제요, 이웃의 가난한
자들에게 나누어 주고 돌려주는 것이
기도하는 것보다도, 말로써 나에게 경
배하는 것보다도, 나에게 바치는 것보
다도 더 위대하고 영광됨을 알라.
41 너희가 말로써 모두를 다 이루는 것처
럼 하는 것, 사랑을 하는 것, 말로써
나에게 약속한 것은 아무런 가치가 없
으니, 무가치한 것이며, 또한 너희가
그리 지키지 못함이니라.
42 그러니 나에게 약속하지 말고 나에게
기도하는 내용을 만백성을 위하여 하
며,
43 나에게 재물을 바치고 구원을 받겠다
는 그 재물을 아무도 모르게 스스로
어렵고 불쌍한 사람에게 전해 주라.
44 너희가 느끼고 깨달은 바를 눈물로써
나에게 기도하며 그 길을 간다 하며
나에게 간절한 기도를 하여 내 마음을
기쁘고 즐겁게 하고자 하나,
45 너희가 행하지 못했을 때 내 마음은
더 아플 것이니,
46 그를 가지고 너의 제자들에게 깨우쳐
주어 그들이 그와 같이 바로 갈 수 있
도록 가르치며, 너희가 그리 가는 것
이 나 여호와의 기쁨이요, 내가 너희
에게 천배 만배 기쁨을 더 느낀다는
뜻을 알았으면 그와 같이 행하도록 하
라, 사랑하는 나의 아들딸들아!
47 아들아, 내가 너를 사랑함이니라.
48 너로부터 배운 너의 제자들이 또 그리
가르치고 그리 가르치는 그 역사의 뿌
리가 세상에 계속 전해지고 전해질
때, 이 세상은 지상의 낙원이 자연스
럽게 이루어진다는 것을 잊지 말라.

7,085 번째 하나님 말씀

2003년 8월 9일 14시 40분

1 사랑하는 나의 아들아!
2 "네, 아버님! 말씀하옵소서."
3 지금의 이 지상의 형국이 어찌 되었는
지 알겠느냐?
4 모든 백성이 다 환자가 되어 있음이니
라.
5 헤아릴 수 없이 수많은 환자가 이 세
상을 덮고 있으나, 그들을 치유할 의
사가 없으며 그 약이 세상에 없음이
니, 과연 이를 어찌하면 되겠는가?
6 내가 보는 지금의 세상이 그러니라.
7 나의 백성이 구원의 길이요, 나에게
오르고자 하여 울부짖고 있으나,
8 참진리를 아는 자가 없으며 참진리의
길을 가는 자가 없으며, 진정한 진리

가 무엇인지도 모르는 그 목자들이니,
9 나 여호와의 진실한 뜻을 아는 목자가
없으니,
10 나의 수많은 백성이 지금 그 잘못된
자에게 속고 속임을 당하는 이와 같은
현실의 세상이 바로 무엇이라 보고 있
는가?
11 그리하여 이제는 나의 피조물 만백성
들이 그들의 속고 속이는 그 말에 지
치고 지쳐 기진맥진한 상태가 되어 있
음이니라.
12 그러나 저희가 갈 길이 없으며 다시
살릴 길이 없으며 변화될 수 있는 어
떤 대안이 없음이니 그들이 그대로 그
냥 끌려가는 것이니라.
13 '그래도 차라리 이 길이 낫겠지.' 하는
포기 상태에서 지금의 잘못된 종교 지
도자요, 진리를 모르는 목자들을 따라
가고 있음이니,
14 나의 사랑하는 백성이 지금 얼마나 불
쌍한 형국에 처해 있는지 너희는 알겠
느냐?
15 치료할 환자는 수없이 많이 있으나 의
사가 없으니,
16 그 병든 환자를 고치기 위해, 이제 이
리 나의 아들을 통하여 지금 그 선택
의 길을 열어 주고자 내가 나의 법전
을 세상에 전하는 것이 이 길이 아니
더냐?
17 그러니 나로부터 선택된 너희가 최선
을 다해야 될 것이니라.
18 곧 나의 아들을 세상에 보냄이 무엇이
더냐?
19 병들어 썩어져 가는 이 세상에 고칠
의사가 없음이니, 의술을 가진 나의
아들을 선택된 너희에게 내려보냄이
니라.
20 그러니 너희가 의술을 배우고 열심히
깨우쳐서 만백성을 고치는 그 역사를
다해야 할 것이며,
21 지금 내가 160권의 법전을 세상에 내
려보내는 것은 곧 병든 나의 백성을
치료하는 의서임을 알라.
22 여기에 조제하는 법, 수술하는 법, 치
료하는 방법이 다 있음이니,
23 너희는 내가 내리는 160권의 의서를
읽고 또 읽고 정독하여 너희 것으로
만들어 많은 백성을 구하는 의사로서
임무를 다해야 할 것이며,
24 어렵고 힘든 것은 나의 아들로부터 고
도의 의술을 배워 익히면 될 것이니,
25 그와 같이 의술을 공부하여 많은 백성
을 깨우쳐 수술하여 그들을 고치는 데
최선을 다해야 될 것이며, 너희의 책
무가 여기 있음을 알라.
26 그러니 너희가 의서를 읽고 배우고자
한다면, 나의 의서인 법전을 정독하고
또 읽고 깨우쳐, 완벽히 너희 것으로
써 소화시키고 만드는 데 잠시도 게으
른 삶을 살아서는 아니 되는 것이 너
희가 가야 할 길이니 그리 알라, 사랑
하는 나의 아들딸들아!

7,086 번째 하나님 말씀

2003년 8월 10일 06시 45분

1 사랑하는 나의 아들아!
2 "네, 아버님! 말씀하옵소서."
3 네가 나의 아들이요, 나로부터 성령을
받아 만백성을 이끄는 목자로서 이 세

상에 존재함이니,
4 네가 가는 그 길보다 더 소중하고 더
귀한 길이 없으며, 또 어렵고 힘든 그
길이 없음이니라.
5 그러니 종교 집단의 종파요, 교리요,
지금의 모든 백성이 잘못 가며 나의
뜻을 거역함이니, 너희가 그들을 깨우
쳐 주어야 하되, 너희는 그와 같은 길
을 가지 말아야 하는 것이 더 중요함
이니라.
6 너희가 남들이 잘못 가는 것을 말하며
그를 거울삼아서 너희는 그와 같은 길
을 가지 말고 깨달음의 길을 가라는
것이 내가 너희에게 가르치는 것이요,
세상의 잘못된 것, 그리고 잘못 가는
것을 알려 줌이니라.
7 모든 종교 집단이요, 지도자들이 잘못
가는 것은 나의 뜻을 거역하는 것이니,
8 나의 백성이 하늘에 오르는 길이 아니
요, 나의 뜻을 거역하여 지옥으로 가
는 불쌍한 백성을 위하여,
9 그들이 아무리 내가 말해도 알아듣지
못함이니, 그들이 잘못 가는 이유가
무엇이며 그들이 잘못 가는 길이 무엇
이며 깨닫지 못하는 것이 무엇인가를
내가 상세히 그들에게 깨우쳐 주고자
나의 법전에 기록하는 것이요,
10 내가 너희에게 그와 같은 것을 범하지
말며 그 길을 가서는 아니 된다 함이
니, 이를 깊이 깨우치고 행해야 할 것
이니 그리 알라, 사랑하는 나의 아들
아!
11 모든 종교 집단이요, 지도자들이 그
신도들 앞에 서서 말하느니라.
12 '너희는 성서의 말씀이요, 하나님의
말씀이요, 예수님의 가르침이요, 그
말씀을 듣기 위해 오는 것이지, 인간
인 목사 나를 위하여 나를 보러 오는
것이 아니라' 그리 말하느니라.
13 그들은 그리 말하나, 그와 같이 말했
을 때 완벽한 사람으로 서 있지 아니
하면 그런 말을 할 수 없다는 것을 너
희는 알아야 할 것이니라.
14 그들이 그와 같이 말하는 것은 너희와
는 차별화이니,
15 그와 같은 말을 했을 때는 완벽히 선
제자요, 완벽한 지도자만이 그 말을
할 수 있음을 알아야 할 것이니라.
16 모든 종교 집단들이 성서의 말씀이 중
요한 것이지 인간인 목자를 위해서 보
고 오는 것이 아니라 함은 그것은 무
엇이더냐?
17 '나는 자격이 없음이라' 그리 말하는
것과 같음을 알아야 할 것이니라.
18 너희가 묻지 말라 하는 것은, 정답을
알고 있으며 모든 것을 다 아는 자가
할 수 있는 소리이지,
19 아무것도 모르는 자가 감히 묻지 말라
는 말을 할 수는 없는 것이 인간 세상
의 흐르는 말이 아니더냐?
20 종교 지도자는 한 점의 부끄럼이 없이
완벽히 서야 함이니라.
21 그리 서지 아니하고는 그 자격이 없다
하였음이니,
22 저희가 완벽하게 서지 못하기 때문에
묻지 말라고 말하는 것은, 완벽히 알
기 때문에 감히 나에게 묻지 말라고
말하는 것과 하늘과 땅 차이보다도 더
무서움이니라.
23 그러니 모든 종교 집단이요, 지도자들

이 묻지 말라는 것은 '인간이기 때문
에 우리도 잘못 살 수 있으며 잘못 갈
수 있기 때문에 그것을 시시비비하지
말라' 하여 자기의 약점이요, 단점을
가리고자 그와 같이 말을 하나,
24 나의 아들 네가 그와 같은 말을 할 때,
네 제자가 그와 같이 말을 할 때는, 완
벽하게 살아가는 사람으로서 한 점의
부끄럼이 없는 사람으로 살아갈 때 그
말을 해야 할 것임을 잊지 말라.
25 '나는 완벽하게 살아가기 때문에 나에
대해서 묻지 말며 시시비비하지 말며
알려 할 것도 없다, 너희가 보고 정도
의 길만 따라오며 정도의 길이 아니면
따라오지 말면 될 것이지, 감히 나를
놓고 이리저리 말을 하지 말라' 그리
해야 함이니,
26 너는 앞으로 그와 같은 나의 아들로서
바로 서도록 그리하라.
27 이제는 네가 갈 길, 네가 행하는 그것
을 그대로 행하고 가, 너를 따르는 제
자들이 너를 따를 만큼 인내하고 인내
했음이니, 이제 네 모습을 보이도록
그리해야 할 것이니라, 나의 아들아!
28 이제는 네가 그리 가도록 그리하라.
29 네 본질의 모습이요, 네 모습이 무엇
이며 네가 가는 길이 무엇인가를 이제
는 너의 제자들에게 보여 주어,
30 정녕 그들에게 '묻지 말라' 할 수 있는
그와 같은 삶으로써 오늘서부터 그리
가도록 하라, 사랑하는 아들아!
31 이제는 그들이 넘을 만큼 넘었으며 훈
련을 받을 만큼 받았으며 그들이 올
수 있는 만큼 왔음이니라.
32 그들의 마음이 항상 부족하며 항상 채
워지지 아니한 그 마음을 채워 줘, 이
제 그들에게 행복감과 기쁨을 안겨 줄
수 있도록 그리하라, 나의 아들아!
33 네가 너 자신을 속이며, 너 자신이 아
닌 생활의 오늘의 삶을 많은 세월 속
에 너 자신도 잘 견디고 왔으며,
34 어려울 때마다 그 고비를 너를 따라
잘 넘긴 그 제자들에게 진정 '묻지 말
라'는 그 지도자의 자세가 무엇인가를
이제 보여 주어야 할 것이니 그리 알
라.
35 내가 너에게 말함이니, 너를 따르는
제자들이요, 이 대목을 읽는 나의 백
성 너희는 이 의미를 잘 알아야 할 것
이니라.
36 너희가 나의 십계명이요, 나의 법전이
요, 강론을 들으러 와서 그 말씀을 듣
고 깨우쳐 너희 것으로 만들면 됐지,
37 선지자라 하는 자, 나의 아들이라 하
는 자, 그리고 목자라 하는 자, 그리고
너희를 가르치는 지도자라는 하는 자
들이 생활을 묻지 말라 하는 것은 너
무나 잘못되었음이니라.
38 첫째는 '나는 죄를 짓고자 하는 자요,
나는 자격이 없는 자요, 나는 바로 서
지 못한 자라' 그리 말하는 것과 같음
이니라.
39 그리고 바로 설 수 없다고 말하는 것
과 같으니라.
40 그러니 모든 종교 집단 그들이 묻지
말라는 것은, 자신이 험악하고 더럽고
추하니, '나를 보지 말라' 하여 저를
감추려는 방법이요,
41 네가 그 말을 하며 너의 제자들이 그
말을 할 때는, 하늘을 향하여 한 점의

부끄럼이 없는 삶을 살아가는 사람이
되었을 때 그와 같이 말을 할 수 있으
며 네 제자가 그리 말할 수 있음이니,
42 이제 그와 같은 말을 할 때를 잡아, 그
말을 만백성이요, 네 제자요, 너를 따
르는 나의 선택된 백성에게 네가 선언
할 때가 머지않았음이니, 이제 준비하
도록 그리하라, 나의 아들아!
43 너의 제자들에게 주는 선물이요, 너의
제자들에게 오늘 기쁨의 선물을 내리
고자 함이니라.
44 그들이 잘 훈련해 왔으며 잘 버티고
왔음이니, 이제 그들 또한 그리 가도
록 하라.
45 그리하여 내가 너에게 하나의 선물을
주며 네 제자에게 선물을 줌이니, 다
음과 같은 말을 가르치라.
46 '내 아버지가 하지 말라 하였으며, 내
아버지가 이 길을 가지 말라' 하였음
이라 그와 같이 모든 면에서 대답하고
그와 같이 생각을 하도록 그리 가르치
라.
47 '내 아버지가 이와 같은 일을 하지 말
라 하였소. 내 아버지가 이것을 하지
말라 하였소. 세상 것이 다 내 아버지
가 주신 것이니, 이걸 아껴 쓰라 하였
소. 내 아버지가 이것을 소중히 관리
하라 하였소.' 하여
48 그 말을 이제는 너의 제자들이 항상
생각하며 그 말을 쓰면서 살아가도록
그리하라.
49 오늘 내가 너의 그 마음에 대한 상이
요, 그를 너의 제자에게 내림이니, 오
늘부터 너의 제자들은 그리 말하라 전
하라.
50 '내 아버지가 이리 하지 말라 하였소.
내 아버지가 이것을 함부로 다루지 말
라 그리하였소.
51 내 아버지가 고급스러운 옷을 입지 말
라 하였소. 내 아버지가 고급스러운
식사를 하지 말라 하였소.
52 내 아버지가 남들에게 욕하지 말라 하
였소. 내 아버지가 남을 시기하고 질
투하지 말라 하였소. 나의 아버지가
아름답게 살라 하였소.'
53 그 말을 가지고 항상 대답하고 살아가
는 그와 같은 백성이 되도록 그리 전
하라, 사랑하는 나의 아들아!
54 이게 오늘 너에게 내리는 상이니, 그
상이 너의 제자들에게 내리는 상임을
잊지 말고 그리 행하도록 전하라.
55 '내 아버지가 이리 살라 하였소.' 그
말을 항상 가슴에 두고 살도록 그리하
라, 사랑하는 나의 아들아! 너의 제자
들 또한 그리하라 전하라.
56 너희가 남이 뭐라 말하거든, '내 아버
지가 이리하지 말라 하였소. 내 아버
지가 이것을 주우라 하였소. 내 아버
지가 이와 같이 내 몸에 모두를 다 치
장하지 말라 하였소. 내 아버지께서
함부로 행동하지 말라 하였소.
57 내 아버지께서 남에게 인상 쓰며 남에
게 불쾌한 짓을 하지 말라 하였소. 내
아버지가 이 세상의 모든 물자요, 모
두를 다 귀하고 곱게 관리하고 쓰라
그리하였소.
58 내 아버지가 당신을 사랑하라 하였소.
내 아버지가 당신의 허물을 덮어 주라
하였소. 내 아버지가 내 형제의 말을
하지 말라 하였소.

59 내 아버지가 내 부모를 공경하라 하였
으며, 내 아버지가 거짓 하지 말라 하
였으며, 내 아버지가 간음하지 말라
하였으며, 내 아버지가 도둑질하지 말
라 하였소.
60 내 아버지가 다른 신을 가슴에 두지
말라 하였소.
61 내 아버지가 아름답고 곱게 살며 이웃
것을 탐내지 말라 하였소.
62 내 아버지가 법전을 가슴에 안고 정독
하여 열심히 읽고 깨우쳐 하늘에 오르
는 찬란한 그 빛을 보라 하였소.
63 내 아버지가 이리 말씀하셨소. 내 아
버지가 이리 명하셨소. 내 아버지가
이리 하라 하셨습니다.' 오늘부터 그
를 항상 가슴에 안고 살아가도록 그리
하라.
64 너희는 나의 아들딸이니, '내 아버지
가 명한 대로 따라가는 삶을 사는 길
이 내가 가는 길이요' 그리 가르치도
록 하라, 나의 사랑하는 아들아!

7,087 번째 하나님 말씀

2003년 8월 10일 06시 55분

1 사랑하는 나의 아들아!
2 "네, 아버님! 말씀하옵소서."
3 너희가 마음 한 자리를 비우지 못했으
며 너의 제자들이 바로 서지 못한 것
은 너희가 생활하면서 알 것이니라.
4 내가 말하기를, 너희가 나의 법전을
접했으며 나의 아들을 통하여 내리는
나의 강론을 들었으며 나의 아들과 한
시대를 같이 살아가는 것, 또한 나 여
호와가 존재함을 알며 내가 역사하는
것을 아는 그 모두가 더불어 너희에게
가장 큰 은혜요, 영광이라 하였음이니
라.
5 이 육의 세상에서 고달프고 힘들고 어
렵다 해도 그를 행복이라 느끼며 더
이상 바라는 기도를 하지 말며 원하는
기도를 하지 말고 살라 그리 말하였음
이니라.
6 그러나 너의 제자들에게 가슴에 손을
얹고 그 답을 해 보라 하라.
7 너희가 힘들고 어려울 때 나를 믿으며
진정한 아버지를 믿는 자요, 진정한
선지자의 가르침을 듣고 가는 자들이
기 때문에, 수시로 문득문득 무엇을
얻고자 하며 '이것을 주셨으면 편하겠
으며 이것을 주셨으면 영광이라' 생각
하며 '이 고통을 덜어 주시지는 않을
까?' 그와 같은 생각을 단 한 번이라
도 하지 아니하고 사는가?
8 그렇다면 너희는 나의 은혜를 모르는
것이요, 내가 너희에게 모든 것을 내
려 주지 않는다는 그와 같은 말을 믿
지 아니함이요, 따르지 아니함이니,
그게 바로 너희의 오늘의 마음의 자세
요, 오늘의 서 있는 위치이니라.
9 그러나 그와 같은 생각을 하루에 단 1
초라도 해서는 아니 되며, 한 번이라
도 그와 같은 생각을 하고 산다면 그
리고 어렵고 힘들 때마다 나에게 은혜
를 내려 주기를 바란다면 너희는 정녕
믿음의 길을 가는 것이 아니요,
10 다음 세상에 구원을 받는 것이 얼마나
소중하고 귀한 것인가를 모르며, 내가
내려 준 모든 은혜에 감사하지 못하
며, 더 갖고자 더 이루고자 하는 그것

이 바로 얼마나 크나큰 욕심이더냐?
11 그 욕심을 가슴에 안고 있다면 그게
바로 다른 신을 네 가슴에 두는 것이
며, 그를 경배하며 그 앞에 고개를 숙
이는 것이 아니더냐?
12 그를 바라고자 하는 그 마음은 너희가
나에게 바라고자 하나, 그것은 나에게
바람이 아니요, 사탄이요, 사악한 자
에게, 그 욕심이라는 사악한 다른 신
에게 달라고 원하는 것이니라.
13 나는 그를 대답하지 아니하며 주지 아
니하며 나와 관계없다고 너희에게 일
찍이 깨우쳐 주었거늘,
14 나와 관계없는 것을 내 이름을 찾으며
무엇을 이루고 역사하고자 하는 것은
내가 아니고 너희 마음속에 있는 다른
신에게 한다는 것을 절대 잊지 말라.
15 이것이 하늘의 뜻이며 너희가 살아가
는 법도임을 알아야 할 것이거늘, 기
초 질서요, 기본도 모르고 지금 살아
가는 것이 나의 피조물 만백성 너희가
아니더냐?
16 너희는 이 세상에서 베풀어 준 것, 내
려 준 것을 감사하며 은혜에 보답하는
마음으로 살아가는 것이 도리이거늘,
감히 거기에 무엇을 더 달라, 무엇을
이루어 달라고 과연 말할 수 있느냐?
17 내가 나의 아들을 통하여 너희에게 뭐
라 가르쳤느냐?
18 눈, 코, 입 모든 이목구비요, 손발, 그
리고 너희가 생각할 수 있는 그 모든
것을 다 나로부터 빌려 쓰는 것이라
그리하지 아니하였더냐?
19 나 여호와가 너희에게 빌려 주지 아니
하면 너희 자신이 이 세상에 없으며,
내가 빌려 주지 아니하였으면 이 자연
의 아름다움을 볼 수 없으며 너희의
살아가는 그 형태가 이루어지지 아니
하거늘,
20 너희 삶의 형태요, 너희 자신이 존재
하는 것은 곧 나로부터 빌려 사는 것
이니, 빌려준 자에게 감사하는 마음을
갖고 살아야 할 것이거늘,
21 거기에서 무엇을 더 달라, 무엇을 얹
어 달라, 더 이루어 달라 이야기한다
면 과연 욕심이 아니더냐?
22 너희가 미물로 태어났다 한번 생각해
보자.
23 너희가 땅속에 사는 미물이요, 그저
인간이 밟으면 죽어 갈 수밖에 없는
것, 그리고 너희를 먹고살기 위해 호
시탐탐 노리는 강자들이 있는 그 속에
서 미물로 태어났다 생각해 보자. 과
연 어떠하겠느냐?
24 그리고 강자는 약자를 잡으며 약자는
강자 앞에 눈치를 보며 그 먹이의 대
상으로써 불안과 고통 속에 살아가는
밀림의 세상에 그와 같은 형태로 태어
났다면 과연 어떠하겠는가?
25 너 자신이 그와 같은 짐승의 모습으로
써 세상에 태어나서 강자의 눈치를 보
며 항상 불안 속에서 살아간다면, 오
늘날 인간으로서 더불어 살아가는 삶
보다 무엇이 더 위대한 삶이더냐?
26 그 모든 것보다도 더 위대한 삶이요,
높은 생각이요, 높은 지혜를 가지고
더불어 살아가며 이 모든 지상의 것을
관리하고 살아가는 그 은혜를 나로부
터 받았음이니,
27 나의 것을 모두 빌려 쓰고 사는 너희

가 그것으로써 감사하다는 마음을 갖
지 아니하고, 어찌하여 감히 그 입으
로 무엇을 달라, 무엇을 이루어 달라
는 그와 같은 말을 하느냐?
28 내가 나의 아들을 통하여 너희에게 말
하지 아니하였더냐?
29 눈을 치켜뜸으로 인하여 상대방을 상
하게 하며, 말을 함부로 함으로 상대
방을 아프게 한다 하였음이니,
30 내가 준 좋은 음식을 모두 먹고살면서
그 입으로는 더 아름다운 말이 나와야
할 것이거늘,
31 어찌하여 너희 입으로 나오는 그 말이
중요하다는 그 뜻을 그리 모르고 함부
로 그리 살아가는가?
32 그 모두가 다 나의 은혜를 모르며 내
가 너희에게 내려 준 것을 모름이니라.
33 너희 입으로써 사악한 말, 험악한 말
을 하는 것보다도, 모든 은혜요, 나의
것을 빌려 쓰며 나의 주관하에 존재하
는 너희가 무엇을 달라, 무엇을 이루
어 달라, 기도하는 것이 더 사악한 것
이며, 그것보다도 더 욕된 것이 없느
니라.
34 너희가 그 마음을 가지고 있는 그 순
간에 다른 신을 두고 있기 때문이니라.
35 너희가 험악한 말을 하며 상대방의 감
정을 격하게 하는 말을 해도, 그것은
너희가 다른 신을 네 가슴에 두는 행
동이 아니며,
36 그저 일순간 감정을 다스리지 못하고
마음을 다스리지 못하여 그와 같이 언
성을 높일 수 있으며 상대방에게 공격
적인 대화를 할 수 있으며 상대방의
마음 아픈 소리를 할 수 있으나, 그것
은 다른 신을 두고 하는 것이 아니라
하나,
37 네 입으로 더 갖고자, 더 이루고자 하
는 것은 욕심이라는 그 신을 두고 다
른 신의 백성이 되어 그를 채우고자
그와 같은 행위를 함이니,
38 그것이 이 세상에 가장 나쁜 죄며 가
장 용서받을 수 없는 잘못된 것이라는
것을 알라.
39 이 세상에 태어난 것, 이 세상에 존재
하는 것을 너의 제자들은 먼저 감사하
며,
40 나의 법전을 보며 나의 성령을 들으며
나의 아들을 통하여 내리는 그 강론을
듣는 것이 얼마나 영광된 백성인지 알
아야 할 것이거늘,
41 너희는 네 입으로 무엇을 이루고자 하
며, 잠시라도 어렵고 힘들면, '어찌하
여 하나님께서 선지자를 따라가며 당
신의 아들을 따라가며 당신의 아들을
따라 모든 희생과 모두를 다 하고 가
는 나에게 은혜와 영광이요, 육의 세
상에 행복을 남들보다 아름답게 살아
갈 수 있는 그와 같은 기회를 주지 않
느냐?' 원망할 것이니라.
42 이는 욕된 것이며 가장 사악한 자들이
며, 그 순간에 마음이 사탄이 되어 있
음을 알라.
43 너희가 손발이 저리도록 남보다 더 열
심히 일하며 남보다 더 열심히 노력했
을 때, 그 결과를 얻고 사는 것이 세상
의 삶이니,
44 잘못 노력하며 잘못 가고 나서 또 나
에게 무엇을 달라, 이루어 달라는 그
와 같은 일을 절대 해서는 아니 되니

그리 알라, 사랑하는 나의 아들딸들아!
45 '이 모두는 나의 아버지가 명한 것이
요, 내 아버지가 하지 말라 하였으며
내 아버지가 이와 같이 살라 하였으며
내 아버지가 부지런히 살라 하였음'을
너희는 잊지 말고 살라.
46 '내 아버지가 나를 일찍 일어나라 하
였으며, 내 아버지가 일찍 일어나 열
심히 일하라 하였으며,
47 내 아버지가 준 모든 것을 가지고 노
력하여 아름답게 관리하고 살다 내 아
버지의 품으로 돌아오라 하였소. 나는
내 아버지 품으로 가야 하며 내 아버
지의 나라로 가기 위해 나는 이와 같
은 일은 할 수 없소.'
48 너희가 모두 그와 같은 마음을 가슴에
깊이 새기고 살아가도록 그리하라, 사
랑하는 나의 아들딸들아!
49 십계명을 암송하고 그를 지킬 수 없거
든, '내 아버지가 하라는 뜻이요, 내
아버지가 역사하지 아니하면 나를 매
질할 것이요, 나의 아버지가 이와 같
이 살지 아니하면 지옥 불로 던진다
하였소.
50 나의 아버지가 이를 지키고 온 나를
두 팔로 안아 황금보다도 더 아름다운
세상에 그릴 수 없는 그 천국에 천사
의 날개를 달고 거기서 아버지 앞에
살 수 있다고 나의 아버지께서 말씀하
셨소. 내 아버지의 뜻을 따를 것이오.'
51 그와 같은 말을 가슴 깊이 새기고 간
직하고 살아가도록 그리하라, 사랑하
는 나의 아들딸들아!

7,088 번째 하나님 말씀

2003년 8월 10일 07시 04분

1 사랑하는 나의 아들아!
2 "네, 아버님! 말씀하옵소서."
3 나의 법전을 읽고 깨우친 나의 백성이
요, 그리고 너를 따르는 제자는 모두
이 세상에 살아가면서 너희가 근본이
되며, 근본으로 인하여 모든 기초가
되어 모든 역사가 이루어지는 그와 같
은 자세로 살아가야 할 것이니라.
4 그러니 이제 너희는 남의 것이 탐날
때는 '나의 아버지가 이를 탐하지 말
라 하였소', 욕심을 다스리지 못할 때,
'내 아버지가 이 욕심을 버리라 하였
소.' 그와 같은 마음을 가지고 나를 부
르고 찾으며,
5 '내 아버지가 하지 말라 하였소.' 그와
같이 말할 때 내가 너희에게 힘을 줄
것이며 용기를 줄 것이니라.
6 그것이 내가 너희와 같이함이니 그리
알라.
7 너희가 남을 시기하고 미워하며 질투
하는 마음일 때도 또한 '내 아버지가
그리하지 말라 하였소.' 하여 나를 찾
고 그리 행하지 아니하면 그때마다 내
가 너희에게 용기를 줄 것이니라.
8 이제 너의 제자들에게 전하라.
9 너희가 인간 세속에 살아가면서 인간
과 더불어 향락을 즐기며 그 속에서
물이 흘러가듯이 같이 흘러간다면 너
희는 나의 자식으로서 선택될 이유가
없으며, 나의 법전을 읽고 깨우친 백
성이 되지 못함이니라.
10 모든 세상에 인간관계 속에서 그 물에

흐르지 아니하며 거기서 곱게 서며 바
르게 서는 그와 같은 삶을 살아야 모
든 백성이 너희를 보고 따라옴이니라.
11 그러니 너희가 역사하는 모든 것은 생
활의 즐거움이요, 행복을 위해 살아가
는 그 모습 속에서 어울리는 것이 아
님을 알라.
12 너희는 거울이 되기 위해 그 모두를
만나며 생활하게 된다는 것을 항상 의
식하고 살아가도록 그리하라.
13 너희가 모여서 같이 식사를 하되, 그
것도 인간과 인간끼리 만나서 대화하
며 식사를 하는 것이니라.
14 그러나 그와 같은 면에서 인간 친구
간에 식사하는 것이 아니며 이웃 간에
식사하는 것이 아니라, 같이 식사하면
서 친구요, 동료에게 무엇인가 아름다
운 모습이요, 모범이 된 행동을 보여
주기 위해서 그 자리에 참석하는 것이
니라.
15 그들은 인간으로서 더불어 노나 너희
는 인간으로서 같이 어울리는 것이 아
니라는 것을 명심하도록 그리하라.
16 너희는 그 속에서 너 자신을 발견하며
그들에게 무엇인가 다른 사람의 자세
로써 그들에게 보여 주고 깨우쳐 주기
위해 그 장소에 참석한 자이니라.
17 육의 행복이요, 육의 생활을 위해 너
희가 참석하는 것이 아니니, 모든 집
단 속의 모든 모임에 사람들과 같이할
때,
18 그중에서 가장 모범된 사람이 되어야
할 것이며 가르치는 자가 되어야 할
것이며,
19 말로 가르치는 것이 아니요, 강론을
해서 가르치는 것이 아니요,
20 행동으로써 그들이 보고 배울 수 있도
록 가르치는 선생이 되어야 함을 잊지
말라.
21 너희는 같이 걸어가면서도 무엇인가
그 사람들에게 선생의 자격이 될 수
있도록, 선생과 같은 모범이 될 수 있
도록 하기 위해 같이 걸어가는 것임을
알라.
22 너희가 먹고 자고 행동하는 것, 그 모
두는 남에게 보여 주며 남에게 모범이
되기 위해 살아간다는 것을 절대 잊지
말라.
23 '내 아버지가 나에게 세상사 살아가면
서 모든 것에 모범이 되라 보냈으며
이 세상에 존재하게 하였으니, 나의
아버지는 만 가지 중에서 모범이 되라
하였소.
24 그리하여 나는 나 아버지의 뜻을 따라
만 가지 생활 중에 모범이 되는 사람
이 되어 살아야 하겠소. 나의 아버지
가 그리 살라 하였소.
25 천 가지 만 가지 이 세상에 살아가는
것은 내 육이 아니요, 내 삶이 아니요,
내 아버지의 뜻을 따라 내 아버지가
전하고자 하는 것을 만백성에게 보여
주기 위하여 내가 오늘 이 자리에 앉
았으며 친구와 같이 가며 친구와 대화
를 하며, 내 아버지가 모든 것에 모범
이 되는 선생으로서 살아가라 하였
소.' 하여,
26 항상 선생이 되는 자세로써 살아가도
록 그리하는 것이 나의 아들을 따르는
제자들이요, 너희가 해야 할 길이고
가야 할 역사이니라.

27 내가 너희에게 가르치고 내리는 이 내
용이 잘못되었으며 너희를 잘못 가라
하였으며 그 뜻이 맞지 아니하거든,
너희는 나의 아들이 내리는 강론을 듣
지 아니하여도 되며 나의 법전을 놓고
조용히 떠나가면 될 것이니라.
28 너희 가슴속에 있는 버리지 못하는 모
든 악습을 '내 아버지가 이를 뽑아 버
리라 했으며 내 아버지가 이를 고치라
하였거늘, 나의 아버지의 뜻을 듣지
않는 자식으로서 어찌 이렇게 하늘을
보고 살아가며 내가 살았다 하여 인생
을 살아간다 말할 수 있는 것인가?'
그리 생각하며,
29 육의 세상의 자식에게 부끄러움을 알
며, 형제에게 부끄러움을 알며, 네 부
모에게 부끄러움을 알며, 네 이웃에게
부끄러움을 아는 그와 같은 마음의 자
세로써 살아가도록 그리하라.
30 이제는 어떠한 것도 불의와 타협하지
아니하며 어떠한 것도 불의한 행동을
하지 말라.
31 '내 아버지가 나에게 하지 말라 명했
다.' 하는 것을, 내 아들을 통하여 너
희에게 그리 명하나, 내가 너희에게
직접 명함이라 그리 알라.
32 내 아들을 통하여 전하게 되어 있으
니, 내 아들을 통하여 전하는 것은 내
가 너희에게 명함이니 이를 명심하라.
33 이제 너희에게 가르치라, '내 아버지
가 이리 하지 말라 하였으며, 이리 행
동하지 말라 하였으며, 이와 같은 생
각을 하지 말라 했다'는 것을 가슴 깊
이 간직하고 살아가야 할 것이니, 절
대 잊지 말라 그리 가르치라.
34 이제 내 아들이 살아가는 모습을 보게
될 것이며 내 아들의 참모습을 보게
될 것이니라.
35 그러니 내 아들이 그리 말할 것이니
라, '나를 보지 말며 너희는 나의 아버
지가 내리는 나의 법전을 보고 깨우치
고 행하라.'
36 나의 아들은 그와 같이 행할 수 있는
자이며 그리 가고 있기 때문에 그 말
을 할 수 있는 것이요, 그를 나의 아들
이 추한 것을 덮어 두기 위해 나의 아
들이 잘못 가는 것을 덮어 두기 위해
나의 아들이 행하지 못하는 것을 덮어
두기 위해 그리 말하는 것은 변명이
요, 그건 사기극이요, 그것은 사탄의
자식이 할 수 있는 말이니 그리 알라.
37 그와 같이 나의 아들이 말했을 때 너
의 제자들 또한 그리 말하고 살아갈
수 있는 자가 되어야 함을 절대 잊지
말라.
38 '내 아버지가 반듯이 살아가라 하였
소.' 그 마음을 항상 갖고 살도록 그리
하라, 사랑하는 나의 아들딸들아!
39 내가 너희에게 내리는 큰 상임을 알라.

7,089 번째 하나님 말씀

2003년 8월 10일 07시 10분

1 사랑하는 나의 아들아!
2 "네, 아버님! 말씀하옵소서."
3 나의 피조물 만백성들이 나 여호와의
백성이요, 그리고 자녀라 그리 말하느
니라.
4 그러면서 너희 스스로 어찌 생각하는
것이더냐?

5 너희는 나의 아들이요, 딸이라 그리
말하며,
6 모든 종교 집단이요, 믿음의 길을 가
는 신도라는 그 백성은 저희 손으로
지은 교회 문만 들어서면 그저 나를
아버지라 엉엉 울며 부르짖느니라.
7 그러나 나를 아버지라 부를 수 있는
자격을 내가 부여했을 때만 부를 수
있다 하지 않았던가?
8 그들이 나를 아버지라 부르는 것은 진
정한 창조주 아버지라 하여 나를 경배
하여 부르는 그 마음이 아니라,
9 나에 대한 기대와 특권 의식에 빠져
있으며, 너희는 특별히 선택된 우월한
자라는 그와 같은 우월주의에 빠져 나
를 부르고 엉엉 울어 대는 그와 같은
형국을 하고 있음이니,
10 그와 같은 마음에서 다시 태어나는 삶
으로 보도록 해야 함이니, 이를 명심
해야 할 것이니라.
11 나 여호와의 자녀가 되었다는 특권 의
식에 빠진 그와 같은 착각을 버리라.
12 나의 아들딸이 되었다면 너희가 나의
아들딸로서 어찌 행하고 지켜야 할 것
인지 먼저 그를 봐야 할 것이며,
13 나 여호와의 아들딸로서 어찌 살아가
야 하는지부터 먼저 생각해야 할 것이
니라.
14 이 세상의 나의 법전이 정녕 나의 뜻
이라면 세상에 일인자가 되어야 한다
했으며, 정녕 나의 아들딸로서 선택된
자는 이 세상에서 일인자의 삶을 살아
야만 된다 내가 그리하지 아니하였더
냐?
15 일인자의 삶을 살지 아니하면 너희는
나의 아들딸이 아니요, 사탄의 아들딸
이라는 것을 알아야 할 것이니라.
16 그러니 일인자가 되는 나의 아들딸의
그 삶을 살기 위해서 너희가 무엇을
지키며 어찌 행해야 하며 자세를 어찌
해야 할 것인가 그것부터 생각하고 그
와 같은 삶을 살아야 할 것이며,
17 그와 같은 것으로 실천하고 사는 것이
더 중요하며 그것을 먼저 행해야 할
것이거늘,
18 너희는 그저 나를 아버지라 부르며 그
순간부터 특별한 백성이요, 특권을 가
진 백성이요, 모두를 다 얻을 수 있다
는 그와 같은 생각을 함이니라.
19 그러니 너희가 잘못됐다 함이니라.
20 모든 백성은 나를 부르며 나의 무한정
한 능력과 내가 가진 그 끝없는 자원
을 그대로 받아쓰고자 하는 그와 같은
생각에서 나를 부르며 나를 경배한다
며 울고불고 그와 같은 행동을 함이니
라.
21 그러나 나의 아들을 따르는 제자들이
요, 나로부터 선택된 너희는 그와 같
은 생각을 머릿속에 단 1초라도 가져
서는 내가 용서하지 아니함이니 그리
알라, 사랑하는 나의 아들딸들아!
22 너희는 나 여호와의 무궁무진한 자원
이요, 기적의 역사를 받아 전수해서
쓰고자 하는 그와 같은 생각에서, 그
리고 구원과 모든 부귀영화를 누릴 수
있다는 그 착각 속에 빠진 자들이 울
고불고하며 착각 속에 헤매는 것이니,
그와 같은 생각을 지워 버리고 살라
그리하라.
23 그것은 나와 아무런 인연 관계가 없으

니, 너희가 지키고 행하고 살아가야
하는 것부터 충실히 행하고 사는 자세
로 바뀌지 아니하면 아니 됨이니라.
그것부터 먼저 행하도록 하라.
24 너희가 줄 것은 주지 아니하고 남으로
부터 받을 것만 받고자 하는 그 계산
법은 이 세상의 모든 질서를 파괴하는
것이며, 이 세상에도 그와 같은 법은
독재자가 아니면 행해질 수가 없음이
니라.
25 그저 짐승과 같이 약한 자는 강자에게
잡아먹히는 그와 같은 속에서 살아가
는 생각밖에 할 수 없는 백성이라면
그리 생각할 수도 있을 것이니라.
26 나의 상속자요, 나의 유업을 계승할
수 있는 그와 같은 은혜를 받는다는
착각에서 벗어나며, 무한정한 전지전
능한 나의 모든 은혜를 입을 것이라는
생각을 버리라 그리 전하라.
27 나 여호와로부터 유업을 계승하고자
하는 자는 거듭나지 않으면 아니 된다
하였음이니라.
28 너희가 오늘의 삶에서 거듭나지 아니
하면 나의 아들딸로서 나의 유업을 계
승하며 내 뜻을 받들어 하늘에 오를
수 있는 백성이 아니요, 선택된 백성
이 아니라 하였음이니라.
29 우선 너희가 거듭나기 위해서 내가 직
접 쓴 친필인 십계명이요, 그 율법을
지키며 제3의 시대에 나의 아들을 통
하여 내려보내는 이 법전을 읽고 깨우
치는 삶을 그대로 행하는 삶을 살라.
30 그것만이 너희가 나에게 오를 수 있는
것이요, 나의 아들딸이 될 수 있으며
나의 유업을 계승할 수 있으며 나의
은혜를 받을 수 있다는 것을 절대 잊
지 말라, 나의 아들딸들아!

7,090 번째 하나님 말씀

2003년 8월 10일 11시 58분

1 사랑하는 나의 아들아!
2 **"네, 아버님! 말씀하옵소서."**
3 너의 제자들이 깨우치는 그 마음이요,
너의 제자들이 변하고자 하는 그 노력
은 이 세상 그 누구도 따라갈 수 없을
만큼 아름다운 마음으로 변하고자 노
력하는 그들이니라.
4 그리하여 내가 너희에게 오늘 상을 내
렸음이니라.
5 나 여호와요, '내 아버지가 계시기에
나쁜 일을 하지 않으며, 내 아버지가
선한 일을 하라 하였기에 선한 일을
하고 살아간다'고 말하라 하였음이니,
6 너희가 나를 아버지라 부르며 내가 너
희에게 명한 것은 곧 무엇이더냐?
7 너희가 나를 만지지 못하며 듣지 못한
다 해도, 내가 나의 아들을 통하여 나
의 음성으로 너희에게 명하는 것이며
너희가 나의 아들딸로서 당당히 서는
것이 부끄럽이 없기 때문에 내가 오늘
너희에게 상을 내리는 것이니라.
8 너희는 '내 아버지가 명했기에 아름답
게 살며 내 아버지가 너에게 명했기에
추하고 더러운 짓을 하지 아니하고 산
다.' 하라고 내가 너희에게 그리 내림
은, 너희는 여기서 오늘 하나 더 깨우
치고 알고 가야 할 것이니라.
9 내가 너희를 나의 아들딸이라 불렀으
며 너희가 나의 명에 따라서 살아가는

자라 하였음이니,
10 너희가 지금까지 믿어 오는 그 믿음에
서 나의 법전이요, 나의 아들이 과연
선택된 자요, 이 믿음이 구원을 받을
수 있는 것인가 의혹하며 의심하는 마
음이요, 흔들리는 마음을 가지는 것이
인간인 너희가 가질 수 있는 생각이니
라.
11 그러나 너희는 그와 같은 마음을 오늘
이후 이와 같이 돌려야 할 것이니라.
12 정녕 나로부터 선택된 선지자요, 내가
내리는 그 성령이요, 160권의 법전이
창조주 아버지께서 이 세상의 만백성
을 구하기 위해 내려보낸 것이라 믿고
나의 법전을 바라보며 나의 법전을 집
할 때,
13 그 마음이요, 행동함이 달라질 것이
며, 너희 스스로 선택된 것이 얼마나
위대한 것인지 알아야 할 것이니라.
14 그러니 너희는 내 아버지가 험한 짓을
하지 말라 하여 아니하며, '내 아버지
가 착하고 아름다운 일을 하라 하여
나는 그 일을 행한다'는 그와 같은 내
가르침 속에, 너희 스스로 하나 가슴
에 안아야 할 것이 있으니,
15 '나는 내 아버지로부터 선택된 자요,
내 아버지 것을 모두 빌려 쓰는 자요,
내 아버지로 인하여 내가 존재하며 삶
을 사는 귀하고 귀한 자라'는 것을 오
늘부터 깊이 생각해야 할 것이니라.
16 '내 아버지로부터 나는 선택된 자요,
내 아버지로부터 부름을 받은 자요,
내 아버지가 나를 쓰고자 오늘 이 성
전에 와 있도록 한 자요, 아버지의 뜻
을 이루기 위해 선택된 얼마나 소중한
백성인가'를 잊어서는 아니 될 것이며
그를 가슴 깊이 심어야 할 것이니라.
17 내가 뭐라 말하였느냐?
18 너희는 최고의 나의 아들딸이 되라 하
였음이니라.
19 그 이유가 무엇인 줄 알겠느냐?
20 구약 시대의 4천 년이요, 신약 시대의
2천 년이요, 그 많은 세월이 흘러가면
서 나를 찾고 하늘에 오겠다 하여 울
고불고하다 죽어 간 그 백성의 수를
너희가 감히 셀 수 있겠느냐?
21 미래에 너희 후손의 생명의 수를 알겠
느냐?
22 그중에서 너희가 선택된 자요, 그중에
서 너희가 역사함이니라.
23 모세의 시대는 출발의 시대요, 예수는
중간의 시대요, 지금은 마지막 시대
요, 내가 마지막 그 역사를 이루는 이
시대에 선택된 너희니라.
24 모든 사탄과 사악한 자들은 알고 있느
니라.
25 내가 나의 아들을 보냈어도 그들이 나
의 아들을 그리 만들었음이니, 나의
아들보다 더 무섭고 강한 자가 올 것
이라는 것을 알고 있으니,
26 나의 아들보다도 더 강하고 무서운 자
가 누구이겠는가?
27 바로 나 여호와가 직접 통제하고 내가
다스린다는 것을 그들은 알고 있음이
니라.
28 내가 내려와 160권의 법전으로 세상
을 덮으며, 내가 역사할 때 그들은 견
디고 지탱할 수 없다는 것을 알고 있
음이니라.
29 그리하여 지금 그들은 최후의 발악을

하고 있음이니라.
30 목숨을 내걸고 최후의 발악을 하는 그
사탄들과 견주어 싸우는 것이 너희니,
31 너희 마음의 자세가 어떠해야 할 것인
가를 스스로 알아서 행해야 함을 잊지
말라, 사랑하는 나의 아들딸들아!
32 너희는 나로부터 선택된 자요, 이 세
상에서 가장 일인자의 그 역할을 하지
아니하면 나에게 오를 수 없다는 것을
알아야 할 것이니라.
33 내가 너희를 사랑함이니라.

7,091 번째 하나님 말씀

2003년 8월 10일 23시 05분

1 사랑하는 나의 아들아!
2 "네, 아버님! 말씀하옵소서."
3 네가 나에게 기도하지 아니하며 경배
하지 아니하며 십계명을 암송하지 아
니하면 내가 너에게 성령을 내려 만백
성을 구하는 나의 법전을 만들 수가
없음이니라.
4 그러니 네가 십계명을 암송하고 나에
게 경배하는 기도를 드리며 정좌했을
때, 내가 너에게 성령을 내림으로 인
하여 그 법전이요, 만백성을 위해 새
로 내리는 새로운 성경이 한 권 한 권
이루어져 나가,
5 이제는 160권 중에서 80권이요, 반이
넘는 법전을 기록하는 역사를 이루어
가지 않더냐?
6 이는 다 네 나름대로 노력이요, 네가
그 고생을 했기 때문이니라.
7 그러니라. 모든 세상사는 너희가 노력
하지 아니하면 이루어지는 것이 없음
이니라.
8 그러니 하늘에 오르는 길이요, 믿음의
길을 가는 백성이 말로써 나를 경배하
며 말로써 믿으며 말로써 사랑한다 하
면 과연 얻어지는 것이 무엇이 있으며
이루어지는 것이 무엇이 있겠느냐?
9 그러니 나의 피조물 만백성들이 평생
나에게 약속을 하며 또 그걸 번복하
며, 죄짓지 않는 백성으로서 살며 사
랑을 베풀고 살아간다고 말하나, 그걸
행하지 못하고 지키지 못함이니라.
10 제가 가진 악습과 나쁜 버릇을 고치겠
다고 나에게 약속을 하면서, 결단성
있게 그를 고치고 행하지 못하기 때문
에 그들이 진정한 성령의 깨달음을 알
수가 없으며, 내가 너희에게 내리는
그 의미의 뜻을 알지 못하는 것이니라.
11 그들이 나에게 약속한 것을 감히 어찌
두려워하지 아니하고 그를 행하지 아
니하며 지키지 아니하며 반복하는 그
와 같은 삶을 살 수 있단 말이던가?
12 그와 같이 반복하는 속에서 그저 말로
써 죄에 대해 용서를 빌면 그 모두가
구원을 받는다 그리 생각하고 있음이
니 그것이 그들이 잘못되었음이니라.
13 그러므로 그들은 진정한 믿음이요, 성
령이요, 하늘의 뜻을 볼 수 없는 백성
으로서 암흑과 같은 세상을 살아감이
니라.
14 그리하여 내가 너에게 말함이니, 모든
것은 너희 자신이 잘 알고 있기에 잘
못된 것을 고쳐야 한다 생각했을 때,
15 그를 과감히 고치고 행하는 백성이 바
로 나에게 오를 수 있는 백성이요, 그
가 나로부터 상을 받을 수 있는 백성

이라는 것을 너희는 알아야 할 것이니
라.
16 이제 나의 법전을 읽고 깨우친 백성이
요, 그리고 지금 믿음의 길을 가는 백
성이라 하여 수천 년 동안 흘러온 그
믿음 속에서 지금 평생을 살아가는 그
백성에게 머릿속에 깨우침이 무엇이
있으며 얻은 것이 무엇이 있는가 그리
물어보라.
17 그리고 설교를 들은 것이 무엇이 있느
냐 물어보라.
18 그들의 마음속에는 아무것도 없음이
니라.
19 다만, 그저 헌금을 많이 바치는 것이
천국에 오는 길이요, 구원의 길이라
하여 모든 각종 헌금을 바치고 낼 수
있도록 그 설교요, 가르친 것, 그것밖
에는 그들이 들은 것이 없으며,
20 모든 감사할 수 있는 것에 감사 헌금
을 바치지 않는 것, 그리고 십일조라
는 것을 바치지 않는 것은 나의 재물
을 도둑질하는 것이니 그를 잘 바치는
자가 구원을 받는다는 그것밖에 그들
은 들은 것이 없음이니라.
21 저희가 한 시간이요, 한 시간 반이라
는 정해진 시간을 공부한다 해도,
22 찬송하며 지나간 인간사 이야기를 들
으며 그리고 헌금을 내라, 무엇을 바
치라, 봉사하라는 그와 같은 가르침을
하고 난 다음에 성령이요, 설교의 말
을 듣고 내 성경으로써 공부하는 시간
은 과연 얼마를 그 속에서 차지하는가
한번 보라.
23 그와 같이 허송세월하면서 지금까지
온 것이 그들의 배움이요, 깨달으며
온 결과이니라.
24 그러니 그들이 진정한 진리를 연구하
는 것이 아니요, 하늘에 오르는 나의
백성을 하늘에 오를 수 있도록 인도하
는 것이 아니라 함이 여기 있음이니라.
25 그들에게 나의 아들이 나의 백성에게
강론하며 강의하는 것, 그리고 나의
성령을 들어 전하는 그 시간에 와서
들어 보라 그리하라.
26 과연 그가 얼마만큼 나의 성령의 뜻을
듣고 가르치며 내가 내린 법전을 가지
고 나의 백성을 참진리의 길로 가게
하기 위해 얼마만큼 노력하고 어찌 가
르치는가,
27 그리고 성령의 뜻을 얼마나 전하는가?
28 그들도 과연 찬송을 부르며 헌금을 내
라 하며 재물을 걷으며, 십일조를 내
지 않는 자는 나 여호와의 재물을 도
적질한다 그리하며 재물을 많이 바치
는 것이 구원을 받는다며 모든 초점을
거기에 맞추어서 그가 강론하고 교육
하는가?
29 그것을 보고 나서 과연 누가 참진리
요, 나 여호와의 뜻에 의해 가는 자인
가?
30 그리고 그가 너희처럼 재물을 거둬 큰
성전을 지으려 하며, 성막을 지으며,
그 안에서 호화로운 행사요, 호화로움
속에서 나의 피조물 만백성들에게 나
의 진리를 가르치고 진리를 깨우치는
그와 같은 교육 방법으로써 가고 있는
가, 그것을 와서 직접 보고 나서 평가
하라고 하라.
31 그러나 너희가 와서 본들 무엇하는가?
32 모든 것을 너희는 역으로 선전하며 역

으로 그를 가르치기 위해 모두 혈안이
되어 있는 자들이며,
33 남을 모함하고자 하며 남을 음해하는
것이 지금의 종교 집단이요, 지도자
요, 너희는 그 누구도 따라갈 수 없는
심성이요, 그것에는 완벽하게 훈련된
자들이니, 와서 본들 과연 무엇하는가?
34 그래도 백 명이 와서 보고 한 명이라
도 깨닫는 자가 있기에 내가 와서 보
고 너희 자신이 한번 평가해 보라 함
이니라.
35 종교 지도자는 스스로 제가 알고 있을
것이니, 그들이 깨우침을 얻으며 변하
는 자가 하나만 있다 해도 그 거둬지
는 것은 대단한 것이기 때문에 와서
한번 보고 들으라 그리 말함이니,
36 그 뜻을 그들에게 전하여, 저희가 평
생 설교하고 강론하는 것과 나의 아들
이 하는 것을 한번 와서 견주어 보라
고 그리 전하라.

7,092 번째 하나님 말씀

2003년 8월 10일 23시 13분

1 사랑하는 나의 아들아!
2 "네, 아버님! 말씀하옵소서."
3 수천 년 동안 나의 피조물 만백성들에
게 너희가 한 것이 무엇이더냐?
4 나 여호와를 믿으며 나의 아들 예수를
믿기만 하면 구원을 받으며,
5 그 구원을 받기 위해서 너희 손으로
지은 성전에 와 그 대가를 치름으로써
구원을 받는다고 말하니,
6 정녕 참믿음이란 것이 무엇이며 진정
한 믿음이 어떠한 것인가, 그 믿음을
과연 얼마나 알면서 나의 피조물 만백
성들에게 지금 가르치고 있는가?
7 모든 종교 집단이요, 지도자들이요,
또한 구원을 받았다 말하는 신도라는
백성이 과연 진정한 믿음이 무엇인가
를 알고 있는가?
8 너희는 믿기만 하면 그 위대한 구원의
길에 들어선다고 말하며 그리 가르침
이니라.
9 그리고 그것을 너희가 다 믿고 있음이
니라.
10 그러나 무엇을 믿으며 어떻게 가는 것
이 진정한 믿음의 길인지 알고 믿는
자가 없으며 알고 가는 자가 없느니라.
11 믿음이란 나 여호와가 너희에게 지키
고 행하라 내린 것을 그대로 행하고
지키는 것이 바로 진정한 믿음이니라.
12 내가 성경에 내리는 것이요, 내가 직
접 불로 써 내린 십계명이요, 지금 제
3의 시대에 내가 나의 아들을 통하여
내리는 나의 법전을 그대로 믿고 그대
로 행하는 것이, 곧 나 여호와의 존재
함을 믿는 것이 바로 믿음의 근본이니
라.
13 그러나 너희는 어찌하는가?
14 나의 법전을 믿고 따르기 전에, 내가
불로써 직접 써 내린 나의 친필인 십
계명을 지키고 사는 것이 도리요, 하
늘에 오르는 길이라 하여, 모두를 다
바쳐 그걸 지키고자 노력하고 지키도
록 가르치는 것이 아니요,
15 인간이기에 그를 지킬 수 없으며, 지
키지 못하기 때문에 너희 손으로 지은
성전에 와서 회개하고 반성하며 지은
죄를 용서를 비는 것이라 그리 말하느

니라.
16 그러나 너희가 지은 죄를 육의 세상에
서 용서받을 수 있고 지울 수 있으면
되나,
17 너희가 지은 죄는 절대 지워질 수가
없으며 용서받을 수 없다 하였음이니
라.
18 오로지 너희는 나에게 와 심판을 받기
위해 존재하는 것이 아니던가?
19 그러니 너희가 살아온 것을 가지고 나
한테 와 심판을 받는 것이 아니던가?
20 그러니 결국은 너희가 심판을 받을 때
까지 그 모든 죄목은 너희에게서 떠나
지 아니하며 흘러가지 아니한다 하였
음이니라.
21 그리하여 나에게 와 심판을 받는 것으
로써 너희들이 모든 것이 끝남이니,
22 내가 너희에게 죄를 지은 자는 선한
일을 백 개, 천 개를 하여 선행으로써
그 죄를 사면받을 수 있는 길을 가도
록 살라 하는 것이 아니더냐?
23 그리하여 초를 다투어 아름다운 삶을
살라 그리 가르쳤거늘,
24 너희는 내가 내린 나의 계명도 지킬
수 없다고 말하며, 나를 믿으며 진정
한 믿음의 길을 가는 백성이라 그리
말하고 있음이니라.
25 내가 너희에게 뭐라 가르쳤느냐?
26 교회라는 것, 회당을 짓지 말며 요란
한 행사를 하면서 만백성에게 복음을
전한다 하여 너희를 과시하며 너희 세
를 과시하며 제왕적인 그와 같은 행위
를 하지 말라 그리하였거늘,
27 나 여호와가 성경에 너희를 위하여 기
록한 그 내용대로 행하면 되거늘, 그
를 행하지 아니하고 그리 지키지 아니
하는 것이 지금의 너희니,
28 과연 내가 내린 그 복음이요, 내가 내
린 그 뜻을 행하지 않고 지키지도 아
니하면서 어떤 진정한 믿음의 길을 가
는 자들이라 말하느냐?
29 너희는 진정한 믿음의 길을 알지도 못
하며 가지도 아니하는 것이 너희니라.
30 너희는 진정한 믿음의 길을 가지 아니
하고 있다는 것을 잊지 말라.
31 나 여호와가 나의 법전에 기록하여 전
하는 것이 진실이라는 것을 너희가 죽
어 왔을 때 알게 될 것이니, 그때 가서
너희 자신이 후회하지 말라.
32 나 여호와의 존재함을 흔들리지 않는
마음으로써 믿는 것이 진정한 믿음이
라는 것을 알라.
33 그러나 지금의 종교 집단은 나의 뜻을
거역하는 행위만을 저지르고 있음이
니,
34 그것이 정녕 내가 존재한다 생각하며
나의 존재함을 믿는 것인가?
35 너희는 믿음의 길이 아니요, 죽음의
길로 너희 스스로 지금 가고 있다는
것을 알아야 할 것이니라.
36 그러니 진정한 믿음을 간다는 백성은
진정한 믿음의 길이 무엇이며, 믿음의
길을 가는 자가 어찌 행하고 가야 하
는가 그 기초부터 먼저 깨우치고 기초
서부터 눈을 떠야만 될 것이니라.
37 지금의 방법으로써는 정녕 나에게 올
수 없다는 것을 내가 나의 아들을 통
하여 법전에 기록하여 너희에게 전함
이니,
38 이를 보고도 너희가 나에게 와서 원망

하지 말라.

7,093 번째 하나님 말씀

2003년 8월 10일 23시 20분

1 사랑하는 나의 아들아!
2 "네, 아버님! 말씀하옵소서."
3 종교 집단이요, 지도자들이 나의 피조
물 만백성들에게 하늘에 오르는 길이
란 너희의 모든 것을 다 바쳐 역사하
는 것이 곧 하늘에 오르는 길이라 그
리 가르치며 성서에 그리 기록되었다
너의 제자들에게 그리 가르치느니라.
4 그리고 많은 신도에게 가르치기를, 생
명이라도 다 바치며 생명을 바칠 수
있는 그와 같은 자세로 가는 것이니,
생명을 바칠 각오가 있는 자가 재물을
바치는 것이 무엇이 두려우며 아까우
냐 그리하여,
5 재물을 교회에 많이 바치고 헌금을 많
이 바치고 십일조를 잘 내는 자, 그리
고 하늘의 창고에 보물을 많이 쌓아
놓는 자가 구원을 받는 것이라 그리
말하느니라.
6 그리하여 너희는 재물을 바치는 것을
두려워하지 말며 그 모두를 다하라 그
리하느니라.
7 이것이 정녕 나의 아들의 죽음을 대신
하여 그가 전하고자 했던 그 복음을
전하는 종교 집단 지도자라 말하는가?
8 그들은 정녕 그와 같은 후예들이 아니
요, 바로 지옥으로 이끌어 가는 사탄
의 행위요, 사탄의 짓이라는 것을 너
희는 알아야 할 것이니라.
9 나 여호와가 너희에게 재물과 생명과
모두를 다 바쳐서라도 하늘에 오르라
하는 것은 그와 같은 재물을 바치며
생명을 바칠 각오를 하고 가라는 것이
아니니라.
10 너희에게 생명을 바치라는 것은, 믿음
을 위한 것에 너희 모두를 다 바치라
함이니라.
11 너희가 재물을 바치는 데 모두를 다
하며 너희 생명까지도 바칠 수 있도록
재물을 아까워하지 말며 재물을 많이
바치는 자는 구원을 받는다 하여, 생
명보다도 더 귀중하지 않은 그 재물을
다 바친들 어떠하겠느냐?
12 그와 같이 가르치는 것이 지금의 종교
집단이요, 또한 그리 아는 것이 신도
들이니라.
13 그러나 너희는 알아야 할 것이니라.
14 너희에게 생명을 바칠 각오를 하라는
것은, 재물을 바치는 데 생명을 바칠
정도의 각오로 모두를 바치라는 것이
아니니라.
15 너희가 천사와 같이 변하는 그 믿음을
위해서 그 믿음의 길이요, 진리요, 하
늘에 오르는 그 길을 위하여 생명을
바칠 그와 같은 각오로 모두를 다 바
치라 함이지,
16 재물을 갖다 바치는 것을 생명을 바치
듯이 그리 재물을 모두 다 바치는 데
두려워하지 말며, 생명보다 소중하지
아니한 재물을 바치라는 것이 아니니
라.
17 너희가 생명을 바쳐서 하늘에 오르는
그 길을 가는 것이 나로부터 구원받는
다 하며 그리하여 재물은 얼마든지 바
쳐도 되며 그 재물은 생명보다 더 소

중한 것이 아니니,
18 그저 바치는 데 두려워하지 말고 있는
것 없는 것 많이 바치는 자가 천국에
간다고 그리 가르침이니, 이게 얼마나
잘못된 것이며 사악한 사탄들이 하는
짓인 줄 알겠느냐?
19 내가 너희에게 모두를 다 바치며 생명
을 바치라는 것은 천사와 같이 변하는
것, 진정한 진리를 가는 것, 하늘에 오
르는 그 길을 알고 깨닫는 데, 그를 위
해 모두를 다 바치라는 것이며 모두를
다 버리고 갈 수 있는 그와 같은 길을
가라 함이니라.
20 내가 성서에 기록한 내용을 너희가 편
리한 대로 너희에게 유익이 되는 대로
그리고 나의 피조물 만백성들에게 재
물을 거둬들이는 그 사악한 방법으로
써 모두 쓰고 있음을 너희는 알아야
할 것이니라.
21 모두를 버려서라도 구하라는 것은, 바
로 믿음의 길이요, 나에게 오를 수 있
는 그 믿음을 위해서 모두를 다 바치
라는 것이지 재물로써 그 믿음을 사라
는 것이 아님을 알라.
22 이것이 오늘 나의 종교 집단이요, 지
도자들이 알지 못하는 것이며 잘못 가
고 잘못 가르치기에,
23 거기에 신도라는 나의 백성까지도 그
저 덩달아 재물을 바치면 구원을 받는
줄 알며 재물을 바치고 생색을 내면
구원을 받는 줄 아는 그와 같은 어리
석은 자들이 그리 빠져 있음을 너희는
알아야 할 것이니라.
24 믿음에 모두를 바치고 나 여호와의 뜻
에 순종하며 믿음을 위하여 내 뜻에
순종하며 나의 계명을 지키고 살아가
는 데 너희 생명을 바쳐서라도 모두를
지키고 그 뜻을 지키라 함이니라.
25 어렵고 힘들 때 좌절하지 말고 정녕
순종하며, 나의 십계명을 지키며 율법
을 지키고 살아갈 수 없을 때, 네 생명
을 바쳐서라도 그를 지키고 그 길을
가는 것이 하늘에 오르는 길이라 내가
그리 명하고 가르친 것을,
26 너희는 그저 재물까지 모든 것을 손으
로 지은 교회에 바치는 것이 천국에
가는 길이라 하여 거둬들이며 '재물,
재물' 하고 있음이니라.
27 수백수천 가지 명칭을 붙여 그것을 바
치는 것이 하늘에 오르는 길이요,
28 그것은 생명보다도 못함이니, 그걸 다
바쳐서 생명까지 바쳐서 믿음을 가라
하였으며 구원의 길을 가라 하였음이
니 그리 가야 한다고 가르치고 있으
나, 그것이 아니니라.
29 너희가 진정한 진리를 위해서 하늘에
오르는 그 길을 위해서 바로 서지 못
하고 사악한 마음을 버리지 못하고 욕
심을 버리지 못하며 자신의 악습을 버
리지 못하여 나의 십계명을 지킬 수
없을 때,
30 그 모두를 지키기 위해 생명을 내놓고
라도 그를 지키고 순종하는 백성으로
서 너희 모두를 다 던져 하늘에 오르
는 내 성령이요, 내 뜻을 따라서 행하
는 데 그 모두를 바치라는 것이지,
31 구원을 받기 위해 재물까지 모두 바치
며 거기에 생명까지도 바칠 각오를 하
고 재물을 바치는 데 두려워하지 말라
는 그와 같은 의미의 뜻이 아님을 전

해야 할 것이며, 이를 읽는 백성 또한
깨달아야 할 것이니 그리 알라.

7,094 번째 하나님 말씀

2003년 8월 10일 23시 28분

1 사랑하는 나의 아들아!
2 "네, 아버님! 말씀하옵소서."
3 믿음을 오는 신도라는 백성, 또 종교
지도자들이 가르치는 그 수법이 얼마
나 교활하며 기복 신앙의 대표인 줄
알겠는가?
4 종교 지도자들은 저희가 설교하는 그
시간에 와 그 설교 소리를 들으며 찬
송을 부르며 광란의 짓을 하며,
5 그저 저희가 말하는 것, 그저 생각나
는 대로 웅얼거리고 중얼거리는 것을
모두 듣는 것은 너희에게 영광이요,
은혜요, 축복이 내린다는 그와 같은
말을 하는 것이 종교 지도자들이요,
6 또 그것을 믿고 따라가는 것이 지금의
신도들이 가는 곳이니라.
7 그러니 너희가 내리는 이야기를 듣기
만 해도 축복이요, 영광을 받는다고
말함이니, 그를 듣고 너희가 은혜와
축복을 받기 위해 간다면 무엇이더
냐? 거래하는 자들이니라.
8 그리하여 너희가 거래하기 위하여 재
물을 바침이니라.
9 그리하여 그것이 기복신앙의 대표자
들이 지금 모여 있는 것이요, 내가 하
늘에서 내려다보는 너희는 공동묘지
속 안에 있는 자들이며, 묘지 안에 죽
어 누워 있는 자들과 같은 것이라 내
가 그리하였음이니라.
10 너희는 어찌 가르치느냐?
11 종교 지도자가 말하는 것, 그저 제 생
각대로 전하는 그 기도 소리를 듣기만
해도 은혜를 받는다 그리 말하며 그저
재물을 바치면 바치는 대로 은혜를 받
으며, 너희 손으로 지은 성전에 와서
유리창 하나 닦는 것, 교회에 와서 시
간적으로 봉사하는 것, 그리고 주의
종이라 하여 맹종하는 것, 그와 같은
모든 행위 하나하나 하는 것을 은혜를
받으며 축복을 받는 길이라 종교 지도
자가 그리 가르치며 신도들은 그리 믿
고 있음이니,
12 그게 바로 거래 장소인 만백성의 죄의
온상인 것이 바로 교회라 하였음이니
라.
13 죄의 온상인 교회에 가기만 해도 은혜
를 받는다 하며, 그저 근간에 와서 말
한마디 거들고 그저 재물 몇 푼 내놓
고 그리고 나를 아버지라 부르는 그
순간에 너희는 은혜를 받는다고 말함
이니라.
14 그러니 그 속에서 무엇이 이루어지는
가?
15 그뿐이더냐? 모든 종교 집단은 믿음
의 길을 가는 자, 재산이 있는 자에게
직분을 돈을 받고 파는 것이니라.
16 그리고 직분을 파는 것을 나 여호와가
너희에게 주는 것이라 그리 유도하여,
17 나로부터 은혜와 축복을 받는 것이요,
나 여호와가 너희에게 주는 그 교회라
는 곳의 직분을 받는 것은 더 많은 대
가를 지불하고 그 이름을 받아야 은혜
를 받으며 축복을 받는다고 말하니,
18 그게 너희가 말하는 명예로운 이름이

요, 명칭이던가?
19 나 여호와가 내려 준다 거짓 하여 사
탄이 사악한 짓을 하는 것이니,
20 그리하여 모든 교회라는 곳에서 직분
을 받는 자, 더 많은 대가를 치르는 것
이 은혜를 받는다 하여 그저 있는 것
없는 것 갖다 바치고 그 이름을 받기
위해 혈안이 되어 있는 것이 너희가
아니던가?
21 너희는 모든 것은 나 여호와의 소유라
가르치느니라.
22 이 세상의 모든 것은 나 여호와의 것
이라 가르치면서, 어찌하여 나 여호와
의 것을 받을 수 있는 그 백성이요, 나
여호와로부터 모든 것을 누릴 수 있는
똑같은 나의 백성에게 내가 주는 것을
중간에서 가로챈단 말이더냐?
23 그것이 너희의 사기극이요, 사악한 자
들이라 말하느니라.
24 내가 오죽하면 비유를 들어 그리 말하
였느냐?
25 객지에 나가 있는 자식이 시골에 있는
제 부모를 찾아가는 것을, 그 마을에
사는 자들이 바리케이드를 쳐 놓고
'네 부모를 만나려면 통행세를 내놓아
라.' 행패를 부리는 것보다 더한 것이
오늘의 너희라 하였음이니라.
26 그러니 너희는 나를 만나고자 하는 나
의 아들딸로부터 통행세를 내지 아니
하면 만날 수 없다고 말하며,
27 또한 그 이름까지 팔아먹으면서 내가
모든 백성에게 다 줄 것이며 세상 것
은 나의 것을 빌려 쓰는 것이며 내 것
이라 그리 말하면서, 내 것을 너희 형
제에게 넘겨주면서 중간에서 그 대가
를 지금 가로챔이니,
28 소개비를 받는 그 사악한 자들의 행위
와 무엇이 다르더냐?
29 말 한마디 전해 주고 대가를 받는 것
이요, 그저 심부름 하나로 그 대가를
받으나 그들은 그 수고로움이라도 하
고 받느니라.
30 그러나 너희는 아무런 수고로움도 없
이 그저 우리 부자의 이름을 팔며, 너
희가 이름을 지어 파는 것까지도 내가
내려 준 것이라 하여 더 많은 것을 사
도록 하며 더 많은 것을 갚지게 사도
록 축복과 영광이라 하여 나의 백성을
그와 같이 이끌고 가는 것,
31 그것이 얼마나 사악한 짓인가를 너희
가 죽어 내 앞에 왔을 때 알 것이며,
그 대가가 얼마나 무서운 것인가를 알
것이니 그리 알라.
32 지금 내가 나의 아들을 통하여 너희가
죽어 내 앞에 올 때 그 두려움을 알며
무서움을 알 것이라는 그 말을 너희는
그저 한쪽 귀로 듣고 한쪽 귀로 흘리
나,
33 그 사실 앞에 얼마나 몸부림칠 것인가
를 알게 될 것이니, 이 두려움과 무서
움을 알라.
34 너희가 지옥문 앞에 와서 몸부림치며
들어가지 아니하려고 발버둥치는 그
처참한 꼴을 보기에 내 가슴이 아프다
하였음이니라.
35 지금 나의 법전에 기록한 내용이 하늘
을 우러러 한 점의 부끄럼이 없는 내
용이요,
36 그리고 인간으로서 살아가는 데 도덕
적이요, 도리에 어긋나는 짓을 나의

아들이 법전에 기록하여 전하며, 너희
에게 하늘에 오는 그 이치를 과연 내
가 깨우쳐 주지 아니하고 지금 사악한
자의 행위를 하라 하던가?
37 나의 피조물 만백성들에게 모든 것을
내가 무상으로 주었으며 그들은 똑같
이 누릴 수 있는 자들이니,
38 그들에게 평생 하늘에 쌓지 못하는 재
물을 쌓는다 하여 거둬들이는 너희의
믿음이 진정한 믿음인가 여기에서 너
희가 보고 스스로 평가를 하라.

7,095 번째 하나님 말씀

2003년 8월 10일 23시 48분

1 사랑하는 나의 아들아!
2 "네, 아버님! 말씀하옵소서."
3 수천 년 동안 그 믿음을 오는 역사가
얼마나 썩고 썩었는지 알겠느냐?
4 나는 내 아들을 보내어 그 고통스럽게
죽어 가는 그에게 죄짓지 않는 세상이
요, 죄짓지 않는 백성이요, 사랑을 베
푸는 백성이 세상에 존재하도록 내 아
들을 그리 던졌건만,
5 그를 보는 그 백성이요, 지금의 종교
집단이요, 지도자들, 그를 보았으며
또한 그를 죽게 한 자들의 후손이요,
후예인 너희가 지금 어찌 가고 있느냐?
6 너희가 교회라는 곳에 충성하는 것은
곧 구원을 받는 길이며 구원을 받는
기본이라 그리 말함이니라.
7 그러면서 너희는 교회라는 곳에 충성
하는 것을 무엇으로써 충성의 근거라
하느냐?
8 물질을 많이 바치고 헌금을 많이 하는
것이 충성하는 것이며 충성의 으뜸이
라 그리 가르치느니라.
9 그리하여 교회라는 곳에 많은 재물을
바침으로써 믿음의 으뜸이요, 가장 먼
저 구원을 받는다고 말함이니,
10 이 세상에 내가 나의 아들을 던져 너
희를 구원하고자 역사했던 것과는 전
혀 반대의 길로 가고 있음이니,
11 그들이 울고불고 기도하는 것은 나와
는 아무런 관계가 없다는 말이 여기
있음이니라.
12 그러면서 저희는 무엇을 말하느냐?
13 잘못 가는 자를 바로잡기 위해 바른말
을 하는 그 신도의 입을 봉하게 하며,
정의로운 것을 말하는 자는 그 말을
하지 못하도록 하며,
14 종교 지도자가 부끄러운 짓이요, 죄를
짓는 행위를 해도 감히 신도들은 단죄
할 수 없으며 말을 할 수 없는 것이라
그리 가르치며,
15 종교 지도자요, 나 여호와의 종을 잘
받들고 모시는 것이 너희가 해야 하는
길이지, 감히 잘못되었다 하여 그를
탓하지 못하며,
16 오로지 종으로 명한 자들은 나 여호와
만이 탓하며 내가 단죄한다 함이니,
17 내가 단죄하고 벌하는 것은 너희나 그
들이나 당연히 똑같으니라.
18 결국, 너희가 죽어 나에게 심판을 받
을 때 그 모두는 역사함이니,
19 그와 같은 방법으로써 교묘하게 하여
사악한 행위를 계속하며 손으로 하늘
을 가리는 그와 같은 행위를 하는 자
들을 내가 단죄하고자 함이니라.
20 믿음의 길을 가는 자가 구원을 받는

것은 나의 아들의 뜻을 받들며, 내가
직접 불로 써 내린 친필인 십계명을
지키며 율법을 지키고 사는 것이 하늘
에 오르는 길이라 그리 간단하게 가르
치면 될 것을,
21 너희는 하늘에 오르며 구원을 받는 제
일 첫 번째 자격을 무엇이라 말하고
있는가?
22 재물을 바치는 자라 그리 말하느니라.
23 너희가 번 돈의 십일조라는 것을 한
푼도 떼지 않고 모두를 다 바치는 것
이 구원을 받는 것이요,
24 십일조를 잘 바치지 아니하고 그 돈의
일부를 떼어서 쓰는 것은 나 여호와의
재산을 도둑질하는 것이며, 감히 창조
주의 재물을 훔치는 자라 그리 겁주고
위협하며 나의 피조물 만백성들을 불
안하게 만들며,
25 그래서 철저히 십일조를 바치는 것이
구원을 받는 길이요, 그걸 바치지 않
는 자는 절대 구원을 받지 못한다고
가르치느니라.
26 그러면서 주일 헌금은 굶주리고 생활
비가 없다 해도 꼬박꼬박 정확하게 바
치는 것이 은혜를 입는 것이라 그리
말하느니라.
27 너희가 몇 킬로를 걸어가든 어떠한 고
통이 있다 해도, 교통비 한 푼이 없다
해도 다 털어서 주일 헌금을 바치는
것이 은혜를 받으며 구원을 받는 것이
라 그리 가르치느니라.
28 절기 헌금이요, 온갖 명칭을 붙여 대
어 그 헌금을 열심히 내기 위해 노력
하는 자가 구원을 받는 것이라 그리
말하며,
29 건축 헌금이요, 기타 헌금을 빼지 않
고 내라는 대로 바치는 자, 그리고 명
하는 액수를 맞추어서 내는 자, 거기
다 더 얹어서 내는 자가 구원의 길을
받는 것이요, 제일 첫 번째 가는 구원
이라 이와 같이 나열해서 가르치느니
라.
30 그리고 어려워서 각종 헌금을 내지 못
하는 신도라는 자들을 심방을 가서라
도, 세리가 징수하는 것보다도 더 사
악한 방법을 써서라도 헌금을 내지 않
는 그 신도들에게 그 모두를 거둬들이
도록 역사하는 자가 하나님의 종이요,
나 여호와의 종이라 하여 그가 축복받
는다 그리 가르치는 것이니라.
31 그리고 감사의 조건이 생겼을 때 헌금
으로써 감사한 표시를 하지 않는 자는
구원을 받을 수 없으며 그 죄 또한 용
서받지 못한다고 말하느니라.
32 죽어 가면서까지도 모든 재물이요, 그
헌금을 갖다가 교회에 바치는 자는 구
원을 받는다고 그리 말하느니라.
33 그리고 헌금을 제대로 내지 않는 자,
헌금을 내는 정신이 되지 않는 자는
아무리 믿음이라는 길을 간다 해도 그
는 구원을 받지 못한다고 그리 말하느
니라.
34 그리고 헌금을 많이 바치는 것이 곧
나 여호와의 뜻에 순종하는 것이며 나
에게 헌신하는 것이며,
35 나에게 헌신하기에 그 은혜와 축복이
하늘에 있다 그리 말하느니라.
36 너희가 헌금과 감사의 표시를 할 때,
그 헌금을 적극적으로 내지 아니하며
모든 것을 갖다 성의껏 하여 모두를

바치지 아니하는 자, 그리고 하늘나라
에 많이 쌓아 놓으려고 노력하지 않는
자는 절대 구원을 받지 못한다고 말하
느니라.
37 그리고 너희는 나의 피조물 만백성들
에게 첫 번째로 구원을 받을 수 있는
조건이라 하여 나열하면서 끝에 가서
는 뭐라 하느냐?
38 모든 헌금은 나 여호와 하나님께 바치
는 헌금이요, 저희가 거둬들이는 것이
아니라 그리 말하느니라.
39 나는 너희에게 명했느니라.
40 너희는 지금 제1번으로 구원을 받는
조건을 모든 헌금을 내는 것이 우선이
라 하였음이니라.
41 그러나 그와 같은 것은 나는 알지 못
하며 나와는 아무런 관계도 없음이니
라.
42 너희가 죽어 와 나에게 '그 많은 헌금
을 바쳤으며 하늘에 쌓아 놓기 위해
많이 갖다 바쳤거늘 어찌 지옥으로 내
몰며, 아버지께서는 우리를 모른다 그
리하느냐?' 하며 그 종교 지도자에게
속은 것이요, 몰라서 그리 왔다고 아
무리 말한들,
43 나는 너희에게 모른다는 그 답 외에는
하지 않을 것이며, 너희는 정녕 알지
못하는 자들이니라.
44 그리하여 내가 나의 법전에 상세히 기
록하였음이니, 이를 보고 깨우치는 자
가 나에게 오를 것이며, 이를 사탄이
요, 이단이요, 사악한 자라 핍박하고
버린 자는 어떠한 고통 속에서도 나에
게 항변할 수 없다는 것을 알라.
45 이와 같이 각종 방법으로써 나의 피조
물 만백성들에게 갈취하기 위하여 지
금 존재하는 것이 종교 집단이요, 지
도자들이니라.
46 너희가 그와 같이 세리보다도 더 사악
한 방법으로 징수하였기에 오늘의 너
희가 그와 같은 궁궐보다도 더 호화로
운 성전이요, 교회라는 것을 지어놓고
거기에서 호의호식하며 나의 피조물
만백성들 위에 군림하여 제왕 같은 행
위를 하고 있음이니,
47 이것이 곧 사탄의 행위를 한 것이며
사탄의 자식으로서 감히 하늘이 두려
운 줄 모르고 이 사악한 짓을 하고 있
음이니라.
48 그러니 여기다 구원의 길이라 하여 재
물을 바친 자는 사탄을 육성하는 데
힘을 실어 주었으며, 너희에게 모든
역사를 할 수 있도록 받쳐 준 자이니,
49 너희가 거기에 바친 재물은 나의 것을
훔친 것이요, 나의 것을 남용했음이니
너희 또한 그들 못지않게 용서받지 못
함을 알아야 할 것이니라.
50 제일 첫 번째 구원이라는 것이 헌금을
잘 내는 것이 가장 충성하는 자요, 교
회에 충성하는 자가 구원을 받는다고
그리 가르치는 오늘의 사악한 수법이
라는 것을 너희는 알아야 할 것이니라.
51 이를 기록하여 만백성에게 펼쳐 주며,
그들이 말하는 이방인들에게도 이와
같은 그들의 사악한 것을 전달하고 깨
우쳐 줘 그들이 바로 깨우칠 수 있도
록 그리하라, 사랑하는 나의 아들딸들
아!

7,096 번째 하나님 말씀

2003년 8월 11일 0시

1 사랑하는 나의 아들아!
2 "네, 아버님! 말씀하옵소서."
3 너희가 두 번째 구원의 길이요, 하늘
에 오르는 나의 백성이 해야 할 일이
무엇인지,
4 지금의 종교 집단 속에서 하늘에 오고
자 몸부림치는 그 신도들에게 두 번째
하늘에 오르는 그 영광의 길에 그들이
행하고 가야 할 길을 종교 지도자들이
다음과 같이 나의 백성에게 그리 가르
치며 그 신도들에게 철저히 지키도록
그리 말함이니라.
5 첫째는 수많은 각종 헌금을 열심히 내
며 그를 갖다 바치는 자만이 구원의
길에 오르는 것이요,
6 두 번째 구원에 오르는 길은 그리 가
르치느니라.
7 주의 종이라 하여 명한 자들에게 너희
는 절대복종하며 그를 따라야만 된다
고 가르치는 것이니라.
8 그러나 너희는 여기서 알아야 할 것이
니라.
9 내가 나의 법전에 기록하여 뭐라 말하
였느냐?
10 진정한 참보석을 가진 자는 설명이 필
요 없으며 그를 가지고 시시비비를 할
필요가 없다 그리 말하였음이니라.
11 가짜 보석을 가진 자가 사기 치고 거
짓 하기 위해 설명이 필요하며 말이
많다 하였음이니라.
12 진정 나로부터 선택된 목자라면 나의
사랑하는 피조물 만백성들에게 잘 복
종하며 저희를 따르라 그리할 필요가
없느니라.
13 저희가 진정한 진리요, 나 여호와의
뜻이요, 내가 원하는 그 참진리의 길
을 가고 있으며 하늘의 뜻을 알아서
가르치는 자들이라면 모든 백성이 고
개 숙여 경배할 것이며 그를 탓하지
아니할 것이거늘,
14 저희가 거짓을 가르치고 사기극을 벌
이기에 저희 신도들이 조금만 눈을 뜨
고 정신 차리면 저희가 사기극을 벌이
고 있다는 것을 그들이 알 수 있기 때
문에, 저희를 주의 종이라 하여 목자
에게 절대복종하라며 엄명을 내리는
것이니,
15 그게 바로 사기꾼들이요, 사탄의 자식
이요, 참진리에 위배된 것이거늘, 그
것이 두 번째 구원을 받는 길 중의 하
나라 그리 가르치느니라.
16 그리고 또 뭐라 말하느냐? 주의 종을
본받으라 말하느니라.
17 너희는 주의 종을 본받으라, 나 여호
와의 명을 받은 목자를 본받으라 함이
니, 그렇다면 거울로 비추어 한 점의
부끄럼이 없는 종교 지도자라 하였음
이니라.
18 과연 너희가 한 점의 부끄럼이 없는
지도자로서 설 수 있단 말이던가?
19 그리고 너희가 한 점의 부끄럼이 없는
그와 같은 삶을 살면 주의 종을 본받
으라 그리 말할 수 있을 것이니라.
20 그러나 너희는 그와 같이 살아가지 못
하는 자들이니라.
21 진정한 나 여호와의 뜻이요, 거울로
비추어봐 한 점의 부끄럼이 없는 지도

자라는 것은 '본받으라, 따르라' 그와
같은 말을 할 필요가 없음이니라.
22 저희가 부족한 자요, 모든 백성이 눈
으로 보는 것이 날카로우며 그들이 보
았을 때 두려워서 그저 하는 대로 따
라오라, 그리 본받으라 소리 지르고
악을 쓰는 것이니라.
23 진정 본받을 수 있는 그와 같은 마음
을 비우고 가는 자요, 앞뒤가 부끄럽
지 않은 자요, 하늘을 향하여 한 점의
부끄럼이 없는 종교 지도자라 하면 그
는 주의 종을 본받으라 하며 앞에 서
서 소리 지를 필요가 없음이니라.
24 저희가 부족하며 저희를 따르지 아니
하기 때문에 저를 본받으라, 저를 따
르라고 외치는 것이니, 그것이 얼마나
부끄러운 행위인지 아느냐?
25 이것이 두 번째 구원을 받는 길 중의
하나로 포함되어 그와 같이 지키라 말
하는 것이니, 내가 보기에 너희가 얼
마나 사악한 자인지 알겠는가?
26 너희는 또 뭐라 말하느냐? 주의 종에
게 대접을 잘하라 그리 말하느니라.
27 세상에 제 생일잔치를 받겠다고 말하
는 자가 얼마나 부끄러운 자며 얼마나
이기주의자란 말이던가?
28 '내가 무슨 잔치요, 무슨 역사를 하니,
여기에 참여해 달라, 그리고 나를 위
하여 많이 와 달라' 하는 것은 인간 세
상에서도 꼴불견이며 그를 역겹게 보
는 것이 아니더냐?
29 하물며 어찌하여 주의 종을 잘 대접하
는 것이 구원을 받는 두 번째 길이라
하느냐?
30 세상의 부모도 자식에게 생일날, 회갑
날에 모두를 팔아서 나를 흥겹고 즐겁
게 하라고 강요하는 부모가 없을 것이
거늘, 인간인 너희가 어찌하여 주의
종을 대접을 잘하라 그리 말하는가?
31 아무리 높은 자도 그 부하에게 '나를
대접을 잘하라'는 그와 같은 말은 감
히 할 수 없을 것이라. 그건 무엇이더
냐?
32 제가 추악한 점이 많으며 비리가 많으
며 남으로부터 모범적인 삶을 살지 못
하기에, 모든 사람이 저를 무시하고
저를 경멸하기 때문에,
33 부하로부터 무시당하는 그 상사가 계
급으로 억압적으로 모두를 다 통솔하
며 그 직급으로써 모두를 휘어잡기 위
해 그와 같은 행위를 하며 절대복종하
며 따르라는 그와 같은 말을 하는 자
이니,
34 절대복종하고 따를 자격이 없으며 대
접을 자격이 없는 자들이니라.
35 그러니 종교 지도자들은 자격이 없다
함을 너희는 알아야 할 것이니라.
36 주의 종을 위하여 기도하라고 그리 가
르치느니라.
37 과연 내가 나의 법전에 기록하여 너희
에게 뭐라 말하였느냐?
38 죄지은 자, 죄 많은 자가 죄 적은 자의
기도를 할 수 없다 그리했으며 남을
위해 기도할 자격이 없는 자라 그리
말하였음이니라.
39 저희가 말하기를 나 여호와를 향하여
기도하며 나의 백성 신도들의 이름을
부르며 축복을 주라 기도하면 그 축복
과 영광을 다 받는다 하며 저희가 나
와 같은 역할을 하는 자들이, 어찌하

여 저희를 위하여 나의 신도들 보고
기도하라 그리하는가?
40 저희는 완전히 제왕적이며 나의 피조
물 만백성들에게 기도하며 중언부언
함으로써 은혜를 받는다 그리 말하며,
그 기도 소리를 듣고 기도를 해 주고
재물을 거둬들이는 너희가,
41 얼마나 불안하고 자신이 믿음이 없으
며 나와 아무런 관계가 없으며 자신이
설 자리가 없으며 그리고 얼마나 부족
한 자면 그 신도들에게 저희를 위하여
주의 종을 위하여 기도하라 그리 가르
치는가?
42 그걸 듣고도 '아멘, 할렐루야!' 하며
또 중언부언하며 종교 지도자를 위해
서 기도를 함이니,
43 돈을 받을 때는 종교 지도자의 기도가
효험이 있고 축복이 있고 은혜가 있다
고 그리 말하면서, 저 자신이 얼마나
불안하며 나로부터 버림받은 자식이
요, 내 앞에 오지 못하는 자면, 제가
구원을 받기 위해 그 제자들에게 기도
를 부탁하며 기도해 달라 그리 말하는
가?
44 그것이 바로 사탄이요, 사악한 것이
니, 그것이 두 번째 구원에 오르는 길
중의 하나라 그리 가르치느니라.
45 또 뭐라 말하느냐? 주의 종을 축복하
면 하나님이 축복을 주신다고 하니,
선택된 목자는 천사와 같은 삶으로 살
아가는 것이 나에게 오르는 길이거늘,
46 어찌하여 주의 종에게 축복을 주라는
기도를 나에게 하라며 주의 종을 축복
받도록 기쁘게 해 주는 자가 나 여호
와에게 상을 받는다고 말함이니,
47 이와 같이 사악한 짓을 하는 자들을
너희가 축복하면 내가 너희에게 상을
내린다고 생각하는가?
48 나로부터 선택된 목자는 천사와 같은
뜻으로 살아가면 내가 스스로 그에게
축복을 내리거늘,
49 그와 같은 행위를 하는 저 자신이 불
안하기 때문에 저 자신이 나에게 사랑
을 받지 못하기 때문에, 내가 알아서
상을 내리는 그와 같은 이치요, 하늘
의 뜻을 절대 모르는 자들이 하는 사
기극임을 너희는 알아야 할 것이니라.
50 이와 같은 대목을 나의 법전에 기록하
는 것이 수치스러우며 내 법전을 욕되
게 하는 것이며, 내 법전에 그 한 장
기록하는 것도 절대 용납하고 싶지 아
니하나, 너희가 하는 사악하고 추한
짓이라 내가 기록하느니라.
51 또 너희는 뭐라 하느냐? 주의 종에게
명절날, 생일날, 출장 갈 때, 행사할
때 촌지나 재물을 가지고 인사를 드리
는 것이 하늘에 오르는 길이요, 축복
을 받는 길 중의 하나라 그리 가르침
이니, 이것이 얼마나 사악한 자들이며
얼마나 부끄러운 짓인가?
52 누워서 침 뱉는 꼴도 모르는 자들이니
라.
53 그러니 어찌 인간이 명절날이요, 또
제 생일날이요, 출장할 때 재물을 가
지고 와서 바치는 것이 하늘에 오르는
길이요, 축복을 받는다 하느냐?
54 너희는 뭐라 말하느냐? 나는 날짐승
도 나 여호와가 먹을 것을 다 주었으
며 은혜를 내렸다 하면서, 너희는 거
둬들일 명분이 없어 명절날 바치며 생

일날 바치며 출장 갈 때에도 재물을
바치며 너희가 움직일 때마다 헌금을
바치는 것이 나 여호와에게 구원을 받
는다고 말함이니,
55 이보다 추하고 더러운 종교 지도자,
이보다 더 추하고 더러운 백성은 절대
없을 것이니라.
56 세상의 일반 직장 상사도 제 생일날
많이 갖다 바치라, 명절날 바치라, 출
장 갈 때도 바치라 그리하지 않을 것
이니라.
57 봉급을 주는 부하에게도 감히 그와 같
은 말을 하지 못하며 직원에게도 하지
못할 이와 같은 철면피 같은 말을 서
슴없이 하는 것이 종교 집단 지도자니,
58 나의 법전 한 장에 기록하는 것 자체
도 내가 용납하고 싶지 아니하나, 더
럽고 추한 자들의 그 모습을 기록하여
전하지 아니하면 만백성을 깨우칠 수
없기에 이와 같은 내용까지도 기록하
여 전함이니라.
59 주의 종의 마음을 기쁘게 해 사역하도
록 하라, 그래야 만백성이 은혜를 받
는 것이다 그리 말함이니,
60 나의 피조물 만백성들과 너희와 나의
아들 예수도 너희와 같은 형제라 말하
였거늘, 어찌하여 감히 나의 아들만도
못한 너희를 기쁨으로 사역하고 모시
는 것이 나로부터 상을 받고 축복을
받는다 그리 말하며 구원의 길이라 말
하는가?
61 이 얼마나 사악한 자들이냐? 그 사악
한 자들 앞에 구원을 받고자 영광이
요, 축복이라 말하며 또한 거기다 바
치는 자도 똑같은 자이니라.
62 그 추하고 더러운 자들에게 바침으로
인하여 구원을 받는다는 그와 같은 생
각을 하고 있으니, 너희는 장사꾼이
요, 악을 거래하여 사서 기르면서 악
의 씨를 네 몸에 받아들이는 것이니
그리 알라.
63 내가 오늘 이 내용을 나의 법전에 기
록하는 자체를 절대 용납하고 싶지 아
니하나, 이리하지 아니하면 너희를 가
르칠 수 없기에 상세히 이 내용을 가
르치니,
64 이것이 구원의 길에 오르는 두 번째
가장 중요한 역사라 그리 가르치는 것
이니 사악한 자들의 행위이니라.

7,097 번째 하나님 말씀

2003년 8월 11일 07시 49분

1 사랑하는 나의 아들아!
2 "네, 아버님! 말씀하옵소서."
3 만백성을 인도하는 목자요, 나의 아들
너는 가장 작은 실수요, 가장 작은 것
에 대해 함부로 생각하는 그와 같은
마음을 가져서는 아니 되며 그리 행동
해서는 아니 됨이니라.
4 아무리 작은 것이라 해도 실수하지 않
는 그 마음이요, 모든 것을 어기지 않
으며, 네가 지켜야 할 것을 지키지 않
고 가서는 아니 될 것이니라.
5 모든 것을 정확하게 지키고 살아가는
그와 같은 습성으로 변해야 하느니라.
6 모든 것은 스스로 자신이 가장 잘 알
며, 자신의 약점과 장점을 잘 알고 있
음이니,
7 너희 스스로 가진 단점을 버리고 장점

을 살리는 변화되는 삶으로써 살아가
면 되는 것이 곧 하늘에 오르는 길이
니라.
8 작은 약속도 함부로 해서는 아니 되
며, 그 약속을 지키지 않으면 아니 되
며, 그리고 행동을 함에 있어서 작은
것을 남에게 모범이 되는 그와 같은
삶을 살도록 하는 것이 가장 중요함을
알아야 할 것이니라.
9 이제 너를 따르는 제자들과 나의 법전
을 읽는 백성 너희는 가장 작은 약속
을 지키며, 가장 작은 것을 실수하지
아니하며, 가장 작은 것을 믿음으로써
모든 것을 해결해 나가며, 남으로부터
신뢰받는 자신으로 변하는 데 최선을
다해야만 되는 것이니라.
10 그렇지 아니하고는 바로 설 수 없음을
알아야 할 것이니라.
11 이제 어렵고 힘든 고비라 하여도 실수
하지 아니하며 남에게 지키지 못할 약
속을 하지 아니하며,
12 그리고 남이 보지 않는 곳에서 신뢰받
지 못하는 행위를 하는 것을 아무도
모를 것 같으나, 하늘이 알고 땅이 안
다 하지 않더냐?
13 그리고 곳곳을 스치며 지나가는 그 바
람이 다 알고 있음이니라.
14 그리고 나 여호와가 그보다 더 정확히
그 모든 것을 알고 있음이니, 그러니
너희는 지나가는 바람에 부끄럽지 않
은 삶을 살아야 할 것이니라.
15 너희가 하는 것 모두를 다 알고 있음
이니라.
16 그리고 천사들도 알고 있으며 또한 사
탄도 알고 있음이니라.
17 그러니 너희가 얼마나 바르고 곱게 살
아야 하는가?
18 너 자신을 비추어 한 점의 부끄럼이
없는 완벽한 삶으로 살아가는 변화된
자세가 소중하니라.
19 너희가 완벽하게 부끄럽지 않게 그리
고 바람에 부끄럽지 아니하며 나 여호
와에게 부끄럽지 아니한 그와 같은 삶
을 살아갔을 때, 모든 백성이 너희 얼
굴에서 그 모두를 알며 그를 다 읽고
있다는 것을 알아야 할 것이니라.
20 너희가 속이는 것을 모를 것 같으나,
속이면 속이는 대로 알고 있으며 진실
을 말하면 진실을 알고 있음이니라.
21 그러니 작은 것부터 흔들리지 않는 마
음으로 살아가라.
22 작은 것에 부끄럼이 없는 마음으로 자
신을 다스리고 살아가라.
23 완벽한 삶을 살도록 그리하라, 사랑하
는 나의 아들아!
24 그것만이 네가 만백성을 구하는 길이
고 나의 법전이 세상에 나오고 새로운
성경이요, 새로운 심판의 시대가 열렸
다는 것을 그 모두가 다 알 수 있을 것
이니라.
25 누구도 갈 수 없는 완벽한 길이요, 누
구도 행할 수 없는 고난의 길을 가야
하는 것이 너임을 알라, 사랑하는 나
의 아들아!

7,098 번째 하나님 말씀

2003년 8월 11일 07시 56분

1 사랑하는 나의 아들아!
2 **"네, 아버님! 말씀하옵소서."**

3 지금의 모든 종교 집단이 나 여호와의
이름으로 명한다 하며 믿음의 길을 가
는 그 신도들에게 직함을 주어 임원이
라 말하며, 또한 실세라 말하며, 교회
를 움직이는 중추적인 역할을 하는 자
들이라 하여 그들에게 돈을 받고 직급
을 팔아 임원이라 명함이니,
4 너희는 그와 같은 행위를 하면서 과연
어찌하는가?
5 직급을 받음으로써 나 여호와가 인정
하는 사람으로서 거듭 태어난다 하여
그들에게 많은 재물을 받고 그 이름
앞에 직급을 붙여 줌이니라.
6 그 이름 앞에 직급을 붙여 팔아먹으면
서 나 여호와로부터 인정받는 시대가
열린다 그리하느니라.
7 욕심에 눈이 어두워 재물을 주고 그
이름을 사는 자를 내가 인정하며 은혜
를 베풀어 주겠는가?
8 진실한 믿음이요, 참진리의 길을 가고
자 하며 하늘을 향하여 한 점의 부끄
럼이 없이 살아가는 그 백성을 나는
사랑하며 그를 인정하며 그를 내 자식
으로 받아들인다는 것을 너희는 잊지
말라.
9 재물을 많이 주고 임원의 명칭을 사는
것이 하늘의 기업을 받는 것이라 그리
말하느니라.
10 나 여호와는 나의 기업을 아무에게나
넘겨줄 수 없으며 유업을 넘겨줄 수
없다는 것을 알라.
11 이 세상을 통제하는 것은 나의 아들
한 사람을 통해서 하며,
12 그리고 또한 그를 통하여 깨끗하게 변
화되며 하늘에 오르는 그 길을 위해
진리를 탐구하며 천사가 되는 자들이
나의 아들과 더불어 기업을 이루며 나
로부터 유업을 받아 역사하는 자들로
서 거듭나느니라.
13 거듭나는 자만 나에게 유업을 받을 수
있으며 나의 기업을 이어받을 수 있거
늘,
14 돈으로 그저 이름을 사고 각종 재물을
받고 파는 그 임원이라는 명칭을 받음
으로 나의 유업이요, 기업을 이어받는
다는 감언이설로 그들을 유혹하지 말
라.
15 천사와 같이 변한 백성이요, 믿음을
바로 가는 백성이 더 소중하다 했음이
니, 그들이 그 뜻을 이루는 것이요,
16 사악한 행위를 하면서도 재물을 주고
임원이 되는 그와 같은 짓을 하지 말
라.
17 임원이 되는 것을 생명의 면류관을 받
는 것이라 그리함이니라.
18 너희가 거듭 태어나는 것을 생명의 면
류관이라 함이니라.
19 죄짓고 사악한 자는 천국에 갖다 놓아
도 숨이 막히고 가슴이 터져 천국에
있지 못하며, 스스로 지옥문으로 기어
내려간다고 말하였거늘,
20 어찌하여 성금을 주고 이름을 산 그
임원이라는 자들은 무조건 생명의 면
류관을 받으며 거듭 태어난다 말하느
냐?
21 너희는 돈으로 팔고 사는 것이니, 그
저 재물만 받으면 구원을 한다고 하느
니라.
22 그리하여 내가 하지 말라는 사업을 하
는 자에게 가서도 그 사업이 잘되기를

기도하며 불과 같이 일어나라 하며,
나 여호와가 항상 같이 있다고 말하며,
23 사악한 자도 재물만 많이 바치면 그를
의인으로 만들어 뒤집어씌우며, 의인
의 면류관이 예비 되어 있음을 알라
그리 말하느니라.
24 임원으로 되는 자는 의인의 면류관이
준비되어 있다 하나, 의인이 무엇이더
냐?
25 나의 아들 예수와 같이 사는 자요, 천
사와 같이 산 자요, 하늘을 향하여 한
점의 부끄럼이 없는 정녕 변화된 삶을
사는 것이 의인이 쓸 수 있는 면류관
이거늘,
26 너희는 재물을 바쳐 명칭만 사면 의인
이 된다 그리 말하며,
27 재물을 주고 사는 그 순간에 의인이
된다 함이니,
28 항상 돈으로 살 수 있는 상점의 무슨
과일 팔듯이 준비되었다 그리하느니
라.
29 장사꾼이 장사하기 위해 모든 것을 준
비해 놓은 것처럼 모든 이름을 그저
종이에 써 놓고 돈만 내면 갖다 붙여
주며 그것이 바로 의인이 되는 면류관
이 준비되었다고 말하느니라.
30 그 이름을 사는 순간에 영광의 면류관
을 쓴다 함이니, 준비된 것을 재물을
주고 사면 되는 형국으로 가니,
31 나는 그와 같이 거래하는 사악한 자들
을 기억하지 아니하며 오로지 믿음으
로써 변하는 자, 나의 십계명을 지키
고 살고자 노력하는 자, 너희가 이방
인이라 말하는 그들도 나의 십계명에
따라 살아가는 그 백성을 내가 사랑하
느니라.
32 너희는 수고한 대로 복을 받는다 그리
말하느니라.
33 정녕 나의 참진리요, 나의 뜻을 따라
노력하는 자는 내가 그를 항상 생각하
며 은혜를 내리는 것은 당연한 것이니
라.
34 너희가 죽어 나에게 와 심판을 받을
때 내가 그 은혜를 내릴 것이니라.
35 사탄이요, 사악한 자 앞에서 일하는
것이 복을 받는다고 말하며 나로부터
큰 은혜를 받는다는 그와 같은 말을
듣지 말라.
36 재물을 많이 주고 명칭을 사 임원이
되었을 때 하나님 나 여호와의 자식이
된다고 그리 말하나,
37 너희는 이 세상에 나감으로써 나의 아
들딸이라 함이니라.
38 임원이 되지 아니하여도 나를 아버지
라 부르며 나의 자식이 될 수 있다 그
리 말하며 그리하여 구원을 받은 자들
이라 그리 말하면서,
39 어찌하여 재물을 주고 네 이름 앞에
명칭을 하나 더 사서 붙인 임원이라는
자들이 하나님의 자녀가 된다 그리 말
하는가?
40 한 입 가지고 두 말하며 사기극이 극
에 달해 있으니,
41 이와 같은 자들에게 현혹되어 지옥으
로 가는 어리석은 삶을 살지 않도록
나의 백성을 일깨워 바로 살도록 그리
하라, 사랑하는 나의 아들아!

7,099 번째 하나님 말씀

2003년 8월 11일 11시 15분

1 사랑하는 나의 아들아!
2 "네, 아버님! 말씀하옵소서."
3 모세의 시대에 가나안 땅으로 들여보
내려 하였으나 우상을 만들고 모세의
뜻을 거역하며 나의 뜻을 거역한 백성
의 그 사악한 역사가 있었으며,
4 또한 나의 아들을 보내어 너희를 구원
하고자 했던 신약 시대에 나의 아들을
받들고 같이 더불어 가야 할 종교 집
단이요, 대제사장들이 저희의 추한 모
습이 드러날 것이 두려워 나의 아들인
줄 알면서 모함으로 그를 죽게 한 자
들이 첫 단추를 잘못 끼웠다 하였음이
니라.
5 그 잘못 끼워진 그 첫 단추가 지금까
지 흐르고 흘러 이와 같이 오늘의 세
상이 이루어졌음이니,
6 너희는 과연 오늘의 이 세상의 존재함
이 어떻다 말하는가?
7 이것이 바로 서 있으며 바로 이루어졌
다고 말할 수 있는가?
8 그렇다면 너희가 이제는 돌아다봐야
할 것이니라.
9 나의 피조물 만백성들이 수천 년 동안
살아오면서 지금 어떠한 역사가 이루
어졌느냐?
10 사람이 사람을 믿지 못하는 그와 같은
형국으로 되었음이니, 이것이 과연 참
진리요, 진정한 깨달음의 길을 온 백
성의 삶이라 말할 수 있는가?
11 인간이 인간을 믿지 못하는 이와 같은
험악한 세상이 된 것은 잘못되었음을
너희는 알아야 할 것이니라.
12 얽히고설킨 이 실타래를 어떠한 방법
으로도 풀 수가 없으며 이를 바로잡을
수가 없는 형국의 세상이 이루어졌음
이니, 이를 과연 어찌 잡아야 하며 어
찌 세워야 하는가?
13 내가 너희에게 뭐라 말하였느냐?
14 너희는 모두 나의 지식이요, 나의 아
들딸이니,
15 나의 성령으로써 충만한 백성이라면
너희가 나와 교류를 할 수 있으며 서
로 교류를 하며 정을 나누고 살 수 있
는 삶의 기틀이 다져져야 한다 하였음
이니라.
16 그러나 인간이 인간을 두려워하며 인
간이 인간을 무서워하는 이와 같은 험
악한 세상으로 흘러온 오늘의 시점이
과연 바른 믿음이요, 진정한 믿음의
길로 왔다 생각하는가?
17 그러니 그것이 잘못되었다 함이니라.
18 너희가 이 세상에 지금에 살아가며 가
장 대표적으로 스스로 깨달을 수 있는
것이 있지 않으냐?
19 진정한 믿음이요, 아름다운 믿음이요,
나의 아들 예수를 통하여 내가 너희를
깨우치고 가르치고자 했던 그 역사가
그대로 흘러왔다면 오늘의 이와 같은
세상은 되지 아니하였을 것이니, 너희
가 가장 대표적으로 깨달을 것이 무엇
이더냐?
20 착하고 선량한 백성은 세상에서 살지
못하며 착하고 아름답게 살고자 하는
자는 항상 손해를 보며,
21 제 이익이요, 제가 챙길 것을 챙기지
못하며 뒤로 밀리며 짓밟히며 그저 고

통과 시련 속에서 살아가는 그와 같은
세상이 되어 있음이니,
22 이것은 가장 대표적으로 종교 집단이
요, 지도자들이 잘못 온 길이며, 첫 단
추를 잘못 끼워 내 뜻이 아니요, 사탄
의 뜻으로 살아온 세상을 만들었기 때
문이니라.
23 너희는 뭐라 해도 말할 수 없음이니라.
24 너희보다 많은 집단이요, 많은 인원을
동원하며 많은 지도자를 내서 나에게
오르는 길이요, 나 여호와의 뜻대로
살아 만백성이 하늘에 오르는 길이라
가르치는 그 집단보다 방대한 조직이
없음이니라.
25 가장 큰 방대한 조직이 지금의 세상을
살아가는 형국을 보라.
26 선하게 사는 자, 양심적으로 사는 자,
그리고 깨끗하게 사는 자가 빛을 보며
은혜를 입으며 아름답게 사는 세상이
이루어져야만 모든 백성이 아름답고
착하고 그와 같은 삶으로 살아가도록
노력할 것이니라.
27 지금의 세상은 사악하게 잘못 가르치
고 잘못 지도해 왔기 때문에 선한 자
요, 정의롭게 사는 자는 항상 뒷전이
요, 항상 힘들고 어려운 길을 가며, 손
해를 보고 사는 세상이 되어 있는 형
국이 아니더냐?
28 그것이 너희의 대표적인 가장 큰 죄임
을 알아야 할 것이며, 너희가 잘못된
것을 증거하는 것임을 알아야 할 것이
니라.
29 너희가 바른 세상으로 바로 가르쳤다
면 양심적이요, 정도에 따라 살아가고
자 하는 자, 양보하며 아름다운 마음
을 가지고 살아가는 자가 대우받으며
아름답게 사는 자가 당당히 살며 손해
보지 않고 대우받는 세상이 되어 있을
것이니라.
30 그러나 너희는 사탄이요, 사악한 자들
로써 이 세상을 덮었으며 사탄의 자식
으로서 뿌리를 내렸기 때문에,
31 선하고 아름답게 살고자 하는 그 선한
뿌리요, 천사와 같은 마음을 가지고
이 세상에 살 수 없게 하여 놓았으며,
그는 항상 손해를 보며 뒷전으로 밀려
나며 짓밟히는 그와 같은 흐름의 세상
으로 만들어 놓았음이니라.
32 모든 백성이 말하기를, '나 혼자만 착
하면 무엇하며 나 혼자만 선하면 어찌
하는가? 늘 손해 보고 늘 적자 보고
밀지는 것은 나다.' 그리하여 모든 백
성이 악의 무리가 흘러가는 그 속에서
벗어나지 아니하며,
33 그저 남이 가는 길이니 나도 가며, 남
이 가는 삶이니 나도 그대로 살아가겠
다는 그와 같은 부류로 만들어,
34 그 마음에서 한 발짝 더 나가니 사탄
이요, 사악한 자로 변질하게 하였음이
니라.
35 너희가 진정한 가르침이요, 진정한 진
리요, 나 여호와의 뜻을 가르쳤다면
선하고 아름답게 사는 자가 세상의 은
혜를 받음이니, 선하고 아름답게 살아
은혜를 받고자 노력하는 백성으로서
이 세상을 충만하게 만들었다면,
36 선한 것은 선함을 낳음이니 지금은 하
늘의 천국같이 이루어졌으며, 하늘에
서 이루어진 것같이 이 땅에서 이루어
졌을 것을,

37 악한 자만 존재하며 선한 자는 항상
손해를 보며 발붙일 수 없는 이와 같
은 세상으로 만들어 놓은 것이 오늘의
종교 집단이니라.
38 그리 만든 자가 바로 내 뜻을 거역하
니, 사탄이라 말하며 죽은 자들이 모
여 있으며 마귀들이 들끓는 교회가 이
세상을 다 지배하고 덮고 있다 함이니
라.
39 너희가 말하기를 교회는 공동묘지요,
죽음의 묘지가 아니라,
40 그 안에 있는 자들이 사탄이요, 마귀
들이요, 물고 뜯을 그와 같은 준비를
하고 있으며 나의 피조물 만백성들을
그저 삼키려는 만반의 준비를 하고 먹
이를 호시탐탐 노리는 그와 같은 자들
이 되어 있음을 너희는 알아야 할 것
이니라.
41 줄을 쳐 놓고 나약한 먹이가 날아와서
걸려들기만을 기다리는 거미보다도
더 사악한 방법으로 사악한 뿌리를 내
리고 지금 선하고 착한 백성이 걸려들
기만 눈을 뜨고 호시탐탐 노리는 것이
종교 집단이요, 교회 안의 사악한 자
들의 모습임을,
42 나의 아들은 그 그림을 보고 있으며
그 형상을 다 보고 있으며, 그것이 지
옥이라는 것을 다 보는 나의 아들의
마음을 너희는 알아야 할 것이며,
43 그를 보고 있기에 그가 모든 것을 희
생해서라도 그중에서 인간다운 인간
을 구원하고자 하는 것이며, 오늘의
어렵고 힘든 길을 마다치 않고 가는
그를 알아야 할 것이며,
44 그에 감사하는 마음을 가져야 할 것이
며 은혜로운 마음을 갖고 살아야 하거
늘,
45 사탄이요, 이단이라 하여 찢어 버리고
죽이고 태워 버리려는 그와 같은 사악
한 마음을 가진 것이 너희니라.
46 나의 법전에 기록한 내용이 무엇이 잘
못되었으며 너희를 지옥으로 이끌어
가는 내용이 기록되었는가 보라.
47 그렇지 않다면 너희가 잘못된 자들이
라는 것을 이제라도 시인하고 깨우쳐
바로 가야 할 것이니 그리 알라.
48 썩을 대로 썩어 병든 종교 집단이요,
지도자는 구할 수 없다 해도,
49 아직 전염병에 감염되어 가고 있어 치
료할 수 있으며 돌이킬 수 있으며 구
원할 수 있는 것이 그 신도들이니,
50 그들을 위하여 너희가 최선의 노력을
다하여 불쌍한 나의 백성을 구원토록
그리하라, 사랑하는 나의 아들딸들아!

7,100 번째 하나님 말씀

2003년 8월 11일 11시 20분

1 사랑하는 나의 아들아!
2 "네, 아버님! 말씀하옵소서."
3 성령이 임할 수 있는 아름다운 삶을
살아갈 때, 모든 성령을 통하여 너희
에게 은사가 내려지며 성령의 기초로
부터 모두 받을 수 있는 것이며,
4 모든 지혜에 의하여 판단할 수 있는
은혜요, 그리고 역사할 수 있는 그 모
두를 성령이 임한 백성은 받을 수 있
으며 그리 변화될 수 있다는 것을 너
희에게 전하고 깨우쳤음이니라.
5 그러니 너희가 진정한 참진리의 길을

가며 바른 삶을 살고자 하면 모든 은
혜로써 받을 수 있으며, 성령이 충만
하지 아니한 사람은 아무것도 이룰 수
없으며 그는 참진리를 볼 수 없으며
나에게 오를 수 없다 내가 그리 말하
였음이니라.
6 그러나 모든 종교 집단이요, 지도자들
이 지금 잘못 가르치고 있으며 그들
자신이 잘 알지 못하고 있기에 그저
저희 손으로 지은 곳에 와 기도하고
경배하면 구원을 받는다 그리하느니
라.
7 성령이 임하는 것은 너희 가슴에 임하
는 것이 진정한 성전이요, 성령이라
하였거늘, 너희 손으로 지은 교회요,
그 건물 앞에 와 기도하고 경배하는
것만 구원을 받는다고 가르침이니라.
8 그러나 이제라도 바로잡고 바로 깨우
치지 아니하면 정녕 나로부터 성령의
은혜를 입을 수 없으며 나로부터 구원
의 길을 갈 수 없다는 것이니라.
9 모든 종교 집단이요, 지도자들은 개인
의 가슴속에 성령이 아름답게 살 수
있도록 바로잡아 가면 구원의 길에 오
를 수 있다 그리 가르치면 될 것을,
10 뭐라 가르치며, 나의 피조물 만백성들
에게 고통과 재물을 거둬들이며 노예
와 같이 부리고 다스려 가는지 아느냐?
11 지정된 교회요, 지정된 장소에서 지정
된 전문적인 목회자라는 명칭을 가진
자, 인간이 내려 준 그 명함을 가진 자
의 설교와 기도를 듣는 것만 구원을
받을 수 있으며 성령이 충만될 수 있
다고 말하며,
12 너희가 설치하고 시설해 놓은 그 교육
장소요, 그 종교 지도자들이 가르치는
교육 과정을 거침으로써 성령이 역사
하는 것이라 그리 가르치느니라.
13 성령이 역사하는 것은 나의 피조물 만
백성이 바르게 살고 곱게 살고자 하는
그와 같은 자에게 임하는 것이 아니라,
14 너희가 정해진 장소요, 한정된 곳에
가서 가르치고 듣는 자들만 성령이 임
할 수 있으며 성령을 받아들일 수 있
다고 가르치는 이것이 잘못되었음을
너희는 알아야 할 것이니라.
15 너희가 고정된 틀 속에서 특정한 사람
들에게 특정된 장소에서 기도하고 깨
우치는 것만 성령이 임하는 것이며 성
령이 충만한 은혜를 받을 수 있다는
가르침에서 변화되어야 할 것이며,
16 그곳에서 탈퇴해야 하며 그곳에서 벗
어나는 자만이 구원을 받을 수 있음이
니라.
17 모든 성령은 너희 가슴에 있으며, 가
슴에서 스스로 변하는 것이 가장 소중
하며,
18 어떠한 것도 너 자신이 스스로 변하는
것을 능가할 수 있는 가르침이 없으며
그보다 위대하고 능가할 수 있는 것이
아무것도 없다는 것을 너희는 알아야
할 것이니라.
19 너희 자신이 스스로 변화되는 그 역사
의 힘은 그 무엇도 어떠한 스승도 어
떤 종교 지도자도 능가할 수 없다는
것을 알았다면,
20 이제는 너희 스스로 벗어나는 삶을 살
아야 할 것이며, 지금의 고정관념의
그 틀 속에서는 절대 구원받을 수 없
다는 것을 알라.

21 성령은 지정된 종교 지도자요, 목회자
요, 지정된 장소요, 지정된 장소의 교
육 과정이요, 설교를 듣는 것으로써
성령이 임하는 것이 아니니라.
22 그 모두도 다 너희 자신이 변하고 깨
우쳐 가는 그 위대한 것을 능가할 수
없으며 넘을 수 없다는 것을 알라.
23 그들로부터 무엇을 이루고자 하는 생
각을 버리며, 나의 십계명이요, 나의
뜻대로 살아가는 그와 같은 마음으로
변화를 이룰 때, 너희에게 성령이 임
하게 되며,
24 그 성령이 임했을 때, 하늘로 인도하
는 길을 안내받을 것이며, 너희가 은
사를 입을 수 있다는 것을 잊지 말라,
사랑하는 나의 아들딸들아!

7,101 번째 하나님 말씀

2003년 8월 11일 11시 25분

1 사랑하는 나의 아들아!
2 "네, 아버님! 말씀하옵소서."
3 내가 이 세상에 나의 백성을 창조한
것은 똑같은 방법이요, 똑같은 은혜로
써 이 세상에 나온 것이 아니더냐?
4 누구는 특별한 은혜와 영광을 받아 이
세상에 탄생한 백성이 아니요, 똑같은
방법과 똑같은 형태로써 이 세상에 태
어났음이니, 누구나 다 똑같은 자라는
것을 알아야 할 것이니라.
5 그러니 수천 수억의 헤아릴 수 없는
나의 백성이 있다 하나, 창조주 내 앞
에서는 너희는 높은 자가 없으며 또한
그보다 낮은 자가 없는 것이 나의 아
들딸임을 알아야 할 것이니라.
6 너희는 내 앞에 높고 낮음이 없으며
귀하고 천한 것이 없으며 똑같은 백성
이니라.
7 그러나 똑같은 백성 중에서 종교 집단
이요, 지도자들은 오만방자하여 저희
가 영적인 귀족인 것처럼 그리 행세를
하는 것이니라.
8 그들이 영적인 귀족 행세를 하며 너희
를 노예요, 종과 같이 부리고자 하는
사악한 자들이니,
9 모든 종교 집단이요, 지도자들이 영적
인 귀족이라는 그 착각에서 벗어나지
못하며 그 틀을 벗어나지 못하며 그를
떼어 내지 못하는 자,
10 그들로 하여금 지금 나의 피조물 만백
성들이 수없이 지옥으로 가는 그와 같
은 험악한 세상이 되었음을 알아야 할
것이니라.
11 지금 종교 지도자들이 영적인 귀족이
요, 영적으로 높은 자들이요, 그리하
여 특별한 백성이라는 착각 속에 있기
때문에 진리를 가르치지 못하며 진리
를 알지 못하고 있음을 너희는 알아야
할 것이니라.
12 또한, 그와 같이 영적인 귀족이라는
착각 속에 병들어 있는 그들이 가르치
는 것을 그대로 듣고, 구원을 받을 것
이며 고통에서 벗어나며 하늘에 오르
는 길이라 하여 지금 발 벗고 달려오
는 신도라는 백성 또한 영적인 구원이
있을 수 없음을 알아야 할 것이니라.
13 지금의 모든 종교 집단이요, 지도자들
이 바로 서고 참진리를 알며 나 여호
와의 가르침을 알고 만백성을 인도하
기 위해서, 저 자신이 영적인 귀족이

라는 그 틀을 벗어나지 아니하면 아니
되며, 나의 백성과 차별화 속에서 존
재한다 하면 아니 되느니라.
14 오죽하면 저희를 높이 받드는 자가 나
에게 구원을 받으며 종교 지도자인 저
희에게 대들지 않고 갑론을박 따지지
않으며 저희가 잘못하는 것을 탓하지
않는 것이 신도들이 가는 길이며 종교
지도자들을 받드는 길이라 하겠는가?
15 너희는 영적 귀족에 젖어 미쳐 있고,
거기에 너희 자신을 돌아다보는 그 한
계가 지금 하늘을 치솟는 사악한 자들
이니, 그곳에서 너희 인생을 저버리지
말도록 그리하라.
16 다시 태어날 수 있는 소중한 거듭남을
잊어서는 아니 될 것이니라.
17 모든 종교 지도자는 영적인 귀족이요,
영적인 특별한 백성이라는 생각에서
벗어나서, 평범한 나의 백성과 형제
요, 평범한 자로서 봉사하는 자요, 그
리고 낮은 자요, 형제들을 위해서 일
하는 자라는 것을 절대 잊어서는 아니
될 것이니라.
18 나의 성령이요, 나의 뜻을 대신하는
목자는 봉사하는 평범한 백성보다도
더 낮은 자세로써 살아가야만 된다는
것을 알라.
19 그리 가야만 너희는 하나로 이루어질
수 있으며, 모두 다 같이 한 형제로서
역사할 수 있을 것이니라.
20 나의 성령은 무엇이더냐?
21 아름답게 조화를 이루어 너희가 평등
하게 살아가는 세상이요, 그와 같은
백성이 존재하도록 하기 위함이거늘,
22 지금 종교 집단의 지도자들이 봉사자
라는 자세를 버리고 저희가 영적 귀족
이라는 그 환각에 빠져 있는 한 나의
피조물 만백성들은 성령으로써 하나
를 이룰 수 없으며, 이 세상의 교파가
하나가 될 수 없음이니라.
23 영적인 귀족이요, 저희들의 혈통이 나
여호와의 것이라 부르짖는 한 그들로
인하여 조화를 이룰 수 없으며 하나가
될 수 없으니,
24 그들을 이제는 단죄하며 그들이 이 세
상에서 뽑혀 나갔을 때, 나의 사랑하
는 순수한 백성이 조화를 이루며 영적
으로 하나가 되어 내가 원하는 아름다
운 세상이 이루어지는 것이라는 것을
알라.
25 천국에서 이루어지는 것처럼 이 지상
에서 이루어지는 것은 영적인 귀족 병
에 걸려 있는 그들부터 먼저 단죄하고
뽑아내는 데 앞장서는 자가 나의 전사
요, 일꾼이 됨을 잊지 말라, 사랑하는
나의 아들딸들아!

7,102 번째 하나님 말씀

2003년 8월 11일 11시 30분

1 사랑하는 나의 아들아!
2 "네, 아버님! 말씀하옵소서."
3 네가 나에게 경배의 기도를 드리지 아
니하며 십계명을 암송하며 나의 뜻을
받지 아니하면 나의 160권의 법전은
세상에 나오지 아니하며 만들어지지
아니함을 네가 잘 알고 있을 것이니라.
4 그러니 네가 오늘의 가는 그 길을 힘
들고 고통스럽다 그리 말하지 말라.
5 너희는 '대를 위하여 소가 희생된다'

는 말을 수없이 하고 있음이니,
6 네가 바로 이제 만백성을 위하여 너
자신을 모두 태워 던지는 그와 같은
삶을 살아가야 하며 네가 가야 할 길
이라는 것을 너는 알고 있지 않으냐?
7 그러니 네가 기도요, 경배함을 힘들고
어렵고 고통스럽다 하여 태만한 마음
으로 가서는 아니 됨이니,
8 모든 것이 즐거우며 영광이요, 축복이
라는 마음으로써 너 자신을 다스려 가
야 함을 잊지 말라, 사랑하는 나의 아
들아!
9 지금의 모든 백성이 성령으로 임하였
다면 하나가 될 수 있으며 저희와 나
여호와와 대화요, 모든 것이 통달되는
그와 같은 아름다운 삶을 살아갈 수
있는 세상이 되었을 것이나,
10 그들이 성령이 임하지 아니하여 사악
한 마음이요, 욕심을 버리지 못하는
그와 같은 마음으로 살아왔기 때문에
오늘날 이 세상이 이리되었음이니라.
11 내가 너희에게 전함이니, 성령으로 임
하는 것은 서로 경쟁하며 시기 질투하
면서 이끌어 가는 것이 아님을 너희는
알아야 할 것이니라.
12 성령이 임한 백성은 경쟁하지 않도록
이끌어 가는 것이니라.
13 그러나 이 세상은 모두 다 경쟁으로서
지금 이끌어지며 경쟁으로써 뒤덮여
있으며 시기 질투로써 모두 이루어졌
음이니라.
14 경쟁하도록 이끌어 가지 않는 것이 나
여호와의 성령이요, 나의 뜻이며, 그
리하여 너희가 아름다운 조화를 이루
도록 하여 하나가 되도록 하는 것이
성령이 임한 백성이요, 성령으로 충만
한 백성이 살아가는 그 기본이요, 틀
이니라.
15 그러나 지금 교회요, 모든 교파와 그
를 가진 너희는 성령을 갈기갈기 찢어
놓는 짓만을 하고 있으며,
16 성령을 하나로 만드는 것이 아니요,
성령이 하나로 합칠 수 없도록 만들어
놓는 일에 모두를 다 바치는 자들이니
라.
17 영원히 하나가 될 수 없는 지금의 믿
음의 교리와 교파 그들로 하여금 나의
피조물 만백성들이 갈기갈기 찢어져
서로 황폐한 세상이 되었음이니, 이제
는 그들을 뽑아낼 때가 되었음이니라.
18 그리하여 다시 태어나는 백성을 막는
그 사악한 종교 집단이요, 지도자요,
가라지를 다 뽑아내고 제거하여 불 속
에 태워 버리는 그와 같은 역사가 이
루어지는 것이 지금에 있어야 할 일이
며 이제 그를 행하는 것이니라.
19 그러니 거기에 대명을 받은 자의 그
소중함을 알아 잠시도 게을리해서는
아니 됨을 너희는 알아야 할 것이니라.
20 모두를 다 태워 버리고 그들을 따라
지옥으로 가는 그 백성을 다시 태어나
는 길로 깨우치는 데 그 역사함을 잠
시도 게을리해서는 안 되며 소홀히 해
서는 아니 됨이니,
21 이것이 오늘 너희가 지키고 행해야 할
길이라는 것을 절대 잊지 말라, 사랑
하는 나의 아들딸들아!
22 지금과 같이 경쟁하는 것으로써 모든
종파로 인하여 나의 백성이 갈기갈기
찢어져 있는 것은 진정한 믿음이 아니

요, 진정한 진리가 아니요, 하늘에 오
르는 길이 아니요,
23 사탄이요, 사악한 자가 나의 피조물
만백성들이 참진리로 하나가 되어 뭉
치지 못하도록 사악한 짓을 하는 것임
이니,
24 오늘의 종교 집단이요, 지도자들이 자
신도 모르게 지금 그들의 앞잡이가 되
어 그들을 위하여 역사하고 있는 불쌍
한 삶을 사는 것이니라.
25 그들을 바로 깨우쳐 하늘에 오르는 참
진리를 볼 수 있도록, 이제는 나의 피
조물 만백성 너희가 역사할 때임을 알
아야 할 것이니 그리 알라.

7,103 번째 하나님 말씀

2003년 8월 11일 11시 39분

1 사랑하는 나의 아들아!
2 "네, 아버님! 말씀하옵소서."
3 나의 백성 너희는 복종하는 마음과 순
종하는 마음이요, 겸손하고 아름다운
마음으로써 모두 하나가 되도록 변하
며, 그와 같이 변화되는 삶으로 역사
하도록 내가 바라는 것이니라.
4 그와 같이 너희가 하나가 되는 백성으
로 이루어지기 위해서 나로부터 내려
간 그 성령이 너희에게 충만되는 백성
이어야만 그 역사가 이루어질 것이니
라.
5 그리 너희에게 강조하고 강조함이니,
6 성령이 충만되는 삶은 무엇이더냐?
7 양심에 꺼림이 없는 것, 양심에 가책
을 받지 않는 삶을 살아가는 것이 바
로 성령이 임하는 길이라 하였음이니
라.
8 그 길을 살지 아니하며 그 길을 가지
않는 백성이 성령이 임하기를 바라며
성령이 충만되어 은혜요, 은사를 받는
다는 말은 다 부질없는 말이며 거짓이
며 환상에 젖은 것이요,
9 사탄의 꼬임에 넘어가서 쓸데없는 착
각 속에서 하는 말이라는 것을 알라.
10 지금 너희는 종교 집단과 지도자가 아
니라, 하나의 인격 형성으로써 인간의
능력으로 만들어진 인간의 조직을 역
사한 것이 지금 2천 년 동안 흘러온
그 세월이니라.
11 나 여호와를 경배하며 나의 아들을 찬
양하고 경배하여 참진리요, 하늘에 오
르는 나를 위한 종교 집단으로써 거듭
난 것이 아니요,
12 인간인 너희 자신의 능력으로써 인간
의 사조직을 만들었으며, 인간의 사조
직으로서 지금까지 그를 만들고 역사
한 것이 2천 년 동안 흘러와,
13 지금의 모든 종교의 교회라는 것이 이
세상을 덮는 이와 같이 험악한 형국이
되었음이니라.
14 내가 이루지 말라는 성전이요, 교회를
그와 같이 짓는 그 자체가 바로 무엇
인 줄 알겠는가?
15 인간의 조직을 인간의 능력으로써 성
장하는 데만 연연한 그와 같은 오늘의
결과이니라.
16 그리하여 내가 이제는 더 이상 너희의
그 한계요, 능력을 묵과하지 아니하
며, 단죄하고자 지금 나의 법전이 세
상에 내려감을 알아야 할 것이니라.
17 너희는 이해관계에 연연하여, 아무 대

가도 주지 못하며 역사하지도 못하며
진리를 가르치지도 못하면서,
18 인간의 능력이요, 인간의 생각이요,
인간의 그 조직을 굳건히 만들어 지금
나의 피조물 만백성들에게 내려 주는
것, 전해 주는 것도 없이 말로써 그저
공수표를 띄우면서 재물이나 거둬들
이는 그와 같은 행위를 하고 있음이니,
19 그를 완벽한 인간 조직으로 만들어 놓
은 것이 너희니라.
20 그리하여 인간 조직으로 성장되었으
며, 인간 조직으로써 성장된 그 속에
서 인간이 원하는 그 욕구를 충족시키
는 그와 같은 방법으로써 나의 피조물
만백성들을 가르치며,
21 지도자인 너희가 인간의 욕구를 충족
시키기 위해 나의 피조물 만백성들을
그 조직의 틀 속에 끌어넣어 지금 끌
고 가는 것이며,
22 그리하여 너희들이 특권층이나 되는
것처럼 그리고 영적인 귀족이 되는 것
처럼 모두를 잊어버리고 너 자신을 바
라보지 못하고 지금 살아가고 있느니
라.
23 그러니 내가 나의 아들을 통하여 명확
히 말하며 너희가 구원을 받고 못 받
는 그 뜻을 내가 전함이니,
24 지금까지 인간 조직에 의하여 인간의
욕구를 위해 인간이 만든 모든 조직이
요, 모든 기득권을 다 놓아 버리고 다
시 태어나는 삶을 살지 않는다면 참다
운 진리의 길을 볼 수가 없으며, 거기
에 올 수도 없으며, 그리 갈구하는 성
령이 너희에게 임할 수 없다는 것을
알아야 할 것이니라.
25 이제는 분쟁 없이 각자 시기하고 질투
하고 모함하는 마음을 완전히 뽑아냈
을 때 너희는 성령이 임하는 백성이
며, 거듭나는 것이며 나 여호와를 경
배하고 나에게 오는 길을 온다는 것을
잊지 말라.
26 모든 백성이 지금 순순히 거듭나는 그
와 같은 새로운 역사의 진통을 겪지
아니하면 나에게 올 수 없음을 알라.
27 내가 성령으로 임하며 나의 피조물 만
백성들이 사랑으로 사귀며 이웃과 사
랑으로써 아름답게 지내며, 하나가 되
어 아름다운 세상을 이루도록 내가 만
든 것이며 내가 원하는 것이니라.
28 그러나 하나가 되지 않으면 너희는 절
대 나에게 오를 수 없으며,
29 하나가 되는 사랑의 마음으로 이웃을
네 몸과 같이 사랑하는 그와 같은 마
음이 아닐 때는 너희는 정녕 나의 성
령이 충만할 수 없음이니,
30 성령이 충만되지 않은 자는 나에게 오
를 수 없음이니라.
31 지금 너희 자신의 마음속에서 진정한
마음이요, 선한 마음이요, 참진리요,
천사와 같은 마음이 너희 가슴속에서
우러나도록 너희 자신을 다스려 가는
것이 아니라,
32 지금 너희 마음속에서 한없이 우러나
오는 그 마음이요, 생각은 무엇인 줄
알겠느냐?
33 천사의 생각이 아니라 사탄의 지시에
만 지금 연연하고 있으며, 그 사탄이
내리는 지시에 귀를 기울이는 것이요,
천사와 같은 마음으로써 너희를 다스
리고 지시하는 그 마음은 듣지 아니하

는 것이 너희니라.
34 오로지 사탄이 내리는 그 사악한 가르
침에만 귀를 기울이고 그것을 얻고자
하며 거기에서 무엇인가를 이루고자
최선을 다하는 자들이니, 바로 너희가
무엇이더냐?
35 너희가 사탄의 자식이라 함을 여기서
잊지 말아야 할 것이니라.
36 너희는 여기에서 서로 반목하고 의사
가 대립되며 그리고 시시비비를 거는
것이 무엇이던가?
37 사탄에게 귀 기울이고자 하는 자들이
나의 성령을 침범하기 위하여 그를 무
너트리고자 하니, 나의 성령이 너희와
대적함이니라.
38 그러나 사탄에게 계속 힘을 실어 주며
사탄에게 응원군을 보내는 것이 지금
사랑하는 나의 피조물 만백성들이 하
는 짓임을 알아야 할 것이니라.
39 이제 반목과 의견이 대립하는 그 속에
서 당당히 선이 이기고 악을 뿌리치는
그와 같은 사탄의 말에 귀를 기울이지
않는 변화를 이루는 것이 가장 중요하
며,
40 그 변화를 이루지 못하는 자는 가슴에
성령이 임할 수 없음이니 곧 나에게
올 수 없는 것이니라.
41 그러니 너희 가슴에 성령이 임하지 아
니하여 죽은 자로 살다 지옥으로 가는
그를 보는 나 여호와의 서글픈 마음을
너희가 바로 볼 수 있으며 그를 느끼
고 깨닫는다면,
42 오늘과 같은 사악한 마음으로써 이 세
상을 지배하며 나의 피조물 만백성들
을 지옥으로 이끌어 가는 사악한 짓은
하지 않을 것이니라.
43 이제 모든 종교 집단은 가장 중요한
것은 너희 사조직으로써 만들었으며,
개인의 욕심이요, 사욕을 취하기 위해
만들고 이끌어 가는 그 모든 집단에
있는 기득권을 모두 뿌리치고,
44 성령으로써 다시 태어나, 나 여호와의
뜻이요, 참진리를 위해서 다시 살아가
는 그와 같은 삶의 길을 보지 아니하
면 너희는 나에게 정녕 오를 수 없으
며 지옥으로 간다는 것을 잊지 말라,
사랑하는 나의 아들딸들아!

7,104 번째 하나님 말씀

2003년 8월 11일 11시 46분

1 사랑하는 나의 아들아!
2 "네, 아버님! 말씀하옵소서."
3 네가 나에게 기도하여 나의 성령을 받
아 만백성을 구하는 법전을 한 권 한
권 만들어 감이니,
4 네가 한 권의 법전을 완성하여 세상에
내놓으며, 또다시 한 권의 법전을 만
들어 세상에 내며 쉬지 아니하고 바로
또 한 권의 법전을 만들기 위해 시작
하는 것을 너는 고통이요, 괴로움이라
그리 생각하는 마음을 고치며 다시 돌
려 잡으라 하지 아니하였느냐?
5 그러하거늘 네가 어찌하여 한 권의 법
전을 만들며 바로 쉬지 아니하고 또
한 권의 법전을 만들기 위해 시작하는
그 순간에 앞으로 한 권을 만들 수 있
는 그 시간과 그 기도에 대하여 어찌
하여 어렵고 힘든 그 마음이요, 고통
의 마음을 가슴에 안는가?

6 너는 그와 같은 마음을 갖지 말라 하
지 아니하였던가?
7 너는 이제 다시 마음을 돌려 잡아야
함을 명함이니, 네가 두 번 다시 그와
같은 생각을 해서는 아니 될 것이니라.
8 한 권의 법전을 만들고 쉬지 아니하고
바로 또다시 다음 한 권의 법전을 만
들기 위해 기도하고 경배하는 것을 고
통스럽고 어렵다 생각하지 말라.
9 한 권의 법전을 만들고 새로운 나의
성령의 뜻을 듣는 것을 기쁨이요, 영
광이라 생각하며,
10 한 권의 법전을 만들어 세상에 전하
면, 나의 피조물 만백성 그 많은 백성
이 그 한 권을 읽고 영광과 축복받는
길로써 나에게 올라와 나 여호와에게
기쁨을 주는 그와 같은 나의 기쁨만을
생각하며 시작하라 그리하였음이니
그리 알라.
11 이제 너희가 한 권이 완성되었을 때,
그 얻는 그 위대한 기쁨만을 생각하
며, 다시 시작할 때 고통을 생각하지
말라 했음을 잊지 말라.
12 네가 뭐라 해도 160권의 법전을 세상
에 만들어 낼 것이니, 네가 지금 80권
의 법전을 세상에 만들어 냈음이니라.
13 몇 년에 걸쳐 네가 나머지 80권을 만
들어 160권의 대장정의 법전을 세상
에 내려보내는 것을 생각하면,
14 힘들고 고통스러운 그 긴 세월을 어찌
넘어야 할 것인가 그리 생각하면 네가
오늘 나에게 기도하고 경배하여 법전
을 만드는 것에 태만과 게으름만이 있
음이니, 그 죄가 얼마나 무섭고 두려
운 것인가를 감히 아느냐?
15 그러니 너는 160권을 만들어 만백성
을 구했을 때 얻어지는 그 기쁨이요,
완성했을 때의 그 기쁨만을 생각하며
쉬지 아니하고 꾸준히 노력하고 가는
길밖에 없음이니라.
16 그것이 가장 현명한 자요, 현명한 방
법으로써 편안한 마음이요, 기쁜 마음
으로써 나의 법전을 만드는 역사를 다
할 수 있을 것이니,
17 오늘 이후부터 네 마음을 다시 돌려
잡아 바로 다스리도록 그리하라, 사랑
하는 나의 아들아!
18 나의 아들딸들에게 또한 그리 전하라.
19 그들 또한 만들고 역사하는 것이 지루
하고 고통스러운 것은 너보다도 너를
따르는 나의 아들딸들의 마음이 더 무
겁고 두려움이 있을 것이니라.
20 모두 무너지는 것은 아닌가, 모두 파
괴되는 것은 아닌가, 모두 흘러가는
것은 아닌가,
21 그리고 만에 하나 사탄이요, 사악한
자의 그 길에 빠지는 것은 아닌가 수
없는 고통과 괴로움은 그들이 더할 것
이니라.
22 그들은 나의 음성을 듣지 못하고 나의
형체를 보지 못하고 나를 만지지 못하
나, 너는 나의 음성을 들으며 나와 대
화하며 나의 성령을 받아 기록하는 네
가 그들보다 천배 만배 낫거늘,
23 어찌하여 그들의 마음을 헤아리지 못
하고 네가 한 권의 법전을 만들고 다
시 시작할 때 매일 고통이라는 것을
느끼며,
24 언제 또 한 권을 넘을까 하는 그 고민
속에 빠진 그와 같은 정신자세야말로

나를 대신하여 모든 역사를 하는 나의
아들이라 말할 수 없음이니,
25 너는 나의 아들임을 명심하여 네가 이
길을 가지 아니하면 아니 되니,
26 한 권을 만들기 위해 시작할 때 어렵
고 힘들다는 것을 지워 버리며,
27 한 권을 만들어서 세상에 전할 때 그
기쁨만을 생각하며, 160권을 완성하
여 모든 백성에게 영광을 돌리는 그
기쁨만을 생각하라.
28 아무것도 모르고 따르는 너의 제자들
의 고통과 시련이 너보다 천배 만배
더 하거늘, 그들 앞에서 네가 좌절하
는 그와 같은 말을 하며 행동을 해서
는 아니 됨이니, 명심하도록 하라, 나
의 아들아!

7,105 번째 하나님 말씀

2003년 8월 11일 19시 58분

1 사랑하는 나의 아들아!
2 "네, 아버님! 말씀하옵소서."
3 내가 제1계명으로 십계명에 내린 그
뜻에 '다른 신을 네게 있게 하지 말라.'
하지 아니하였더냐?
4 너희는 다른 신을 가슴에 두는 것이
과연 무엇이더냐?
5 너희가 나 여호와를 따르며 나의 아들
예수를 찬양하며 그를 경배한다 하며
그 보혈로써 구원을 받았다고 말하는
백성의 가슴속에 다른 신을 가지고 있
다면,
6 너희가 그리 찾고 부르는 것은 나의
아들 예수가 아니요, 나 여호와가 아
니니라.
7 창조주 아버지요, 전지전능한 아버지
라 부르는 나 여호와가 아님이니라.
8 너희가 다른 신을 가슴에 두는 것은
그와 같은 무서운 사실임을 알아야 할
것이니라.
9 다른 신을 가슴에 두지 아니하고 간다
는 것, 내가 제1계명으로써 '다른 신
을 네게 두지 말라' 한 그 뜻을 이제
알겠는가?
10 너희가 다른 신을 가슴에 두고 믿음의
길을 가는 것은 진정한 나의 아들 예
수를 찬양하며 나의 아들을 찾는 것이
아니요, 나 여호와를 찾는 것이 아니
요, 나 여호와를 경배하는 것이 아니
라,
11 너희 가슴속에 있는 그 사악한 자를
신으로 모시고 있음이니,
12 너희가 말로써는 예수를 부르며 나를
부르나,
13 나의 피조물 만백성들을 현혹하기 위
하여 그들을 속이고 그들에게서 재물
을 거둬들이기 위해 입으로만 나의 아
들과 나를 찾는 것이지,
14 진정 너희가 나의 자식이요, 나의 딸
로서 찾는 것이 아님이니라.
15 네 가슴속에 다른 신을 두는 순간에
너희는 내 자식과 딸이 아니니,
16 너희는 나를 찾을 수 없으며 나를 경
배 할 수 없으며, 나의 아들 예수를 찾
을 수도 없으며 찾지도 아니하는 자들
이니라.
17 다만, 말로써 나의 피조물 만백성들을
현혹하기 위하여 참진리요, 진정한 하
나님의 아들이요, 진정한 하나님을 경
배한다 말하느니라.

18 너희 가슴속에 다른 신을 두는 것은
나의 아들 예수를 찾으나, 진정한 나
의 아들 예수를 찾는 것이 아니요, 사
탄의 자식을 둔갑시켜 예수라 부르는
것이며,
19 나 여호와를 경배한다 하나 나를 경배
하는 것이 아니요, 사탄을 나라고 부
르는 그와 같은 사악한 자들이니라.
20 내가 너희에게 죄를 지으며 잘못 하며
사악한 짓을 하며 사악한 마음을 갖는
그 순간에 너희는 나의 아들딸이 아니
요, 다른 자식이요, 사탄의 자식으로
전락된다 내가 나의 법전에 기록한 그
뜻을 알겠는가?
21 너희가 생각하는 것 행동하는 것이 나
의 뜻을 거역하여, 천사와 같은 것이
아니요, 죄를 짓는 행위를 할 때, 그때
너희는 이미 사탄으로 전락되어 나와
관계없는 자식이라 하였음이니라.
22 너희 가슴속에 제1계명을 어기고 다
른 신을 가슴속에 두고 있을 때, 과연
너희가 나의 아들이요, 나의 딸이라
하느냐?
23 나의 아들딸이요, 나의 자식들이 아닌
너희가 나의 아들 예수를 찾을 리가
없으며 나를 찾을 리가 없음이니라.
24 너희는 모르나 이미 너희에게서 나의
성령이 떠났으며 사탄으로 되어 있기
에,
25 너희가 예수를 부르는 것은 사탄을 예
수라 착각하여 부르는 것이며, 나 여
호와를 부르는 것도 너희를 통제하는
사탄을 부르며 착각 속에서 지금 헤매
는 자라는 것을 잊지 말라.
26 너희가 정녕 나의 아들이요, 나의 딸
이 되고자 한다면, 나의 십계명대로
지키고 사는 삶을 살아가야 할 것이며,
27 성서에 기록되어 있는 그 내용대로 거
듭나는 그와 같은 삶을 살지 아니하면
절대 아니 됨을 알라.
28 그러니 너희 가슴속에 다른 신을 두는
자는 나의 아들딸이 아니니, 너희가
부르고 찾는 것은 나의 아들 예수가
아니요, 창조주 나 여호와가 아니라는
것을 알라.
29 그리하여 내가 너희에게 바로 깨우쳐
주기 위해 나의 아들을 통하여 2천 년
의 그 침묵을 깨고 지금 나의 성령을
태워 상세하게 너희에게 기초의 진리
를 깨우쳐 세상에 내려보내니,
30 이를 읽고 깨우쳐 하늘을 보며 하늘의
이치를 깨닫는 그 순간에, 내가 너희
입을 열어 줘 그때 너희가 찾는 것이
진정한 나의 아들 예수요, 진정한 창
조주 나 여호와라는 것을 알라.
31 내가 나의 성경에 기록하여 너희가 나
를 찾았을 때 입을 열어 주지 아니하
면 너희는 나를 찾을 자격이 없으며
나를 부를 수 없다 하였음이니 그 의
미요, 뜻을 아는가?
32 너희는 이미 다른 신을 가슴에 두고
살아가는 자요, 그러하기에 사탄이요,
이단으로 전락된 자이기 때문에,
33 너희가 울고불고 찾는 것은 나의 아들
이 아니요, 나를 찾는 것이 아니요,
34 사탄의 형상을 놓고 그 형상에 젖어
있는 자들이니 우리 부자와는 관계가
없다 함이니라.
35 다만, 너희가 나의 백성을 속이고 그
들에게 군림하며 그들로부터 재물을

거둬들이기 위해 나의 아들 이름이요,
나 여호와의 이름을 빙자하여 그를 속
이고 장사 밑천으로써 지금 모두를 관
리하고 거둬들이는 사악한 자들이니,
36 진정 너희가 찾는 신은 나 여호와가
아니요, 나의 아들이 아니요,
37 사탄을 가슴에 안고 우리 부자의 이름
을 팔아 장사 밑천으로써 모든 백성을
우롱하고 살아가는 그 사악한 짓을 하
고 있다는 것을 잊지 말라.
38 그리하여 내가 너희를 단죄하기 전에
한 번의 기회를 주어 나의 아들을 통
하여 나의 법전에 하늘의 진리를 내려
보냄이니,
39 이를 보고 깨우쳐 행하는 자는 하늘에
오를 것이며, 그래도 이를 거부하고
잘못된 것이라 할 때는 지옥으로 감이
니라.
40 모든 종교 집단이 2천 년 전에 나의
아들 예수를 그리 죽게 한 것은 무엇
이더냐?
41 나의 아들 예수를 사탄이라 하였으며
이단이라 하였으며,
42 그를 따르는 제자들이요, 선지자를 모
두 이단이요, 사탄으로 몰아 죽였고,
그들에게 고통을 주고 핍박을 한 것이
너희가 아니더냐?
43 그리고 그들로 하여금 단죄하도록 한
것이 너희니라.
44 바로 종교 집단이요, 믿음의 길을 가
는 제사장이요, 장로라는 자들이 나의
아들 예수요, 그를 따르는 제자요, 그
모두를 이단으로 몰아 그리 처참하게
너희 마음대로 그들을 죽이고 능멸했
던 그와 같은 자들의 그 후손이 지금
까지 오고 있음이니,
45 너희가 여기서 깨어나지 아니하면 아
니 됨을 알아야 할 것이니라.
46 참진리를 가지고 가는 자를 다 이단이
요, 사탄으로 몰아 핍박하여 죽게 하
는 자들처럼 지금의 종교 집단이요,
지도자 또한 그와 같은 행위를 하고
있음이니라.
47 너희가 진정 나를 경배하며 나의 아들
예수를 진심으로 찾으며 나 여호와를
찾는다면, 십계명은 반드시 지키고 살
아야 한다 생각할 것이며, 그리 행할
것이며,
48 십계명을 지키고 살아야 한다는 것이
근본이라는 백성은 나의 법전을 보았
을 때 나의 성령이라는 것을 알 수 있
을 것이니라.
49 그러니 지금 너희가 울고불고 찾으며
'찬양 예수'요, '기쁨의 예수'요, '구세
주 예수'라 부르는 것은 나의 아들 예
수를 부르는 것이 아니니라.
50 너희는 자격이 없으며 내가 입을 열어
주지 아니하였기 때문에, 사탄의 환상
을 놓고 그리 부르며 우리 부자의 이
름만을 장사 밑천으로써 지금 팔아먹
고 있다는 것을 잊지 말라.
51 그것이 오늘의 종교 집단이요, 지도자
요, 모든 신도가 가는 길이라는 이 무
서운 사실을 너희가 깊이 깨우치고 들
여다보지 아니하면 너희는 나에게 오
를 수 없다는 것을 알라.

7,106 번째 하나님 말씀

2003년 8월 11일 20시 05분

1 사랑하는 나의 아들아!
2 "네, 아버님! 말씀하옵소서."
3 너의 제자들에게 내가 일찍이 깨우쳐
준 것을 다시 한 번 네가 깊이 깨우쳐
야 할 것이니라.
4 너희가 남으로부터 배워서 깨닫고 얻
는 것은 하나를 가르치면 하나를 얻고
둘을 가르치면 둘밖에 얻고 깨달음이
없다 하였음이니라.
5 오로지 스스로 깨닫는 것, 자신이 깨
닫는 그 깨달음이야말로 위대한 것이
며, 그보다 더 소중한 것이 없다 하였
음이니라.
6 그러니 자신이 깨닫는 그 깨달음이 소
중하며, 그 깨달음은 끝이 없이 변화
된다 하였음이니라.
7 너희 자신이 배고프고 춥고 더운 것을
누구보다도 잘 알고 있음이니, 그에
대해 대비를 하며 대책을 세울 수 있
는 것은 너희라 하였음이니라.
8 너희 마음의 형태요, 깨달음이 무엇인
줄 알겠느냐?
9 부모에게 효도하고자 하는 효성스러
운 자가 부모의 그 마음 아픔을 들여
다보기 시작하면 그 부모의 어렵고 힘
든 것이 다 눈에 들어오며 그를 볼 수
있음이니라.
10 그리하여 너희가 부모를 사랑하게 되
면 봄이 되면 봄에 맞는 옷을 사다 드
리고 싶은 마음이 생기며,
11 봄에 맞는 옷을 사다 주어 그 옷을 입
고 즐거워하는 부모를 보면 가을이면
가을옷이요, 겨울이면 겨울옷이요, 이
와 같이 계절에 따라서 부모를 잘 보
호하고 관리하는 그와 같은 마음이 계
속 생김이니라.
12 그리하여 효성스런 마음이 싹이 트기
시작하여 스스로 효도하는 자는 부모
에게 효도하는 것이 무엇이며 부모에
게 효도할 것이 그 가짓수도 많고 한
도 끝도 없는 것을 아느니라.
13 그러나 남이 부모에게 효도하라고 시
켜서 가르치는 대로 들어서 배우는 효
도는 참외를 사다 주라면 그저 참외만
덜렁 들어다 주고 올 것이요, 수박을
사다 드리라면 수박 한 덩이만 사다
놓고 오는 것이 남으로부터 배워서 깨
우친 효도의 방법이니라.
14 그러나 스스로 깨우친 자는 참외를 가
져가면 또 수박을 갖다 드리고 싶으며
수박을 갖다 드리면 복숭아를 갖다 드
리고 싶으며,
15 계절에 따라서 과일을 갖다 드리고 싶
으며,
16 즐거워하는 부모의 모습을 보는 것을
기쁨으로 알며 계속 알아서 그와 같이
함이니,
17 그와 같이 알아서 하는 것이 자기 자
신의 깨달음이니라.
18 하늘에 오르는 진리요, 나 여호와의
뜻을 행하고 깨닫는 것이 그러하니라.
19 너희 스스로 깨달아서 변화되는 그 삶
이야말로 진정한 믿음이요, 진정 나에
게 오르는 길이니, 모든 믿음의 변화
는 그리 가는 것이라는 것을 잊지 말
라.
20 자신이 깨닫는 것, 자신이 변화되는

것, 자신 속에서 발견하는 것, 자신이
얻는 것이니,
21 그러니 너희 가슴속에 있는 모든 생각
이요, 악습이요, 그 모든 것은 아무도
모르느니라.
22 그러나 너희는 잘 알고 있음이니라.
23 하루 스물네 시간을 행동하면서 선하
고 악한 짓 하는 것, 그리고 추한 짓
한 것, 부끄러운 짓 한 것, 아름다운
짓 한 것을 누가 상세히 세세히 알아
점수를 매기고 옳고 그름의 삶을 알겠
느냐?
24 자신만 그 모두를 알지 않느냐?
25 자신이 알아서 그 악습을 하나하나 버
리는 것보다도 위대한 가르침이 없으
며 위대한 스승이 세상에 없음이니라.
26 나의 성서도 너희 자신이 변하며 자신
이 알아 깨우치는 것만큼 깨우쳐 줄
수가 없으며,
27 더욱이 종교 지도자라는 지금까지 병
들고 썩은 자들의 그 가르침으로써는
도저히 알 수 없음이니라.
28 그들은 재물을 거둬들이며 그저 금화
와 은화를 거둬들이는 장사 속에 젖어
있는 그들이 무슨 진리가 있으며 깨우
침이 있겠느냐?
29 너희가 스승으로부터 배운 것 외에는
그것으로써 모두를 끝내고 그것밖에
는 모르느니라.
30 그러니 진심으로 알아서 하는 효도와
달리 남이 시켜서 하는 그 효도는 정
해졌다 하지 않더냐?
31 하나를 갖다 드리는 것이 부모의 기쁨
이라면 그저 하나 갖다 주고 오는 것
은 깨달음이 없는 효도요, 남으로부터
배워 행하는 효도이니,
32 부모에게 효도하는 것이 천 가지 만
가지거늘 그걸 언제 남으로부터 배워
서 한다는 말이더냐?
33 스스로 깨우치면 하루에도 수백 가지
를 얻을 수 있으며 알 수 있는 것이 부
모에게 효도하는 마음이니,
34 너희들이 하늘에 오르는 진리요, 나에
게 오르는 모든 그 뜻을 깨닫고 아는
것도 그와 같은 이치이니, 너희 자신
이 변하는 것이 가장 소중함을 알라.
35 너희가 악습 하나, 잘못하는 것을 하
나하나 지워 버리고 털어 버리는 것이
나에게 오르는 길이요, 하늘에 오르는
길이요, 영광된 길이라는 것을 잊지
말라, 사랑하는 나의 아들딸들아!

7,107 번째 하나님 말씀

2003년 8월 11일 20시 13분

1 사랑하는 나의 아들아!
2 "네, 아버님! 말씀하옵소서."
3 너희는 믿음을 잘못 가고 있으며, 지
금 나를 등지고 나와 반대의 길을 가
는 자들이라 그리하였음이니라.
4 그러니 너희는 나로부터 반대로 가고
있으며 너희 가슴속에 다른 신을 두고
있음이니라.
5 다른 신을 두는 자는 나의 아들딸이
아님이니,
6 나의 아들 예수의 이름을 부르며 찬송
하고 경배하며 나를 아버지라 부르는
그 모두가 다 나를 찾는 것이 아니요,
예수를 찾는 것이 아니요,
7 가짜 예수요, 가짜 여호와요, 다른 신

앞에 환상에 젖어 지금 광란의 짓을
하고 있다 너희에게 가르쳤음이니,
8 이 두렵고 무서운 하늘의 뜻을 알아야
할 것이니라.
9 믿음을 잘못 가고 있으며 참진리요,
나의 뜻을 알고 믿는 지도자요, 진정
한 백성이 이 세상에 없다 하였음이니
라.
10 모든 종교 집단이요, 지도자 그리고
믿음의 길을 가는 백성이 진정한 나의
뜻을 알며 내가 원하는 참진리의 길을
가는 백성이 없다 하였음이니라.
11 너희가 찾는 것은 나 여호와가 아니
요, 나의 아들 예수가 아니라, 사탄들
의 환상에 젖어 우리 부자의 이름을
팔아먹는 사악한 자들이라 그리 말하
였음이니라.
12 이 두렵고 무서운 것을 머지않아 심판
대에 섰을 때 알 것이니,
13 오늘 나의 아들을 통하여 법전에 기록
하는 내용을 읽고 깨우쳐야 할 것이니
라.
14 이와 같은 내용이 세상에 전해질 때,
이를 사탄이요, 사악한 자라 말하며
나의 아들을 더 핍박하며 나의 법전을
태워 버리고 찢어 버리려 하는 너희의
그 심성이요, 사악하고 간교함을 알면
서도,
15 내가 이와 같이 기록해서 너희에게 깨
우쳐 주지 아니하면 아니 되는 나 여
호와의 아픈 마음을 너희는 알겠는가?
16 이는 바로 너희가 그보다도 더 사악한
자요, 이리 다스리지 아니하면 너희가
깨우침을 얻을 수 없으며 변할 수 없
기 때문이니라.
17 나의 아들이 사탄이라 하면 너희에게
듣기 좋은 소리요, 너희 귀에 들어오
는 소리요, 재물을 거둬들이는 것이
적으니 더 거둬들여야 한다는 그와 같
은 말로써 전하면 너희는 더 사악한
자요, 더 그와 같이 갈 것이니라.
18 너희의 잘못된 내용을 꼬집어 기록하
여 전하면 나의 아들을 핍박하며 나의
법전을 찢어 버리고 태우며 광분하여
나의 법전이 세상에 나가는 것을 막을
것이며,
19 나 여호와의 아들이 존재하지 못하도
록 사악하고 간악한 짓을 할 것을 알
면서도 기록하는 아픈 내 마음을 너희
는 알아야 할 것이니라.
20 이는 내가 너희를 사랑함이요, 너희를
바로 세워 하늘에 오르는 그 길로 인
도하여 구원하고자 하는 나의 마음임
을 알라,
21 나 여호와가 내려보내는 참진리의 성
령이 너희에게 임하지 아니하면 절대
구원을 받을 수 없다는 것을 알라.
22 너희는 그저 지정된 장소에서 특별한
사람으로부터 설교를 듣고 교육을 받
는 것만으로써 구원을 받는 길이요,
하늘에 오르는 길이라는 세뇌된 그 정
신부터 털어 버리며 그것부터 탈피하
는 믿음의 길을 가지 아니하면 그저
지옥으로 끌려가는 그와 같은 형국에
서 벗어나지 못함을 알라.
23 산속에서 울고불고하며 산꼭대기에
서 나를 찾으며 그저 깊은 산중에 가
서 나를 찾으며, 목메 소리 지르고 광
란의 짓을 했을 때 나로부터 은혜를
받았으며 역사했다고 말하느니라.

24 또 그를 가지고 성령이 임했다고 말하
느니라.
25 그러나 산속이 아니라 어디에 가서 아
무리 울고불고한다 해도 그와 같은 행
위로서 은혜를 받을 수 없으며 성령이
임하지 아니함을 알라.
26 모든 것은 너희 환상이요, 착각이니라.
27 환상에서 벗어나지 못한 자들이 그와
같이 말하니,
28 너희가 아름다운 마음이요, 천사와 같
이 살아가고자 하는 변화되는 삶만이
환상에서 벗어나는 것이며,
29 너희가 죄에서 벗어나서 바른 삶을 살
때, 하늘에 오르는 길이요, 나 여호와
로부터 은혜를 받는 것이니라.
30 지금 같이 울고불고한다 해서 얻어지
는 것이 아니요, 성령이 임하는 것이
아니요, 은혜가 내려지지 아니한다는
것을 알라.
31 절대 그와 같은 역사는 있을 수 없음
을 알라.
32 지금까지 짓고 살아온 그 죄를 씻고
거듭나고자 아니 한다면 어떠한 은혜
나 영광도 없음을 알라.
33 지금까지 지은 죄요, 잘못 살아온 것
을 일순간에 깨달아 거듭나는 삶이요,
뼈를 깎는 고통으로 부끄럽지 아니한
삶, 죄짓지 않는 삶을 살아가야 함이
니라.
34 형제에게 미련한 자라 말하는 것도 지
옥 불에 간다는 그 행함의 무섭고 두
려운 것을 어찌 무시하며 인정하지 아
니하려 하며, 그 무서움을 피부로 느
끼지 아니하는가?
35 너희가 형제에게 미련한 자라 하는 것
도 지옥으로 간다는 것은, 너희가 말
을 잘못하는 것이 그만큼 무섭다는 것
이요, 간단한 그 말 한마디가 지옥 불
로 가는 것이라면,
36 행동이요, 사는 것을 얼마나 조심하며
얼마나 바르게 살아야 하는지 모든 종
교 집단에서 종교 지도자가 나의 백성
에게 그를 가르쳤으면 오늘과 같이 험
악한 형국은 아니 되었을 것이니라.
37 그 무서운 모든 것을 다 묻어 버리고
그저 죄를 짓고 용서를 빌고 재물을
바치면 구원을 받는다는 그와 같은 행
위로써 나의 피조물 만백성들을 지옥
으로 이끌어 가니,
38 너희는 나의 아들 예수의 이름을 부르
나, 정녕 나의 아들 예수의 이름을 찾
는 것이 아니라 사탄의 예수를 찾는
것이요,
39 나 여호와를 경배한다고 부르나 진정
창조주 나 여호와를 찾는 것이 아니
며, 사탄 속에 있는 환상의 하나님을
찾으며 거기다 모두를 다 바치고 살아
가는 자들이니, 그게 바로 공염불이
요, 지옥으로 가는 행위를 쌓고 있다
는 것을 잊지 말라.
40 너희가 정녕 나를 보며 나의 아들 예
수로부터 진정한 은혜를 받으며 부름
을 받고자 한다면 양심에 가책이 없는
생활을 하며 양심에 가책이 없는 기도
를 해야 할 것이니라.
41 너희가 양심에 가책을 받지 아니하는
생활을 하지 아니하며, 부끄럽고 양심
에 가책되는 행위를 수시로 하면서 그
속에서 기도하고 울고불고한다 해서
그 지은 죄가 씻어지는 것처럼 착각하

지 말라.
42 아무리 씻으려 해도 그 죄는 씻어지지
아니함이니라.
43 스스로 양심에 부끄러움이 없이 살아
가며 뼈를 깎고 피를 토하는 어렵고
힘든 길을 가며,
44 죽는다 해도 양심의 가책에서 해방될
수 있는 당당한 모습으로 사는 그 길
을 가고자 노력하는 것만이 나에게 올
수 있으며 나를 볼 수 있는 백성이라
는 것을 절대 잊지 말라.

7,108 번째 하나님 말씀

2003년 8월 11일 20시 23분

1 사랑하는 나의 아들아!
2 "네, 아버님! 말씀하옵소서."
3 자신의 양심의 죄에서 벗어나지 아니
하는 자는 정녕 나의 아들딸이라 말할
수 없으며,
4 죄에서 벗어나는 삶을 사는 자만이 나
여호와를 볼 수 있으며 내 곁에 올 수
있다는 것을 알아야 할 것이며, 그렇
지 않은 자는 정녕 나를 만날 수 없음
이니라.
5 나를 아버지라 부를 수 없는 것이 너
희라 그리 말하였음이니,
6 죄 없는 자, 죄를 짓지 않고자 몸부림
치는 자, 거듭나기 위해 노력하는 나
의 아들딸에게 나를 아버지라 부를 수
있도록 입을 열어 준다 내가 그리하였
음이니라.
7 너희 마음으로 나 여호와 앞에 당당히
올 수 있고 설 수 있는 그와 같은 사람
으로서 변화되는 삶을 살아야 할 것이
니라.
8 너희가 이 세상에 살면서 가장 당당한
모습이요, 가장 아름다운 것이 무엇이
더냐?
9 너희 자신을 나에게 제물로 바쳤을 때
그 제물이 얼마나 깨끗하고 아름다우
냐에 따라서 너희가 나로부터 상을 받
고 못 받는 것이니라.
10 나의 아들 예수가 너희를 위하여 제물
로 바쳐졌다고 말하지 않느냐?
11 그렇다면 나 여호와에게 너희가 바칠
수 있는 가장 위대한 것은 무엇인 줄
알겠느냐?
12 너희 자신을 나에게 바침이니라.
13 너희 스스로 자신을 제물로 하여 나
여호와에게 바치는 마음의 자세요, 그
행함이 가장 위대한 것이며 소중한 것
임을 너희도 알고 나 또한 아느니라.
14 그러나 너희 자신을 나에게 제물로 바
쳤을 때, 그 제물이 썩고 비린내 나며
흉악한 냄새가 나는 제물이라면, 과연
그게 제물의 가치가 있으며 나에게 바
칠 가치가 있으며 무슨 의미가 있단
말이더냐?
15 가장 소중한 것은 너희 자신을 나에게
제물로 바치는 것이니,
16 그때 얼마나 깨끗하고 아름다운 모습
으로써 나에게 바쳐지느냐 그것이 중
요함을 너희는 알아야 할 것이니라.
17 구약의 시대는 어떠한 제물로써 제사
를 지냈던가?
18 깨끗한 소와 양을 제물로써 나에게 바
쳤던 그 의미는 과연 무엇이더냐?
19 썩지 아니하고 세상에 찌들지 않은 깨
끗한 소와 양을 잡아 나에게 제물로

바쳤음이니라.
20 그러나 그보다 더 소중하고 더 귀한 제물이 무엇인 줄 알겠느냐?
21 바로 너희 자신을 나에게 제물로 바치는 것이 가장 위대하고 소중함이니라.
22 그러니 깨끗하고 어린 소와 양을 잡아 제사 지낸 그 이치를 어찌하여 알지 못하며 그리 어리석은 백성으로 살아가느냐?
23 나에게 가장 소중한 제물은 너희 자신이라 하였음이니, 너희 자신을 바쳐 나에게 제를 올린다 하면 과연 얼마나 깨끗한 모습으로써 나에게 제물이 되어야 하는가, 제물로서 가치가 있어야 하는가를 알아야 할 것이니라.
24 너희가 나 여호와의 뜻을 얼마나 따르며 나에게 바쳐지는 제물인 너희 자신이 얼마나 깨끗하고 소중한가에 따라서 나에게 주는 가장 위대한 선물이요, 나에게 바치는 것이라는 것을 알아야 할 것이니라.
25 그리하여 깨끗한 상태로써 너 자신을 나에게 바칠 때 바로 그것이 나로부터 거듭나는 영광을 얻는 것이니라.
26 너희가 추한 죄요, 추한 모습으로써 깨끗하지 못한 형태로써 나에게 백날 제물을 바친다 해도 그 제물을 받을 이유가 없으며 그 제물은 가치가 없음이니라.
27 그러니 너희 자신을 나에게 제물로 갖다 바칠 때, 양심에 가책이 없으며 부끄럼이 없이 깨끗하게 살아온 것이 나에게 가장 값지고 소중한 제물이라는 것을 알았다면, 이제 너희가 어찌 살아야 하는지 알아야 할 것이니라.
28 죄로 얼룩지고 거짓으로 얼룩지며 사악한 것으로 얼룩진 너희 자신을 나에게 제물로 바쳐 위대한 제물이요, 영광을 얻는다 그리 생각하지 말라.
29 그 썩고 비린내 나는 그 제물은 버릴 데가 없으며, 받을 이유가 없으며, 받아도 둘 데가 없으며, 보관할 데가 없으며, 다시 태어나는 생명으로 쓸 수가 없음이니라.
30 그러니 얼룩진 너희 자신을 제물로 바치는 어리석은 행위를 하지 말라.
31 나의 법전을 읽고 깨우친 백성이요, 나의 아들을 따르는 백성은 이제 깨끗한 제물로서, 역겹지 않고 썩지 않는 제물로서, 냄새 나지 않는 제물로서 스스로 자신을 바칠 수 있는 당당한 모습으로써 변화되는 삶을 살라.
32 지금이라도 늦지 않으니라.
33 나의 법전을 접하고 정독하여 깨달은 그 후부터, 나의 아들을 만나 강론을 들은 그 후부터 변하는 너희는 깨끗한 제물이 될 수 있음이니,
34 너희가 가장 큰 은혜요, 영광 속에 사는 것은 깨끗한 제물로서 나에게 제사를 드릴 자격이 있기 때문이요, 그와 같은 자격을 받은 자이기 때문에 소중함을 알라.
35 양심에 가책이 없는 자, 양심의 가책에서 해방되는 그와 같은 자가 나에게 자신을 바치는 가장 소중하고 귀한 제물이니, 그와 같은 너 자신을 바쳤을 때, 너희가 거듭나며, 천국의 내 품에 와 영원히 나를 아버지라 부르는 나의 아들딸로서 거듭남을 잊지 말라, 사랑하는 나의 아들딸들아!

7,109 번째 하나님 말씀

2003년 8월 11일 20시 41분

1 사랑하는 나의 아들아!
2 "네, 아버님! 말씀하옵소서."
3 나의 사랑하는 만백성 너희는 인간성을 무너트리고 구원을 받는다는 백성은 지금 지옥으로 가는 형국이니라.
4 지옥으로 가는 백성이 바로 구원을 받았다는 백성이요,
5 너희가 복음이라 전하는 그것에 현혹되어 끌려오는 자, 죄의 온상에 발을 딛는 그 순간에 그들의 인간성은 모두 무너지며 그들을 천국이 아니요, 지옥으로 떨어지게 하는 것이 오늘의 종교 집단이요, 지도자요, 그 신도들이니라.
6 복음을 전한다 하여서 한 사람을 복음을 전했을 때, 그 백성을 더 사악한 사탄으로 만들며 너희보다도 더 간악한 백성으로 길들이고 만드는 것이 종교 집단이요, 지도자가 지금 하는 행위라 내가 성서에 기록한 바가 있음이니.
7 너희가 오늘날 그와 같은 역사를 이루고 있음을 알라.
8 너희가 말하는 이방인이라 하는 백성도 모두 살아가면서 한쪽에 양심이 있으며, 그들은 제 부모를 사랑하며 이웃에게 누를 끼치지 않고 살아가는 양심이라는 것을 가지고 살아감이니라.
9 그들이 양심이라는 것을 가지고 살아가는 것은 무엇이더냐?
10 그들이 믿음이라는 것을 행하지 아니하였어도 그들 가슴속에 나의 성령이 존재하고 있기 때문이요,
11 그들은 나의 성령을 지키고 살아가는 마음이 있기에 그들은 항상 잘못 살았을 때 실수했을 때, 일말의 양심이라는 것을 가지고 살아가느니라.
12 그래서 양심 속에서 거짓 하지 아니하며, 또 양심을 속였을 때 마음속으로 후회하고 반성하며 부끄러운 마음을 가지고 살아가는 것이 너희가 이방인이라 말하는 그 백성이 살아가는 근본이니라.
13 그러니 그들은 내가 세상에 나올 때 심어 준 그 성령의 양심을 아직도 그득히 간직하고 보관하고 살아가며, 아직도 그들에게서 존재하고 있음을 알아야 할 것이니라.
14 그리하여 그들은 내가 세상에 태어날 때 심어 주었던 그 성령을 잘 관리하고 가꾸고 다스려 왔기 때문에,
15 남에게 누가 되는 짓, 남에게 죄짓는 짓을 하고 부모에게 잘못했을 때, 그들은 양심에 가책을 느끼며 후회하고 반성하는 그와 같은 깨달음 속에 살아가는 것이 너희가 말하는 이방인이라 하는 백성이 살아가는 것이니라.
16 그러나 한구석에 남아 있는 그들의 마음마저도 송두리째 거둬들이는 것이 바로 너희니,
17 너희가 복음을 전했다 하여 복음의 깨달음을 듣고 구원을 받고자 죄의 온상인 너희 교회에 오는 그 순간에 스스로 나로부터 받은 원초적인 그 성령의 마음이 남아 있는 그것마저도 송두리째 그들에게서 벗어나게 하며 그들로부터 던져 버리게 하는 사악한 자들이 너희니라.
18 믿음이요, 복음이 전해지는 순간에 나

의 피조물 만백성들은 인간미가 없어
지며,
19 죄를 짓지 않고 살 수 없다는 그 가르
침에 만족하며 그것이 타당한 것으로
생각하며,
20 그리하여 죄를 짓고 사는 것이 결코
죄가 아니요, 용서받을 수 있다는 그
와 같은 가르침에 의하여, 그들이 일
찌이 오지 못한 것을 후회하는 자가
있으며, 그보다 더 좋은 곳이 없다 말
하는 것이 지금 믿음의 길을 가는 백
성이 아니던가?
21 그러나 너희는 알아야 할 것이니라.
22 십계명대로 살 수 없다고 말하며 죄를
짓고 재물을 바치며 울고불고하는 것
으로써 용서를 받는다는 것은 꿈에도
생각하지 말며, 그와 같은 역사는 절
대 없음을 알아야 할 것이니라.
23 그건 절대 나의 사전에 있을 수 없으
며, 나 여호와가 통제하는 하늘과 이
지상에 어떠한 곳에도 그러한 법도는
없음을 알아야 할 것이니라.
24 '인간 세상에서 거짓말하지 않고 남을
속이지 않고 사는 사람이 어디에 있느
냐?' 하고 당당하게 말하는 것이 하늘
에 오르는 백성을 이끌어 간다는 종교
집단이요, 지도자요, 구원을 받았다는
신도들이니라.
25 그러면서 변명하는 방법을 가르치는
것이 종교 집단이요, 지도자니라.
26 너희는 죄를 짓고 남을 속이고 거짓
하는 그 행위 속에서 또한 그들이 변
명하는 것을 가르쳐 줌이니,
27 그 변명하는 수법을 배우는 신도라는
자들이 거기에서 환호하고 기뻐하며,
그 변명하는 방법을 배우는 순간에 은
혜를 받았다 하며, 변명하는 수법으로
홀가분해진 그 마음을 성령이 임했다
하며 나 여호와로부터 은혜를 받았다
하는 것이 너희니라.
28 그저 변명할 수 있는 수법만 가르치
며, 변명하는 수법을 가르쳤을 때 은
혜를 받았다 하는 것이 너희니라.
29 죄를 짓지 아니하고 살 수 없으며 십
계명대로 살 수 없어서, 그것을 변호
하는 방법, 그것을 변명하는 방법을
지금 모든 종교 집단들이 가르치는 것
이니라.
30 너희가 변명할 수 있도록 가르치는 것
이요, 죄를 짓고도 죄인 줄을 모르며,
죄를 짓고 교회에 나가서 사탄에게 재
물을 바치면 면죄부를 받는다는 그 착
각 속에 살게 하였기 때문에,
31 이제 모든 신도라는 백성이 변명과 변
호하는 데 달인이 되었으며, 거기에
스스로 마음을 모두 다 빼겼음이니,
32 너희는 그 마음을 도로 바로잡을 수가
없으며, 변명과 변호로써 그 죄가 씻
어지지 아니한다는 그 마음자리로 돌
이키기는 너무도 멀리 가 있는 것이
너희니라.
33 그리하여 너희는 계속 믿음이라는 그
속에서 재물을 바치며 시간과 모든 것
을 다 바쳐 찬송을 부르며 울고불고
광란의 짓을 하면서 변명과 변호하는
방법을 배우고 있음이니,
34 그 방법을 가르쳐 그 방법만을 듣고
머리가 세뇌되어, 참진리요, 진정한
나의 뜻을 세상에 전한다 해도 그를
듣지 아니하며 받아들이지 아니하는

죽은 자가 되어 있음이니라.
35 너희는 죄를 죄로써 여기지 않고 당당하게 세상을 살아가는 백성이니라.
36 죄가 무서운 줄 모르며 죄가 죄인지 모르고 그저 당당한 모습으로 살아가는 것은, 재물을 바치고 용서를 빌면 천사와 같은 백성으로 거듭날 수 있다는 것을 믿고 삶이니,
37 그와 같이 당당한 모습의 자세로 살아가는 것이며 누구와도 타협하지 아니하려는 자들이니라.
38 그리고 죄를 짓고 흉악한 짓을 해도 재물을 바치고 빌고 용서를 받으면 되는 그 간단한 방법을 모르고 살아가는 이방인이라는 그 백성이 불쌍하고 가련하여 그들에게 조소와 야유를 보내는 것이 아니던가?
39 정녕 너희는 모르느니라.
40 죄가 죄인 줄 모르고 사는 백성이야말로 천국이 무엇이고 구원이 무엇이라는 것을 모르는 백성이니,
41 너희보다 더 불쌍하고 가련한 백성이 이 세상에 없음이니 이제 착각 속에서 깨어나야 할 것이니라.
42 이제 나의 아들을 따르는 제자들이요, 나의 법전을 읽고 깨우친 만백성 너희는 죽어 가는 그들에게 나의 법전으로 충격을 주어,
43 그들이 저 자신으로 돌아오며 제정신을 차릴 수 있도록 그들을 깨우쳐 저 자신으로 돌려놓는 데 최선을 다하도록 그리해야 할 것이니라, 사랑하는 나의 아들딸들아!

7,110 번째 하나님 말씀

2003년 8월 11일 20시 46분

1 사랑하는 나의 아들아!
2 "네, 아버님! 말씀하옵소서."
3 내가 너희를 가장 아름다운 모습으로써 가장 높은 지혜를 줘 세상에 만들었음이니, 너희가 가진 그 모든 기능이 얼마나 탁월하며 얼마나 위대한 것인 줄 알겠느냐?
4 그러니 내가 내려 준 그것을 그대로 처음에 태어났던 그 모습으로써 다스리고 관리하고 살았더라면 오늘과 같은 어려운 시련의 길을 갈 것도 없으며 바로 나의 천국에 오를 수 있는 것이니라.
5 너희가 세상에 태어났을 때 아기의 그 아름다운 눈빛이요, 그 고운 눈빛이요, 진주보다 더 아름답고 순박한 눈빛을 가지고 그대로 살아오면 나에게 오를 수 있거늘,
6 너희가 살아오면서 그 눈빛이 천태만상으로 변하여 너희 자신의 원래의 눈빛이라는 것을 찾아볼 수 없는 그와 같은 형국으로 변화되니,
7 내가 어린아이로 태어나게 했던 처음의 아름다운 그 눈빛의 마음으로써 살아가라 함이니라.
8 남들이 바라볼 때 평온한 마음이요, 정이 어려 있으며, 남들이 바라볼 때 거짓이 없으며 욕심이 없는 그 순박한 아기들의 그 눈빛으로써 변화해야 하며,
9 그와 같이 아름답게 변화되는 것이 나에게 오르는 길이라 그리 말하였음이

니라.
10 그러나 너희의 그 눈빛은 험악할 대로 험악하게 변화되어, 이제는 너희가 기르는 애완동물의 그 눈빛이요, 짐승의 눈빛을 보고 깨우쳐야 하며 그 짐승의 눈빛을 닮아 가야 하는 것이 지금의 너희 삶이니, 과연 너희가 얼마나 타락되었으며 얼마나 험악해졌느냐?
11 너희가 기르는 애완동물들도 주인이 먹이를 주고, 안아 주고, 예뻐하는 것만큼 그들이 주인을 바라보는 눈빛이 얼마나 정이 어려 있으며 사랑이 감도는 눈빛이더냐?
12 그 동물들의 눈빛만도 못하게 일그러지고 험악해진 것이 지금 너희 눈빛이니, 그것이 바로 너희 마음이요, 살벌한 오늘의 삶의 증거이니라.
13 그러니 이제는 말 못 하는 짐승들의 가진 아름답고 순박한 눈빛을 보고 배워야 하는 그와 같은 형국에 이르렀으니, 그를 보는 나 여호와의 마음이 얼마나 저리고 아프겠는가?
14 내가 가장 아름답게, 가장 높은 지혜를 주어 세상에 살다 나에게 오르라 한 나의 사랑하는 아들딸들이 주인에게 감사하며 바라보는 짐승들의 그 순수한 눈빛만도 못하게 그보다 더 험악하게 찌들고 그만도 못하니,
15 너희가 기르는 동물들의 그 순박한 눈빛으로 변화해야 한다고 말함이니 이 얼마나 내 마음이 아픈 오늘의 현실인가?
16 그 동물들도 살다 죽어 가는 것이며 너희 또한 살다 죽어 가는 것이니, 똑같이 죽음의 길을 넘지 못하는 것이니라.
17 그러나 그 죽음을 넘어가는 그 짐승들은 주인에게 보이는 그 눈빛이요, 감사하는 눈빛이요, 그 은혜로운 눈빛을 죽을 때까지 변하지 아니하고 그리 살아가나,
18 지혜가 높고 깨달음이 높은 나의 백성은 그저 세상에 살아가면서 나이가 먹으면 먹은 만큼, 세월의 연륜을 쌓으면 쌓은 만큼 너희 눈은 천태만상으로 변하며,
19 세상에 태어났던 그 아름다운 눈빛은 결국 찾아볼 수가 없음이니라.
20 너희가 세상에 태어날 때 그 눈빛이 곧 천국에 오는 눈빛이요, 나에게 오르는 눈빛이거늘, 이제 너희는 그 눈빛을 찾을 수 없으며 그대로 돌아갈 수 없음이니,
21 차라리 너희가 기르는 애완동물들이 주인에게 감사를 보내는 그 애정 어린 눈빛을 보고 배워 천국에 오르는 길이라도 바라보도록 그리하라, 불쌍한 나의 백성들아!

7,111 번째 하나님 말씀

2003년 8월 11일 20시 58분

1 사랑하는 나의 아들아!
2 **"네, 아버님! 말씀하옵소서."**
3 나 여호와가 성경에 기록하여 일찍이 너희에게 전하였음이니라.
4 내가 너희에게 성경을 통하여 가르친 그 내용이 무엇이더냐?
5 '살인한 자는 누구든지 살인한 것만큼 심판을 받으며 그 죄의 대가를 반드시

치른다' 하였음이니,
6 이것이 육의 삶의 죄에 대한 심판의
기본이요, 근본이니, 그 무서움을 알
아야 할 것이니라.
7 내가 또 그리 기록하여 전했느니라.
8 너희가 말로써 하는 모든 것 또한 죄
라 그리하였음이니라.
9 그리하여 '형제에게 미련한 놈이라 말
하는 자는 그 말 한마디로써 지옥을
벗어나지 못하며 지옥으로 가게 되는
벌을 받는다.' 그리 기록하여 전했음
이니라.
10 형제에게 미련한 자라는 말 한마디가
지옥으로 간다면, 이 세상에 살아가면
서 행동이 얼마나 소중하며, 말 한마
디 행동 하나하나가 모두 심판의 기준
이니 너희는 거기서 벗어나지 못하거
늘,
11 어찌하여 행동은 소중하지 아니하며,
그저 믿으며 나의 아들 예수를 찾기만
하면 구원을 받는다 그리 말하는가?
12 그게 사탄들의 가르침임을 잊어서는
아니 될 것이니라.
13 내가 오늘 나의 아들을 통하여 하늘의
법도를 너희에게 전했으며 하늘의 비
밀을 가르쳐 주었음이니라.
14 너희가 다른 신을 가슴에 안고 나의
아들 예수를 찾을 때, 그것은 사탄을
예수라 부르는 것이며,
15 너희가 다른 신을 가슴에 안고 나 여
호와를 찾는 것 또한 나를 찾는 것이
아니요, 사탄의 자식으로서 사탄을 부
르는 것이라 그리 말하였음이니,
16 그 무서움과 두려움을 알아야 할 것이
니라.
17 그러니 모든 심판의 기준은 너희가 인
간 세상에서 살아가면서 사탄의 자식
으로서 역사한 행동은 그 행동한 만큼
벌을 받을 것이며, 천사와 같은 행동
을 한 것은 행동한 것만큼 나에게 와
심판을 받음이니라.
18 그러니 내가 다시 한 번 너희에게 가
르침이니,
19 너희가 육과 영혼이 같이 존재하는 이
세상에서 행하는 것이 모든 심판의 기
준이라는 것을 절대 잊어서는 아니 될
것이니라.
20 그를 잊어버리고 사는 자, 사탄들이
가르치는 그 말에 현혹되어,
21 육의 삶에서 하는 것은 용서를 빌면
될 것이요, 그저 믿음만 매달리고 가
면 구원을 받는 것이요, 믿음이 우선
이라 하는 사탄들의 가르침에 너희 자
신이 지옥 불에 가는 억울함을 당하지
말라.
22 너희가 나에게 와 심판대에 섰을 때,
그 정확한 심판대의 저울은 너희가 인
간 세상에 살아오면서 행했던 모든 행
동이요, 마음으로 생각했던 그 모든
것이 기준이니라.
23 육과 영혼이 같이 존재하는 세상에서
육으로써는 행동으로 보이며 영으로
써는 생각하고 마음먹었던 그 모든 것,
24 육의 행동과 영이 생각했던 그 두 가
지 모두 다 죄와 선에 따라서 내 앞에
와 저울대 앞에 정확히 단다 하였음이
니,
25 여기서 악이 밑으로 내려가는 그 두려
움을 알게 될 것이며, 그것이 너희가
행동을 잘못하고 생각을 잘못하고 살

았던 그 모두가 죄가 되어 무거운 쪽
에 그것이 눌리게 됨이니,
26 그것이 밑으로 내려갔을 때 지옥으로
간다는 하늘의 법도를 가르쳐 준 것을
두려워 하지 아니하고,
27 어찌하여 지금도 그리 믿기만 하면 구
원을 받는다며 거기서 깨어나지 못한
단 말이더냐?
28 인간의 행동으로써 지은 죄악은 믿음
으로써 다 사해진다는 그와 같은 사탄
의 가르침에 절대 현혹되지 말라는 이
말을 기록하고 또 기록하여 전하는 소
중함을 알라.
29 그 말을 듣고 환호하며 그것이 진정한
하늘에 가는 길이라는 그 순간에 너희
는 영원히 돌이킬 수 없는 그 지옥 불
로 간다는 것을 잊지 말라.
30 수많은 죄를 지으면서도 사탄의 가르
침이 절대적인 것처럼 변명하고 변호
하는 말로써 기도하면서 그리 가면 구
원을 받을 수 있다는 그 생각 때문에,
31 너희가 억울하게 다시 태어남을 받지
못하며 지옥 불에 가서 그 얼마나 고
통스러운 세월을 보내는가?
32 너희가 가는 것은 지옥이요, 하늘이
아님을 너희는 알아야 할 것이니라.
33 내가 너희를 사랑하기에, 나의 아들을
통하여 하늘의 법도요, 감히 전할 수
없는 하늘의 천기를 너희에게 가르쳐
주거늘,
34 어찌하여 하늘의 법도는 따르려 하지
아니하고 인간 세상의 가르침에만 혈
안이 되어 너희 자신을 그리 버리는가?
35 내가 행함이 얼마나 소중한 것인지 가
르치지 않았는가?
36 하늘의 법도는 적다 하여 어떤 죄를
면죄를 받으며 그것이 적다 하여 죄가
안 되고 지옥으로 가는 길이 아니라는
것을 잊어서는 아니 될 것이니라.
37 크다 하여 그 죄를 용서받지 못하며
큰 죄목만 지옥으로 가며 그 죄의 심
판대에 올라선다고 그리하지 말라.
38 작든 크든 그 모두가 다 심판대에 섰
을 때 나의 뜻에 의해 그 점수는 매겨
지는 것이니라.
39 그러니 이것이 하늘의 법도임을 너희
는 알아야 할 것이니라.
40 어떠한 형태로든지 지은 죄의 대가는
반드시 치르게 되어 있으며,
41 그 대가를 치르는 것은 너희가 지옥으
로 가게 되며, 지옥에서 그 대가만큼
형용할 수 없는 고통의 세월 속에서
견뎌야 한다는 것을 잊지 말라.
42 너희가 어찌 감히 창조주 나 여호와를
속이려 하는가?
43 너희가 나를 속일 수 있다고 그리 생
각하는가?
44 너희가 지금 십계명을 지키고 살 수
없다는 것, 죄를 짓지 아니하고 살 수
없다는 것, 그리고 지은 죄를 재물을
바치며 용서를 비는 기도로써 모두를
용서받을 수 있다고 가르치고 행하는
것은,
45 그 모두가 하늘을 가리는 것이며, 나
를 속이려 하는 그와 같은 사악한 행
위에서 이루어진다는 것을 절대 잊어
서는 아니 될 것이니라.
46 나 여호와요, 하늘의 법도는 너희 자
신도 모르는 작은 죄까지,
47 너희가 아무도 모른다 생각하여 은밀

하게 저지른 그 죄요, 너희 가슴속에
생각했던 그 사악한 마음이요, 남을
미워하는 마음이요, 남을 저주하는 그
와 같은 마음까지도 하나도 놓치지 아
니하고 모두를 심판을 받는다는 것을
잊어서는 아니 될 것이니라.
48 너희가 심판대에 섰을 때 잘못 가르친
종교 지도자를 원망하고 통곡하며 그
앞에 가서 변호하고 변명하고자 하나,
그를 들어주는 사람이 없으며 그를 듣
는 이가 없음이니라.
49 아무리 울고불고 변명을 한다 해도,
오로지 너희가 지은 것만큼 그 대가를
치르고 지옥문으로 불려 가며 그곳으
로 가는 것이 너희 운명이라는 것을
알라.
50 하늘의 법도는 작은 죄라 하여 용서를
받으며 큰 죄라 하여 용서를 받지 못
한다는 생각을 하지 말라.
51 너희 자신도 모르게 지은 그 작은 죄
까지 너희가 아무도 모른다 하여 은밀
하게 마음으로 지은 그 죄까지 그 모
두가 나의 심판을 받지 아니하는 것이
없음을 너희는 알라.
52 그러니 그 두려움을 알아야 할 것이
며, 이를 깨닫지 못하는 자는 영원히
나에게 구원을 받을 수 없으며 나에게
올 수 없는 백성이라는 이 두려움을
알라.

7,112 번째 하나님 말씀

2003년 8월 11일 23시 41분

1 사랑하는 나의 아들아!
2 "네, 아버님! 말씀하옵소서."
3 인간 세상에서 자식을 길러도 육의 부
모는 정성을 다 들이고 공을 들여 기
르느니라.
4 그리하여 잘 가르치고 다스린 그 자식
이 성장함에 따라서 부모의 뜻을 따르
지 아니하며 부모의 뜻을 거역하는 삶
으로 살아갈 때, 너희 생각은 과연 어
떠하겠는가?
5 그 마음이야 말을 하지 아니해도 그
육의 부모가 얼마나 섭섭한 마음이 있
겠는가?
6 그러니 여기서 깨우쳐야 할 것이니라.
7 나 여호와가 가장 아름다운 모습으로
써 창조한 백성이 너희니라.
8 그리하여 세상에 너희를 내보내며 모
든 것을 통제하고 관리하도록 너희에
게 높은 지혜를 주었으며 판단력을 주
었음이니라.
9 그리하여 더불어 삶을 살 수 있도록
원하고 바라는 것이 너희였음이니라.
10 같은 형제로서 인간과 인간이 서로 돕
고 도와 가며 한 백성으로 살아가는
것을 원한 것이 나 여호와의 뜻이었음
이니라.
11 그러나 너희는 과연 지금 어찌 살아가
는가?
12 너희는 둘이 모이고 셋이 모이면 그만
큼 시끄러우며 모함하고 시기하며 질
투하는 그와 같은 마음으로 변하여져
있음이니,
13 오늘날 그와 같은 너희 마음을 바로잡
고자 하는 것이 나 여호와의 뜻이니라.
14 내가 너희에게 인간으로서 삶을 살다
나에게 오라 하였거늘, 너희가 그 뜻
을 따르지 아니하며 그와 같이 살아가

지 못하는 수많은 백성을 보는 나 여
호와의 마음은 과연 어떠하겠는가?
15 내 아픈 마음을 아는 자가 아무도 없
음이니라.
16 내가 너희에게 바로 살며 내가 명한
것을 지키고 살다 나에게 오라 함이며,
17 창조주인 나 여호와의 품에 다시 돌아
올 수 있는 모든 길을 다 가르쳐 주고
깨우쳤으며 글로 명하여 내렸으며 내
가 직접 써 내린 계명이 있으며,
18 또 이제는 마지막 시대에 나의 아들을
통하여 새로운 성경이요, 새로운 법전
이라 하여 글로 증거하여 내려보내건
만,
19 이를 읽고 깨우쳐 그대로 행하고 살면
되는 것을 그리 행하지 아니하고 사
니, 그를 보는 나 여호와의 마음이 과
연 어떠하겠는가?
20 너희는 지금 나를 경배하며 나의 뜻에
따라 살아가며 나 외에 다른 신을 두
지 아니하고 살아간다 하나,
21 너희는 모두 나와 아무런 관계도 없으
며 나를 거역하는 일만 하고 있음이니
라.
22 너희 가슴속에는 다른 신이요, 사탄의
생각이 그득히 차 있으며,
23 말로만 나를 찾는 것이요, 나를 경배
하는 것이요, 너희의 본 마음이요, 진
정한 그 마음속에는 내가 존재하지 아
니하며 나의 아들 예수가 너희 마음에
존재하지 않음이니라.
24 욕심을 버리지 않는 오늘의 그 자세의
믿음은 너희가 다른 신을 가슴에 안고
살아감이니, 곧 그건 내가 뭐라 말하
였느냐?
25 나의 뜻에 따라오는 백성이 아니요,
나의 뜻을 거역하는 자요, 나를 부르
는 것이 진정한 아버지를 부르는 것이
아니요, 사탄의 환상을 부르는 것으로
전락된 삶을 사는 것이라 그리하지 아
니하였더냐?
26 그러니 사랑하는 나의 아들이 나를 찾
고 나에게 오고자 하는 것이 아니요,
정녕 사탄이요, 사악한 자의 뜻에 따
라 지옥 불로 떨어져 가는 그 길을 옳
다고 가는 나의 백성을 보는 내 마음
이 과연 어떠하겠는가?
27 내가 너희에게 바로 서 나에게 오라
하여 성경을 내려보냈으며 모든 기적
의 역사를 보였으나,
28 너희는 오늘날 욕심의 마음자리 하나
를 버리지 못하고 다스리지 못하는 백
성이 되었음이니라.
29 수천 년 동안 흘러오는 그 세월 속에
나의 계명을 지키며 나의 뜻을 알아
깨우치는 지도자가 있었다면 오늘과
같이 이와 같이 험악한 세상의 삶은
아니었을 것이니라.
30 그러나 진정한 뜻을 알지 못하며 내가
원하는 그 참진리를 모르고 그를 아는
지도자가 없었음이니, 인간이 만든 교
리로써 인간이 만든 생각으로써 이끌
어 온 그 믿음은 나와는 아무런 관계
도 없는 믿음으로 가고 있음이니라.
31 내가 일찍이 너희가 행하고 살아가는
모든 것을 반대 방향으로 보고 반대쪽
에서 봐야만 모든 것을 이해할 수 있
다 하였음이니,
32 너희가 그와 같은 삶을 살지 않는 오
늘의 삶으로써는 인간 세상의 한계를

벗어나지 못하는 삶이기에,
33 정녕 나의 뜻을 알지 못하며 내가 이
루고자 하는 것을 모르며 나에게 오르
는 그 길을 모르는 것이 너희임을 알
아야 할 것이니라.

7,113 번째 하나님 말씀

2003년 8월 11일 23시 49분

1 사랑하는 나의 아들아!
2 "네, 아버님! 말씀하옵소서."
3 네 몸에 있는 눈 한 번 치켜뜨는 것,
남의 마음이 아프도록 눈을 뜨는 것,
감정을 표출하는 그와 같은 눈으로 뜨
는 것,
4 자신을 다스리지 못하여 소리 지르며
언성을 높이는 것, 상대방에게 감정이
격화된 언행을 하는 것,
5 그 모든 것이 다 죄가 되며 나에게 죄
를 짓는 행위라 그리 깨우쳐 주었음이
니라.
6 너희가 육의 세상에서 부활하여 다시
태어나는 역사의 기회를 갖지 아니하
면 나에게 와 심판을 받을 때 정녕 다
시 태어나는 그와 같은 삶을 살 수 없
다 하였음이니라.
7 그러니 육을 가진 이 세상에서 심판을
받을 때까지 바른 삶을 사는 것이 나
에게 오르는 길이라 하였음이니,
8 너희가 눈 한 번 치켜뜨는 것, 소리 한
번 지르는 것, 감정이 격화되는 것, 그
모두는 나 여호와에게 올 수 없는 죄
라 그리 말하였음이니라.
9 너희가 행하는 것이 얼마나 소중하고
귀한 것인가를 너희는 이미 알고 있지
않으냐?
10 너희 형제들에게 미련한 자라는 그 말
한마디로써 심판을 받아 지옥 불로 간
다는 말을 너희에게 일찍이 깨우쳐 주
었으니, 남에게 하는 행동이야 오죽하
겠는가?
11 그러니 너희가 삶에서 양심에 가책되
는 모든 행위는 나에게 올 수 없는 것
이라는 것을 알아야 할 것이니라.
12 부족한 부모라 하여 부모 앞에 화를
내는 그와 같은 것이 다 죄가 되며, 그
건 다 나에게 올라올 수 없는 길이라
는 것을 너희는 일찍이 깨우쳤으며 알
고 있음이니라.
13 그러나 너희는 그걸 행하지 아니하고
그와 같은 삶을 살지 않으니, 그와 같
은 내가 명한 것을 행하지 아니하고
사는 너희가 어찌 나에게 올 수 있단
말이던가?
14 너희는 지금 다시 생각해야 하며 다
시 태어나야 하며 다시 새로운 삶으로
써 살아가려는 각오와 변화 없이는 정
녕 나에게 올 수 없다는 것을 알아야
할 것이니라.
15 너희는 지금 살아가면서 뭐라 말하느
냐?
16 종교 지도자들이 하는 그 말 한마디가
얼마나 무서운 짓을 하고 있는지 아는
가?
17 종교 지도자가 공공연히 그리 말하느
니라.
18 '세상에 살면서 죄를 짓지 않는 사람
이 어디에 있으며 남에게 거짓말하지
아니하고 사는 백성이 어디에 있느
냐? 정녕 인간은 거짓말하지 아니할

수 없으며 남을 속이지 아니하고 남을
욕하지 아니하고 살 수 없는 것이다.'
19 그와 같이 당당하게 말을 하는 것이
종교 지도자요, 또한 신도요, 믿음의
길을 가는 백성이니라.
20 그 말 자체가 어떠한 말인지 그 의미
도 모르며 함부로 그리 말함이니, 형
제에게 욕하는 것도 지옥 불에 간다
하였거늘,
21 그와 같은 행위를 하고 정녕 지옥으로
가지 아니하고 나에게 와 구원을 받을
수 있다고 그리 생각하는가?
22 너의 삶의 행동이 얼마나 소중한 것인
가를 다시 한 번 가르쳐야 할 것이니
라.
23 '이 세상에 죄짓지 않는 자가 어디 있
으며 거짓 하지 아니하는 자가 어디
있는가? 죄짓지 않고 살려고 노력하
는 자는 바보요, 천치요, 이 세상의 낙
오자가 되는 것이다.' 그와 같이 공공
연히 가르치며 말하고 있음이니, 그것
이 정녕 타당한 것이며 진정한 믿음의
길이라 생각하는가?
24 너희가 죄짓지 않고 살 수 있는 그 고
통의 한계를 넘지 못하고 그저 흘러가
는 대로 편하게 세상의 삶을 사는 것
을 종교 집단이요, 지도자들이 스스로
그와 같이 사는 것이 당연한 길이며,
그와 같이 사는 것이 인간이요,
25 회개하고 변호하고 변명함으로써 구
원의 길을 얻을 수 있다고 가르치는
형국이니, 과연 너희가 어찌 바로 설
수 있는가?
26 죄에 대한 변명만을 가르치는 것이 지
금의 종교 집단이요, 지도자들이요,
그리고 변호하는 방법만을 숙지시키
는 것이 너희 집단이라 내가 그리 말
하였음이니라.
27 그러나 그와 같은 형국으로써 죄를 면
할 수 있으며 나에게 변명하고 변호를
한다 해서 그걸 면할 수 있다고 생각
하는가?
28 너희가 은밀한 중에 이루는 그 모든
죄악도 하나도 놓치지 아니하고 다스
려 심판하는 것이 나 여호와라 하였거
늘, 그와 같은 것으로써 하늘 아래 무
엇이 통하고 역사할 수 있다고 생각하
는가?
29 아무런 변명이나 변호도 나에게 해당
하지 아니하며, 그것들이 너희에게 도
움이 되지 아니함이니라.
30 오로지 인간다운 바른 삶이요, 아름다
운 행동으로써 실천하고 사는 그것만
이 너희가 나에게 올 수 있다는 것을
알라.
31 모든 것을 그렇게 사는 속에서만 나를
만나 볼 수 있으며 나와 대화를 할 수
있으며 나의 음성을 들을 수 있다는
것을 절대 잊어서는 아니 될 것이니라.
32 모든 종교 집단이요, 지도자들이 바르
게 사는 자, 정의롭게 사는 자, 죄짓지
아니하고 사는 자, 거짓말하지 아니하
고 사는 자는 이 세상에서 손해를 보
게 되어 있으며, 바보가 된다 하여,
33 남에게 바보가 되지 아니하고 남과 같
이 살겠다 그리하여 죄지으며 죄를 모
르고, 사악한 것을 사악한 것이라 모
르고 사는 것이니, 바로 너희 자신에
대한 핑계가 아니더냐?
34 지금 너희는 핑계와 변호하는 것밖에

배운 것이 없음을 알아야 할 것이니라.
35 너희는 이제 깨우쳐야 할 것이니라.
36 모든 것이 변명이요, 핑계로써 통한다
고 생각하지 말라.
37 하늘나라에서는 그와 같은 것이 절대
통하지 아니하며 역사할 수 없다는 것
을 알라.
38 너희는 핑계와 변명으로써 지금 너희
의 고통스러움이요, 괴로운 마음의 작
은 일말의 양심을 위로할 수 있을 것
같이 생각할 수 있으나, 그것은 위로
가 되는 것이 아니요, 그것으로써 죄
가 사해짐이 아니요,
39 어떠한 이유든 간에 지은 죄의 대가에
대하여 지옥에 가서 모두 치르며, 그
대가를 반드시 치러야 한다는 것을 잊
어서는 아니 될 것이니라.
40 남들도 죄를 짓고 가는 길을 나도 더
불어 가는 것이니, 난들 무엇이 어떠
랴?
41 남들이 살아가는 그 모든 것의 그 이
상도 그 이하도 아니고, 그저 더불어
거짓말하면 거짓말하는 대로 편하면
편한 대로 더불어 사는 것이 대수지,
42 자기 혼자만 손해 보는 세상을 살아야
할 것이 무엇이 있느냐는 그와 같은
심성을 종교 지도자요, 지금 구원을
받았다는 백성이 아직도 버리지 못하
고 있다면, 그것이 과연 하늘에 오를
수 있는 나의 백성이라 생각하는가?
43 이제 나의 법전을 읽고 깨우친 백성은
어떠한 변명도 나에게 통하지 아니하
며, 어떠한 수단과 방법으로 그를 감
추고 숨기려 한다 해도 절대로 숨길
수 없다는 것을 잊어서는 아니 될 것
이니라.
44 그러니 나의 법전을 읽고 깨우친 백성
이요, 나의 법전을 읽고 깨달은 백성
은 손해 보는 것이요, 바보라는 그것
이 너희에게 축복되고 영광된 길이요,
45 결코 너희가 손해 보는 것이 아니요,
바보가 되지 아니한다는 확실한 믿음
을 갖고, 거기에 주저하지 말고, 남들
이 가지 못하는 그 길의 삶을 살도록
그리하여 나에게 오는 영광을 얻도록
그리하라, 사랑하는 나의 아들딸들아!

7,114 번째 하나님 말씀

2003년 8월 12일 06시 38분

1 사랑하는 나의 아들아!
2 "네, 아버님! 말씀하옵소서."
3 너희가 평생 노력하여 이루고 살아가
는 그와 같은 삶에서 어떠한 것이 진
정한 길이요, 잘못된 길인가를 선택해
서 가는 것이 얼마나 귀하고 소중한
것인가를 깨달아야 할 것이니라.
4 너희가 평생을 일하여 조금씩 모은 재
산을 친구의 말을 듣고 전답을 마련한
다고 하자.
5 그리하여 두 사람의 친구가 똑같이 노
력하여 번 돈을 가지고 서로 친구를
믿고 평생 노후까지 살아갈 수 있는
전답이요, 토지를 만들어 달라 그에게
부탁하여 사들이기 시작하였음이니
라.
6 그리하여 한 사람은 진정한 친구로서
그 친구가 노후에 살아갈 수 있도록
아주 좋은 옥토를 선택하여 곡식을 심
고 가꾸어 충분히 먹을 수 있는 그와

같은 좋은 땅을 친구가 보내 주는 대
로 조금씩 사서 그를 만들어 주었다
하면, 그 친구는 제대로 만들어 준 자
요,
7 그리하여 거기서 농사를 지을 것이며
또한 곡식을 거둬들여 인생의 마지막
에 모든 것을 안전하게 살아갈 수 있
는 터전을 바로 만든 것이니라.
8 그러나 다른 한 친구는 옥토의 전답을
사 준 것이 아니요, 그저 쓰지도 못할
자갈밭을 조금씩 조금씩 사 주며 제
나름대로 이익을 취하며 그와 같은 땅
을 장만해 주었다면, 후자의 친구는
노후의 모든 보장이요, 모든 역사가
이루어질 수 없는 삶의 길이 아니더냐?
9 그와 같은 것이 지금 너희가 믿음의
길을 가는 그 형태이니라.
10 지금의 종교 집단이요, 지도자요, 그
들을 따르는 신도라는 그 백성이 바로
그와 같은 자이니라.
11 친구를 잘못 만나 그 친구를 믿고 너
희가 평생 번 재물이요, 재산을 그로
하여금 너희가 노후에 살아갈 수 있도
록 옥토의 전답을 장만해 달라 했으
나, 그가 쓰지 못하는 자갈밭이요, 쓰
지 못하는 황폐한 버려진 땅을 사서
너희에게 준다면, 그걸 본 너희는 얼
마나 당황하고 황당하겠느냐?
12 지금 그보다도 천배 만배 더 험악한
짓을 하는 것이 종교 집단이요, 지도
자들이니라.
13 너희가 평생 모은 재산이요, 모든 시
간과 그 모두를 다 지금 교회라는 곳
에 봉사하고, 그 종교 지도자의 설교
요, 그 강론을 들으며,
14 그들 말대로 그저 믿기만 하면 구원을
받으며 그저 나를 찾고 나의 아들 예
수만 찾으면 구원을 받는다는 그 말에
평생 모은 재산이요, 평생을 모을 수
있는 것을 계속 그곳에 붓고 바쳤으나,
15 그들은 곡식을 거둬들일 수 있는 옥토
를 사 주는 것이 아니요, 쓰지 못하는
황폐한 자갈밭을 사 주는 것보다 더
험악한 지옥으로 가는 표를 너희에게
계속 사도록 강요하며, 너희가 그리
바친 것이 지옥 가는 표를 사는 그와
같은 형상이니, 바로 친구를 잘 만나
야 하는 것은 당연한 것이 아니더냐?
16 친구를 잘못 만나는 것은 그저 속아서
옥토를 얻지 못하며 가난과 어려움 속
에서 살아가는 것으로 끝이나, 잘못된
종교 지도자들의 참진리가 아닌 비진
리의 길을 따라가는 그와 같은 자는
바로 영원히 구원할 수 없는 지옥 불
에서 살게 되는 그와 같은 길을 가게
됨이니,
17 너희가 어떠한 친구에게 부탁해야 할
것인가, 어떠한 친구에게 재산을 모두
다 맡겨 좋은 옥토에 좋은 터전을 만
들어 달라고 할 것인가, 그를 고르고
못 고르는 것은 너희 손에 달렸으며
너희의 신중함에 달렸음이니 그리 알
라.
18 내가 이와 같이 인간 세상의 비유를
들어 말함이니, 지금이라도 황폐한 땅
을 계속 사는 그와 같은 행위를 중단
하지 아니하면 너희는 옥토요, 좋은
땅을 장만하지 못하게 됨이니 그리 알
라,
19 지금 종교 집단이요, 지도자에게 재물

을 바치고 시간을 바치며 '아멘, 할렐
루야!' 하며 맹종 맹신하는 것은 지옥
으로 가기 위한 그 길의 죄를 사는 것
이요,
20 어렵고 힘들게 번 그 재물과 시간과
모두를 가지고 지옥으로 가는 그 짐을
사는 것이요, 그 표를 하나하나 더 사
서 지옥의 험악하고 무서운 유황불보
다 더한 곳에 들어가고자 하는 행위이
니, 여기서 깨우침을 얻어야 할 것이
니라.
21 진정한 친구요, 옥토를 장만해 줄 수
있는 좋은 친구를 고르도록 해야 하
니, 그게 바로 참진리요, 위대한 길이
니라.
22 그리하여 내가 너희에게 걱정하지 아
니하고 의심하지 아니하며 불안해하
지 아니할 나의 성령이요, 너희를 마
지막 심판할 나의 법전을 불쌍한 나의
아들이요, 부족한 아들이요, 세상에
내놓을 것이 없는 이와 같이 어렵고
힘든 길을 살아온 나의 아들에게 내가
이 모두를 내려 너희를 깨우치는 그
역사를 이룸이니, 그 누구도 가지 못
하는 길이니라.
23 박사라 하는 자, 선생이라 하는 자, 종
교 지도자의 제왕이라 지금 말하는 자,
24 모든 종교 집단에서 저만이 나로부터
명받은 목자라 말하는 그 누구도 지금
내가 나의 아들에게 내려보내는 160
권의 새로운 성경이요, 나의 법전을
기록할 자신이 없으며, 기록할 자가
없음이니라.
25 그들은 너무나 똑똑하고 유능하기에
인간 세속의 생각을 먼저 하고 버리지
못하기 때문에 저희 생각을 먼저 기록
할 것이며,
26 저희가 이와 같은 것을 기록했을 때,
이단이요, 사탄이라 하여 종교계요,
교회라는 곳에 설 자리가 없을 것이
뻔하고 두려움을 알기에, 감히 그를
거역하여 이를 바로잡지 못하는 것이
니라.
27 그래서 내가 어리석고 부족한 나의 아
들에게 이를 명함이니, 너희는 그리
알아야 할 것이니라.
28 부모에게 효도하는 길을 가르치는 대
로 행하는 자식은 바보스럽고 어리석
은 자식이 더 잘 행하고 따를 것이니
라.
29 잘나고 똑똑한 체하는 자식은 부모에
게 효도함이 무엇인 줄 모르며, 진정
부모가 원하는 것이 무엇이며 부모의
그 유업이요, 가르침을 제대로 들으려
하지 않으니, 그들이 계산을 두기 때
문이니라.
30 그러나 좀 모자라고 부족한 자식은 그
부모의 뜻을 그대로 순종하고 지킴이
니, 그는 효성스러우며, 또 다른 것을
배워서 갈 길이 없는 자이니라.
31 그리고 다른 것을 계산하지도 못함이
니라.
32 오늘 많은 죄요, 많은 어려움이요, 세
상의 어렵고 험악하고 힘든 삶을 살아
온 나의 아들을 다스려 그에게 모두를
내리는 것은, 그는 그저 모두를 다 그
대로 행할 수 있으며, 내 유업이요, 내
뜻을 그대로 받고 시행할 수 있는 아
들이기 때문이니,
33 인간 세상으로 말하면 부족한 아들이

요, 모자란 아들이기 때문에 나의 아
들을 시킴이니라.
34 너희는 너무 똑똑하고 잘났기에 인간
세상의 교리로써 가르치며 인간의 법
도로써 모두를 행하고 가기 때문에 내
가 너희에게 명하지 아니함이니 그리
알아야 할 것이며,
35 너희는 나의 뜻을 그대로 순종하지 아
니하는 오만함이 있으며 교만함이 있
다는 것을 알아야 할 것이니라.
36 부족하고 못나 험악하게 세상을 살아
온 나의 아들에게 내리며, 너희는 받
을 자격이 없다는 것을 부끄러운 줄을
알며 나로부터 얼마나 잘못된 자들인
가를 너희 스스로 깨우쳐,
37 나의 아들에게 내리는 나의 법전이요,
이 새로운 성경의 두렵고 무서운 것을
알아야 할 것이니라.
38 지금 너희는 오만과 자만에 아직도 젖
어 있는 자들이니, 바로 깨우치는 그
와 같은 변화가 없이는 너희는 나와
관계없는 아들딸이라는 것을 잊지 말
고 명심하도록 그리하라.

7,115 번째 하나님 말씀

2003년 8월 12일 06시 48분

1 사랑하는 나의 아들아!
2 "네, 아버님! 말씀하옵소서."
3 내가 너희에게 생명을 주어 이 세상에
살아가도록 하였으며, 이 세상에 존재
하는 모든 것을 다 얻고 쓰고 살 수 있
도록 주었음이니, 풍족하게 부족함이
없는 인생의 삶을 살도록 그리하였음
이니라.
4 그리하여 그 모두를 잘 관리하고 아름
답게 살다 나에게 오라는 것이 나 여
호와의 뜻이니라.
5 그러나 지금까지 살아오는 모든 백성
이 그 은혜의 감사함을 알기 전에 지
금 인생의 삶이요, 구원을 받는 그 길
을 인도한다는 종교 집단 지도자들이
이 세상에 뿌리를 내리고 존재함으로
써 너희의 순하고 순박한 그 마음을
다 무너트렸으며,
6 이제는 나의 피조물 만백성들이 모든
은혜 속에 산다는 것을 망각하며, 그
저 막가는 인생이요, 막가파와 같은
인생으로 전락하도록 나의 피조물 만
백성들을 종교 집단 지도자들이 그리
이끌어 갔음이니라.
7 그들이 얼마나 험악하고 잔인한 방법
으로써 나의 백성을 타락시켰으며, 그
냥 막사는 막가파 인생으로 만들었는
지 알겠는가?
8 그들은 일말의 양심까지도 뽑아내 버
렸으며, 지키고 자책할 수 있는 그 양
심마저도 송두리째 그 뿌리까지 뽑아
내는 그와 같은 사악한 짓을 한 것이
그들이니라.
9 너희는 모두 죄를 짓고 살다 나에게
오면 그 죄에 대한 심판은 영과 육이
같이한 인간 세상의 세속에 살았던 그
결과에 따라 받거늘, 그들은 뭐라 말
하느냐?
10 아무렇게나 살다가 그저 돈과 재물이
요, 모든 것을 다 바쳐 살 수 있으며
죄지은 것도 면죄받을 수 있다고 그리
가르치는 사악한 자들이 되었음이니
라.

11 저희가 지은 교회라는 곳에 와 헌금을
바치며 시간을 바치며, '아멘, 할렐루
야!'를 찾으며 '믿습니다, 맹세합니다,
당신 말이 맞습니다.' 그저 그렇게 가
르치는 대로 따라서 행하는 자들은 구
원을 받는다고 말하며,
12 죄를 면죄받아 천국에 올라오니, 너희
가 어떻게 살든 두려워할 것 없으며,
저희가 지은 교회에 와서 헌금만 많이
하라, 그리고 하늘의 창고에 많이 쌓
아 놓으면 모든 죄를 면죄받는다고 그
리 가르치고 그리 소리 지르느니라.
13 너희는 인생을 막가파로 살아가는 그
와 같은 책임이 있으며 오늘날 죄의
온상이요, 죄인이 되어 있음을 알아야
할 것이니라.
14 율법을 지키며 십계명대로 지키지 아
니하는 백성은 정녕 나에게 오를 수
없는 백성이라 그리 말하며,
15 너희가 이 세상 인간 중에서 가장 사
랑하는 사람을 사랑하는 마음처럼 나
여호와를 사랑하며 나의 아들 예수를
사랑하는 마음으로 간다면, 그 십계명
을 지킬 수 없다고 말할 수 없음이니,
16 그건 지키고도 남을 것이라 그리 가르
치고 나의 백성을 깨우쳐 주었으면 될
것이거늘,
17 너희는 그저 아무렇게나 되는대로 살
며, 십계명이라는 것은 골치 아프며,
인간이 이것저것 따지다 보면 아무도
살아갈 수 없으며 이 세상에서 존재할
사람은 없다고 가르치며,
18 죄를 짓고 교회에 와 헌금을 바치면
용서를 받는다 하니, 그것이 얼마나
아름다운 길이며 간단한 길이며 평탄
한 길인가?
19 너희에게 평탄한 길이요, 편안한 길이
요, 아름다운 삶을 살다 나에게 오를
수 있는 그 길을 인도하는 것이 목회
자요, 목사라 하며 교회에 오는 것이
그와 같은 영광이요, 모두를 얻는 것
이라 외치고 그리 소리침이니,
20 그 백성이 그것에 현혹되어 지금 막가
파 인생을 사는 것을 알아야 할 것이
니라.
21 지금 소리 지르고 가르치는 자들도 자
신이 죄의 선상에 서 있다는 것을 알
고 있을 것이니라.
22 그리고 그것이 맞다 하여 따라가는 신
도들이요, 막가파 인생을 살아가는 백
성은 그와 같은 종교 집단 지도자의
거짓 선전의 말을 듣고 그와 같이 살
아가면 된다고 잠시나마 위안이 될지
는 모르나,
23 그 위안 다음에는 공허함이 있으며 허
전함이 있으며, 지옥문 앞에 가서 몸
부림치는 것만 남아 있음을 알라.
24 가장 소중한 인간의 삶을 막가파 인생
으로 살아가는 것이 너희라는 것을 잊
지 말라.
25 나의 사랑하는 백성을 막가파로 만든
종교 집단 지도자의 그 뿌리를 뽑아
유황불에 태우고자 하는 것이 나의 뜻
이요, 나의 법전이 세상에 내려가는
의미임을 알아야 할 것이니라.
26 종교 집단과 지도자들이 저희들도 모
르니 그들이 지금 막가파 세상을 만들
어 가고 있으며 막가파 삶을 살아가도
록 가르치는 자들이니라.
27 그러니 저 자신이 막가파 인생을 가는

자가 저를 따르는 자, 제 밑에 와 설교를 들으며 강론을 들으며 그와 같은 가르침을 따르는 그 백성을 바로 막가파로 가게 하는 것이니,
28 막가파가 된 백성이 막가파가 가르치는 것을 '좋소, 옳소, 맞소' 하며 맹종하고 맹신하는 것이니,
29 그 희비애락 속에서 배우고 따라가는 그와 같은 너희가 되었음이니라.
30 이제 사랑하는 신도 너희 자신을 돌아다봐야 할 것이니라.
31 너희는 어찌하여 재물과 금화와 은화를 바치며 그로써 죄를 면죄 받을 수 있으며 사할 수 있다고 생각하는가?
32 나의 사랑하는 아들이 고통스럽게 죽어 간 대가를 재물 몇 푼으로써 그걸 보답하는 길이라 생각하며 그 은혜를 살 수 있다고 생각하는 어리석은 신도 너희가 정말 인생의 마지막 길로 가는 막가파 인생이니라.
33 이 세상에 너희보다 막가파로 가는 인생이 없음이니, 너희는 바로 마지막 지옥 불로 가기 위한 그 길을 달려가는 것이기 때문에, 지옥 불로 가는 막가파 인생이라 내가 너희에게 하나의 명칭을 붙여 주니,
34 이 두렵고 무서운 것을 너희가 각자 알고 깨달아 하늘에 오르는 그 길을 보도록 하며, 나의 법전을 읽고 깨우쳐 구원의 길에 들어서는 구원의 그 빛을 볼 수 있는 은혜와 영광을 얻도록 그리해야 할 것이니, 그보다도 더 소중하고 귀한 사랑과 은혜가 없음이니라.
35 가장 작은 것 하나라도 놓치는 것이 없으며 흘러가는 것이 없이 가장 작은 죄요, 가장 작은 사악한 생각을 하는 것도 그 죗값을 치르지 아니하는 것이 없이 다 받는다는 그 무서움을 알라.
36 그러니 막가파 인생으로 살면서 나에게 오를 수 있다는 생각은 꿈에도 하지 말라.
37 너희는 영원히 나오지 못하고 존재하는 그 험악하고 무서운 지옥행으로 가게 됨이니, 이를 잊지 말아야 할 것이니라.
38 내가 나의 법전에 기록하여 모두 다 읽고 깨우칠 수 있도록 전해 주었음이니,
39 이를 듣고 접하는 나의 아들을 따르는 제자들이요, 나의 법전을 읽고 깨우친 백성 너희부터 변하여, 이와 같은 무서운 하늘의 뜻을 만백성에게 전하는데 최선을 다해야 할 것이니라.
40 지금 가장 먼저 지옥 불에 던져지는 것이 바로 종교 집단 그들이요, 그들을 믿고 욕심 때문에 간단하고 편안한 방법으로써 재물을 몇 푼 바침으로써 나의 아들 예수에 대한 은혜를 갚는 것이며 거기에 감사하는 표시를 하여 구원을 받는 것처럼 착각하는 너희가 그다음으로 따라가는 것이라는 것을 절대 잊지 말라, 사랑하는 나의 아들 딸들아!

7,116 번째 하나님 말씀

2003년 8월 13일 01시 51분

1 사랑하는 나의 아들아!
2 **"네, 아버님! 말씀하옵소서."**

3 모든 나의 백성이 살아가면서 정답과
오답이요, 진실과 위장된 것을 행하며
살아가느니라.
4 정직하고 정도의 길을 가도 아니 될
것을, 두 마음을 가지고 살아가는 것
이 나의 피조물 만백성 너희니,
5 정녕 두 마음을 가지고 행하는 자가
지도자가 되어서는 아니 되며 만백성
을 깨우치는 자가 되어서는 절대 아니
됨이니라.
6 또한, 너를 따르는 제자들이요, 나의
법전을 읽고 깨우친 만백성 너희는 두
마음을 가지고 세상을 살아서는 절대
아니 되느니라.
7 모든 지도자라는 자요, 또 모든 종교
집단의 지도자가 두 가지 마음을 가지
고 살아서는 아니 되는 것을 알아야
할 것이니라.
8 너희는 겉으로만 거짓말하면 아니 된
다, 도적질해서는 아니 된다 하며,
9 마음을 비우고 사는 것, 깨끗한 마음
을 가지고 사는 것, 욕심을 다 털어 버
리고 사는 것이 너희가 사는 길이라
가르치며 말은 수없이 하면서,
10 그와 같은 것을 행하지 못하고 지키지
못하며 뒤로는 저 자신이 역행한다면
그것은 참지도자가 아니요, 그 가르치
는 것은 진정한 진리의 뜻이 아님을
알아야 할 것이니라.
11 그러니 나의 피조물 만백성들의 지도
자라는 자가 두 마음을 가지는 자들
이니, 모두 겉으로는 모든 것을 지키
며 한 점의 부끄럼이 없는 삶을 산다
고 말하는 것과 실제로 행하는 그 행
동이 다름이니, 이를 바로잡지 아니하
면 아니 되느니라.
12 모든 종교 집단이요, 모든 백성이 두
마음을 가지고 행한다 해도 나의 법전
을 읽고 깨우친 나의 아들을 따르는
제자요, 선택된 백성 너희는 절대 두
마음을 가지고 세상을 살아서는 아니
되는 것이니라.
13 얼마나 가증스럽고 얼마나 용서받지
못할 일이던가?
14 겉으로는 아름답게 살라, 모든 마음을
비우고 이웃을 사랑하며 살라, 성서대
로 살아야 한다고 그리 가르치면서,
15 저희는 그와 같은 행위를 하지 아니하
고 말로만 한다면 과연 그가 지도자가
될 수 있으며, 많은 백성을 깨우치는
선생으로서 제자리를 지킬 수 있다고
생각하는가?
16 그러니 어떠한 믿음의 길을 가는 백성
이 어떠한 형태로 살아가든 나의 아들
을 따르는 제자들이요, 나의 법전을
읽고 깨우친 만백성 너희는 그리해서
는 아니 되는 것이니라.
17 너희가 말을 했을 때는 그것이 속마음
이요, 참진리요, 그리고 진실이며, 그
리 행동을 했을 때 그 모두가 진실로
하나가 되는 삶을 살아야 함을 절대
잊어서는 아니 될 것이니라.
18 너희는 두 마음을 가지고 살아간다 하
였음이니라.
19 그리하여 인간은 두 마음을 가지고 살
다 나에게 와 심판받는다 하였음이니,
20 일단 두 마음을 가지고 나에게 심판을
받는다는 것은 천국으로 가기는 어려
운 자들이며, 지옥으로 가게 되어 있
음이니라.

21 두 마음이요, 두 갈래의 길로써 두 발
자취를 남기고 나에게 온다면, 이미
너희는 육의 세상에 살면서 죄를 갚을
만큼 아름다운 삶을 살지 못했으며,
22 겉으로는 천사와 같은 삶을 산다 하
나, 잘못 살며 지은 죄가 있기에 나에
게 심판을 받게 될 때, 사람은 하나되
두 발자취가 따라옴이니, 이는 나에게
올 수 없는 자라는 것을 알아야 할 것
이니라.
23 하나의 발자취만 나에게 구원을 받을
수 있다는 것을 절대 잊어서는 아니
됨을 알라.
24 너희가 육의 세상에서 아름답게 천사
와 같은 마음으로 살아 선행을 악보다
열배 백배 더 행했을 때, 아무리 눈밭
을 걸어온다 해도 하나의 발자취 외에
는 자국이 나지 아니하며 그려지지 아
니하는 것이 하늘의 법도라는 것을 잊
지 말라.
25 너희가 어찌 살았느냐에 따라서 두 발
자취를 한 사람이 가지고 와 나에게
심판을 받는 자,
26 그는 이미 두 발자취 중에 하나는 죄
악을 짓고 왔기에 그와 같은 형국으로
써는 구원을 받을 수 없는 것이니라.
27 그러니 선하고 아름답게 살며 천사와
같은 마음으로써 나의 성령이 충만된
그와 같은 삶을 살 때,
28 너희가 두 발자취를 다 가지고 온다
해도 하나의 발자취는 지워져서 보이
지 않으며, 그 자국은 눈 위에 걸어온
다 해도 남겨지지 않는 것이 하늘의
법도요, 나 여호와가 역사함임을 잊어
서는 아니 될 것이니라.
29 너희가 혼자 나에게 와 심판을 받을
때 두 발자취가 선명하게 그려져 온
자는 이미 어찌해야 할 것인가를 스스
로 알게 되느니라.
30 그러니 하나의 발자취만이 그려져야
할 것이며, 두 발자취가 다 그려지는
그와 같은 삶을 살아서는 아니 됨을
잊지 말라.
31 너희가 살아가면서 속과 겉이 다른 대
화를 하는 자, 선생으로서 제자에게
하는 말이 아름답고 착하게 선하게 살
라 말하면서 저는 그리 살지 못할 때,
32 그리고 또한 친구지간에 형제지간에
말로는 남들이 들을 때 천사요, 성인
군자처럼 하나, 실제로 행동이 그러하
지 못할 때, 그 무서운 대가는 말할 수
없음이니,
33 이는 남을 속이고 남을 기만하는 자
며, 제 가슴에 있는 욕심이요, 독사와
같은 그 마음이요, 사람을 물면 죽일
수 있는 그 독을 가득히 품고 있는 자
로서 호시탐탐 인간을 노리는 자며,
34 유사시는 그와 같은 독으로써 상대방
을 물 수 있는 근성이 있는 자들이니,
35 그와 같은 마음으로 사는 자는 내가
정녕 알지 못하며, 그리 사는 자는 지
도자로서 또한 깨닫는 길이요, 나의
아들딸이 될 수 없다는 것을 명심하고
또 명심해야 함을 잊지 말라.

7,117 번째 하나님 말씀

2003년 8월 13시 02시

1 사랑하는 나의 아들아!
2 "네, 아버님! 말씀하옵소서."

3 나의 사랑하는 백성을 이단이요, 사탄
이라 함부로 규정짓지 말라 그리하라.
4 이단이라는 그 단어의 역사가 어디서
부터 시작되었는지 과연 알고 있느냐?
5 이단이라는 것은 나의 아들 예수로부
터 그와 같은 누명을 쓰게 된 것이며,
나의 아들이 이단이라는 취급을 받은
역사임을 너희는 알아야 할 것이니라.
6 나의 아들 예수가 세상에 내려와 나의
뜻을 전하고자 했을 때, 믿음을 가진
제사장이요, 장로요, 종교 지도자들이
바로 나의 아들 예수를 어찌 죽게 했
는가?
7 그를 이단으로 몰았으며 나의 아들 예
수를 따르는 제자들이요, 그 모든 백
성을 이단으로 취급했으며, 이단으로
몰아 끌고 가지 아니하였던가?
8 나의 아들 예수요, 그를 따르는 제자
들이요, 백성을 모두 다 이단이라는
굴레로써 평가했으니, 과연 나의 아들
예수가 진정한 나 여호와의 뜻을 전한
참진리의 선지자인가,
9 그렇지 않으면 제사장이나 그와 같은
자들이 진정한 선지자인가?
10 가짜가 진짜를 보고 이단으로 몰아붙
여 나의 아들 예수요, 그 제자들을 다
사악한 모습으로써 몰고 간 것이 너희
니라.
11 그러니 이단이라는 말은 나의 아들 예
수에게 뒤집어씌우기 위한 그때부터
그 역사가 흘러왔음이니라.
12 그리하여 그 후손들이 지금에 와서 예
수를 참진리요, 나의 아들이요, 너희
를 위한 구세주라 하여 찬양한다 하며
울고불고 나의 아들을 찾기만 하면 구
원을 받는다는 그와 같은 믿음의 형국
으로 가고 있지 않은가?
13 너희는 과연 어떠한 형국의 누구의 후
예인지 한번 돌이켜 봐야 할 때가 되
었음을 알라.
14 너희는 뭐라 하느냐?
15 참진리의 복음이 아니라 인간 너희 생
각으로 지어낸 교리를 갖고 모든 내
백성을 끌고 가며 그리고 나의 피조물
만백성들을 구원의 길로 인도한다고
말하느니라.
16 그러면서 너희 손으로 만든 교리에 따
르지 않으며 그걸 쳐다보지 않는 자는
모두 다 이단이라 몰고 가고 있으며,
17 그들을 정죄하는 것이 너희의 대명이
요, 나로부터 은혜를 받는 것이라 하
여 그와 같은 백성을 정죄하기에 급급
한 형국이 되어 있는 것이 오늘날 너
희의 그 마음자세이니라.
18 2천 년 전에 진정한 나의 아들을 이단
이라 몰았던 그 제사장이요, 장로요,
종교 집단들과 같은 똑같은 형국으로
써 너희가 오늘날 살아가고 있음을 알
아야 할 것이니라.
19 나 여호와는 나의 백성을 누구도 이단
으로 정죄하라 명한 적이 없으며, 그
를 재판하라고 너희에게 가르치고 전
한 사실이 없음이니라.
20 너희가 이단이라 정죄해서는 아니 되
는 것이 바로 여기에 있으며, 내가 너
희에게 정죄하라는 그 기록을 남겨 명
한 적이 없음을 알아야 할 것이니라.
21 2천 년 동안 그 흐르는 세월 속에서
너희 조상이 나의 아들이요, 참진리
요, 너희가 말하는 구세주인 나의 아

들을 이단으로 몰아 죽게 했으며, 그
사도들까지 얼마나 고통스럽게 인생
을 마치도록 그리 만들었는가?
22 그와 같은 후손인 너희가 지금 나의
아들을 통하여 만백성을 구하는 새로
운 법전이요, 새로운 성경을 내려보내
는 것을 나의 아들을 이단이라 하며
이 법전이 세상에 존재치 못하도록 온
갖 방법과 수단을 다 동원하니,
23 정녕 2천 년 전의 그 역사를 오늘에
다시 재현하는 그와 같은 형국이니라.
24 너희는 참진리가 내려오는 것을 이단
이요, 사탄이라 그리 말하며 세월이
지난 다음에 그것이 진정한 나 여호와
의 뜻이요, 구세주라 부르짖는 오늘날
같이 웃지 못할 행위를 해서는 아니
될 것이나,
25 그와 같은 전철을 똑같이 밟으려는 것
이 너희니라.
26 지금 나의 아들을 통하여 참진리를 내
려보내거늘, 너희는 바로 예수의 이름
을 빌려 나의 아들을 단죄하고자 하며
나의 아들을 통하여 내리는 나의 성령
이요, 새로운 성경이요, 나의 법전을
지금 이단이라 몰고 가며,
27 그리 단죄하며 정죄하는 것이 나 여호
와에게 은혜를 받는 길이라며 수단과
방법을 가리지 아니할 것이니,
28 과연 이와 같은 역사를 계속 반복에
반복하고 되풀이하는 그와 같은 역사
를 할 수 있다고 생각하는가?
29 내가 밤낮을 가리지 아니하고 나의 아
들을 통하여 법전을 내려보내 너희를
깨우쳐 구원의 길로 인도하고자 하는
나의 아들과 이 법전을 이단이요, 마
지막 시대에 오는 거짓 선지자가 만백
성을 현혹하여 지옥으로 이끌어 가려
는 것이니,
30 보지도 말며 듣지도 말며, 벌레보다도
더 잘못된 자들이니 상대도 하지 말라
그리 가르쳐 나의 피조물 만백성을 하
늘에 오르는 길이 아니요, 지옥의 길
로 이끌어 가고 있으며 지금 끌고 가
는 것이 너희라는 사실을 알아야 할
것이니라.
31 이제는 정녕 이단은 너희 집단임을 알
아야 할 것이니라.
32 나 여호와의 진리요, 나 여호와가 원
하는 것, 내가 이루고자 하는 그 역사
를 따르지 아니하며 그와 반대의 길로
가는 것이 바로 지금의 모든 종교 집
단이요, 그들이 다 이단이니라.
33 내가 나의 아들을 통하여 교회를 짓지
말라 하였으며 그리고 회당에 모여서
호화로운 행사를 하며 나의 복음을 전
하는 그와 같은 행위를 하지 말라 했
음이니,
34 그것을 정면으로 부인하고 정면으로
부정하면서 너희 생각대로 너희 계획
대로 가고 있음이니, 그것이 바로 이
단의 집단임을 알아야 할 것이니라.
35 그 이단이 저희가 이단이 아니라는 것
을 표시하기 위하여 나의 성령을 태워
내려보내는 나의 법전을 태워 버리고
찢어 버리며,
36 그를 받아 기록하는 죄 없는 나의 아
들을 사탄이라 몰아붙이며 이단이라
몰고 감이니, 그것은 바로 무엇인 줄
알겠는가?
37 2천 년 전 나의 아들 예수를 이단이라

몰아붙인 대제사장이요, 장로요, 종교
지도자 너희는 바로 나의 아들 예수를
이단으로 몬 것이 아니라,
38 창조주 나 여호와를 이단의 괴수로 몰
아붙인 것이며 나를 거부한 자들이라
는 것을 잊지 말라.
39 그 후손이 2천 년이 흐른 지금 또 그
와 같은 전철을 밟는 행위를 함이니,
40 나의 성령이요, 나의 참진리를 너희를
구원하고자 법전에 기록하여 책으로
엮어 세상에 전하거늘 이를 이단이라
말하니,
41 바로 이단이 참진리를 이단이라 하며
이단자들이 참진리가 세상에 내려와
빛의 역사를 이루지 못하도록 사악한
방법을 동원하여 제재하고자 하며 핍
박하고자 하는 것이 너희니라.
42 내가 이제 그들을 용서치 않을 것이
며, 나의 법전이 또다시 이단이요, 사
탄의 것이라 하여 정죄를 받는 그와
같은 일은 결코 역사하지 아니할 것이
니 그리 알라.

7,118 번째 하나님 말씀

2003년 8월 13일 02시 10분

1 사랑하는 나의 아들아!
2 "네, 아버님! 말씀하옵소서."
3 나의 법전 새로운 성경은 나의 성령이
니라.
4 내가 지금 내리는 새로운 법전이요,
새로 내리는 성경은 내 모두를 다 태
워 너희에게 역사하여 너희를 구원하
고자 내려보내는 성령임을 깊이 깨우
쳐야 할 것이니라.
5 나 여호와의 성령이 세상에 내려감이
니,
6 나의 법전은 치료할 수 없는 전염병이
퍼져 가듯이 이 세상을 덮을 것이며
그와 같이 퍼져 갈 것임을 의심치 말
라.
7 너희는 믿고 따르며 행하면 될 것이니
그리 알라.
8 그리하여 지금까지 믿음에 속고 속은
백성이 동요하기 시작할 것이며, 그들
이 동요하여 변하는 것은 너희가 감당
키 어려운 무서운 형국으로 변할 것이
니라.
9 그들이 동요하며 나의 법전을 읽고 이
것이 진정한 나 여호와의 뜻이라 깨달
았을 때, 지도자들을 단죄하기 시작할
것이며,
10 지금 믿음의 전당이라는 그 교회요,
성당이요, 회막이요, 모든 성전은 더
이상 구경할 수 없는 그와 같은 형국
에 이를 것이니라.
11 나의 법전이 만백성에게 전해져 누구
나 나의 법전을 읽고 깨우칠 때,
12 기존의 모든 종파는 하나가 되어 사탄
의 역사함을 막아야 한다 하며, 그들
은 모든 힘을 하나로 똘똘 뭉쳐 나의
법전이 나가지 못하게 할 것이며, 이
세상에 전하지 못하게 온갖 수단과 방
법이 하나가 되어 그 역사를 이룰 것
이니라.
13 그러니 그때 너희가 얼마나 소중하고
귀한 자리에 있는지 알겠느냐?
14 너희가 승자의 삶이냐, 패자의 삶이냐?
15 과연 천사와 같은 삶을 살아 만백성에
게 귀감이 되느냐,

16 그렇지 않으면 사악한 마음으로 남들처럼 속이며 더불어 살아가며,

17 너희 인생을 중요하게 생각하지 못하며 나의 법전을 읽고 깨우친 것이 얼마나 위대한 것인가를 모르고 세속적인 인간의 자세로써 살아가 천사가 아니요, 사탄으로 전락한 삶을 산다면 너희는 그때 모든 심판의 결과가 나옴이니라.

18 너희가 사탄이 되었을 때는 나의 법전이 전해지지 못하고 역사하지 못할 것이며, 천사와 같이 변했을 때만이 모든 역사를 하는 것이니,

19 너희가 변할 시간이 없으며 바로 서는 그 시간이 없다 함이니라.

20 너희가 뼈를 깎는 아픔이 있다 해도 바로 서는 역사를 하지 아니하면 아니 될 것이니라.

21 나의 아들 또한 알고 있음이니라.

22 나의 아들도 삶에서 천사가 된다면 나의 법전은 나 여호와의 뜻이라 하여 세상을 덮을 것이며, 나의 아들이 천사가 되지 못한다면 나의 법전은 세상을 덮지 못하게 됨이니,

23 이것이 바로 내 아들이 지고 있는 그 짐이라는 것을 잘 알고 있으며 그가 가야 할 길이라는 것을 알고 있음이니라.

24 그를 아는 나의 아들이 변하여 한 점의 부끄럼이 없이 역사할 것이며, 행동으로 그 모두를 보일 것이니,

25 그때 가서 그를 따르는 제자들이 그와 같이 변하지 아니했을 때, 너희는 부끄러움이요, 변화되지 못한 것을 감내하기 어려우니 그것이 어떤 것이더냐?

26 나의 아들을 공격하는 자가 되며, 예수를 팔았던 것과 같이 너희가 나의 아들을 팔아넘길 것이며 나의 법전을 팔아넘기는 그와 같은 자들이 됨이니라.

27 제가 따라올 수 없으며 깨우치지 못하니 남도 깨우치지 못하도록 하며,

28 제가 관리하지 못하는 것을 남도 관리하지 못하도록 하는 형국으로써 너희 행패는 극에 달할 것이며, 그 행동은 정녕 용서받지 못할 그와 같은 것임을 알아야 할 것이니라.

29 그러니 나의 법전이 나가지 못하게 막는 데 너희가 하나가 되어 뭉쳐 한 힘으로써 밀어붙이는 그 소용돌이는 나의 아들이요, 나의 백성이 감당키 어려움이니,

30 그 속에서 너희가 승자가 되는 것은 오늘의 삶을 한 점의 부끄럼이 없는 삶을 사는 것만 그 모두를 역사할 수 있으며 막을 수 있으며 너희가 승자가 될 수 있다는 것을 절대 잊지 말라.

31 지금의 모든 종교 집단과 지도자의 비리가 드러나기 때문에, 그들은 저희의 추한 모습이요, 잘못된 비리를 만백성들이 알아 그들에게 돌팔매 맞으며 저주받으며 단죄받는 것이 두려워 어떠한 방법이든지 그를 감추고 지키려 하는 것이 그들의 마음 자세이며 그리하여 하나가 된다는 것을 잊지 말라.

32 나 여호와의 참진리요, 나의 법전이 세상에 전해져 변화되는 그 소용돌이가 이제 이루어지기 시작한다는 것을 잊어서는 아니 될 것이며, 나는 반드시 그를 역사할 것이니라.

33 2천 년 동안 감추어졌던 지금의 비진
리를 가지고 진리라 가르치는 종교 집
단이요, 지도자들의 모든 것이 드러날
것이며, 지금까지 얼마나 거둬들이고
사악한 행위를 했는지 그 모두를 알게
될 것이며,
34 나의 사랑하는 백성을 얼마나 유린하
며 얼마나 짐승 이하로 그들을 다스리
고 군림했으며 얼마나 억압으로 나의
사랑하는 백성을 끌고 간 것인가,
35 너희들의 그 잔인성이요, 사악하고 더
러운 모든 모습이 드러나게 될 것이니
라.
36 그것이 세상에 드러날 때 너희는 정녕
설 자리가 없을 것이며 발붙일 곳이
없을 것이니라.
37 너희 자신이 가는 것이 참진리가 아니
요, 하늘에 오르는 길이 아니라는 것
을 너무나 잘 알고 있음이니,
38 지금이라도 거기서 뛰쳐나와 나의 법
전을 읽고 거듭나는 삶을 살지 않는
종교 지도자는 나에게 와서 아무것도
받을 것이 없음을 알라.
39 다만, 너희가 변명하는 기술이 늘었으
며 2천 년 전의 수법보다 열배 백배
더 강한 방법으로써 더 악랄한 방법으
로써 나의 아들의 목을 조를 것이며
나의 법전을 배척하고 핍박하며 찢어
버리고 태우는 그 역사를 힘을 합쳐
이룰 것이니라.
40 그러나 너희는 그것으로써 견딜 수 없
으며 그것으로써 승자가 될 수 없다는
것을 알라.
41 이제 나 여호와가 지금의 종교 집단
너희의 뿌리를 뽑기 시작했으며 그를
뽑아 태우기 시작하였음이니, 결코 너
희는 승자가 될 수 없음이니라.
42 2천 년 전에 진정한 나의 아들이요,
나의 뜻으로 너희를 구원하고자 한 나
의 아들을 이단자가 스스로 이단으로
몰아 그와 같이 나의 천국이 이루어지
는 것을 막았듯이,
43 지금 내가 천 년에 걸쳐서 하늘에서
이루어진 것같이 마지막 이 땅에 이루
려는 내 역사를 거부하며 2천 년 전에
나의 아들 예수에게 고통을 주어 죽게
한 방법보다 더한 어떠한 형국도 내가
용서치 않을 것이며,
44 그와 같은 것을 좌시하지 아니할 것임
을 너희는 알아야 할 것이니라.
45 절대 묵과하지 아니함이니라.
46 이것이 나의 뜻이요, 2천 년 전의 변
화와 오늘의 변화가 그와 같이 엄연히
차이가 있다는 것을 알고 넘어가야 할
것이니 그리 알라.

7,119 번째 하나님 말씀

2003년 8월 13일 02시 19분

1 사랑하는 나의 아들아!
2 "네, 아버님! 말씀하옵소서."
3 나 여호와의 뜻을 따라 믿음의 길을
가야 하는 모든 종교 집단이요, 종교
지도자들이 과연 어떠한 길을 가고 어
떠한 역사를 했는지 알겠느냐?
4 사랑하는 나의 아들을 고통 속에 죽게
했으며, 그 한이 나 여호와의 가슴 저
린 아픔으로 지금도 지워지지 아니하
는 아픔이라면 너희는 과연 알겠는가?
5 너희는 사랑의 하나님이요, 베푸는 하

나님이요, 창조주라 하여 아무것도 없
이 그저 다 사랑하고 용서하고 가는
줄 아나,
6 나 여호와 또한 그 마음이 너희보다
더 아픔과 저림이 있으며,
7 나의 아들 예수의 절규를 들어주지 아
니하며 마지막 소원을 들어주지 아니
했던 나 여호와의 그 아픈 마음을 너
희가 과연 알고 있는가?
8 그러니 지금의 믿음의 길을 가는 모든
백성은 나 여호와의 이 아픈 마음을
알아야 할 것이며, 내 마음을 안다면
너희는 과연 어떠한 믿음으로 살아야
하겠는가?
9 내 아들을 던져 너희를 구원하고자 했
으며 지금까지도 진정치 못하고 고통
속에 있는 그와 같은 아픔의 역사를
저버리고,
10 너희를 사랑하기에 너희를 구원하여
나에게 올 수 있는 그 길을 선택하여
나의 아들 예수로 하여금 그가 살아온
것을 보여 주며 그가 살아온 역사를
보고 너희를 변하게 하기 위해 그 길
을 선택했으며,
11 또한 나의 아들 예수를 통하여 역사했
던 것은 모두 진실이요, 나의 아들이
라는 것을 증명하여 너희가 그가 역사
한 것을 좀 더 깊이 깨우쳐 진실한 마
음으로써 믿음의 길을 가는 백성으로
서 하늘에 오르는 그 길에 들어설 수
있게 하기 위해,
12 나의 아들 예수를 부활시켜 정녕 나의
아들이요, 내 뜻이라는 것을 깨닫게
하는 그와 같은 역사를 하였음이니,
13 이제 내가 너희를 깨우치기 위해 무엇
을 더 해야 한단 말이던가?
14 나의 아들이 죽는 고통을 보고 참았으
며, 또한 나의 아들이 죽어 왔을 때 다
시 그를 산 자로 세상에 내려보내 그
기적의 역사 속에 정녕 나의 아들 예
수가 전한 것은 참진리요, 복음의 말
씀이요, 그리고 나 여호와의 뜻이라는
것을 깨닫게 하기 위해 부활의 역사까
지 이루었음이니,
15 내가 더 이상 어떠한 역사를 하며 어
떠한 희생을 치러야 하며 얼마나 더
아픈 마음으로써 상처를 받아야만 너
희가 하늘의 뜻을 알며 내 뜻을 알아
천사와 같은 백성으로 살아갈 수 있는
가?
16 너희는 무엇을 원하는가, 나 여호와가
지금 160권의 법전을 만들어, 가장 기
초적인 진리요, 간단하게 깨우칠 수
있으며, 하나를 깨우쳐 하늘에 오르는
그 진리를 잘 깨달을 수 있는 법전을
세상에 내려보냄이니,
17 이 또한 내가 너희를 얼마나 사랑하는
것이며, 너희가 나에게 와 구원받기를
나 여호와가 바라는 마음을 알겠는가?
18 나의 피조물 만백성들을 천국으로 인
도하는 너희 자신이 천사가 되어 바로
가야 하거늘, 모든 종교 집단이요, 지
도자들이 나 여호와의 뜻이요, 나의
성령을 어찌했는가?
19 나 여호와의 뜻을 폐기 처분한 지가
오래되었음이니라.
20 그와 같이 나의 성령을 그리 다스렸으
며 나의 성령을 그와 같이 한 행위를
잊어서는 아니 될 것이니라.
21 나의 성령을 모두 폐기 처분한 지가

오래되었음이니라.
22 그러니 그 뜻을 지상에서는 찾아볼 수
가 없으며, 세속에서는 나의 성령을
찾아볼 수 없는 그와 같은 형국이 되
어 있다면 과연 너희는 어찌 믿겠는가?
23 너희는 살아가는 마음속에 죄를 짓지
않고 살 수 없다고 말하는 것이 나의
피조물 만백성들이 이구동성으로 하
는 얘기요,
24 십계명대로 지키고 살 수 있으며 지키
며 산다고 너희 앞에 높이 기치를 들
고 외치는 자가 없음이니,
25 이 세상의 모든 참진리요, 그리고 나
에게 오르는 길이요, 나의 성령이 충
만한 자를 찾을 수 없으며 볼 수 없다
함이 여기 있음을 알라.
26 지금의 모든 종교 집단이요, 지도자들
이 천사와 같이 변했어야 할 2천 년의
세월이 흐른 지금, 나의 피조물 만백
성들이요, 종교 지도자들이 상업적으
로 변해 있으며 장삿속으로써 모든 것
이 변질되었음이니라.
27 지도자와 신도가 똑같이 장삿속의 이
해관계로 죽고 사는 그와 같은 형국으
로 지금 타락되었음이니,
28 말로만 나 여호와를 경배한다며 말로
만 내가 존재한다고 그리 말하며,
29 내 뜻을 정면으로 부인하며 뒤로 숨어
서 나를 부정하고 능멸하기 위하여 또
새로운 것을 연구하고 연구를 하는 백
성이 수없이 있음이니,
30 그러고도 과연 너희가 나에게 오를 수
있는 백성이라 말할 수 있는가?
31 이제 모든 종교 집단이 장삿속이요,
상업적이요, 그리고 이해관계만 따라
다니는 세상으로써 변했다는 것을 내
가 강조하고 또 강조하는 의미를 그리
면서 생각해 보라.
32 과연 너희가 어찌 살아가는가, 그리하
여 나의 아들을 통하여 내가 어찌 이
를 다스리고자 반복하여 너희에게 깨
우침을 주는가?
33 나 여호와와는 전혀 다른 방향으로 멀
리 흘러가 떠나 있는 것이 모든 종교
집단임을 알아야 할 것이니라.
34 너희는 부정하며 믿지 않으려 할 것이
니라.
35 그러나 너희가 십계명을 지키고 살 수
없다는 그 말 한마디로써 나와 모든
인연 관계를 끊었으며 믿지 않는 자들
의 마음임을 알라.
36 또한, 나 여호와의 뜻이요, 참진리는
멀리하고 너희가 만든 계명으로써 나
의 백성을 가르치고 교육하고 있기 때
문에,
37 각종 직급을 가지고 이끄는 지도자 자
신이 구원의 길이 무엇이며 하늘에 오
르는 빛이 무엇인가, 어찌하여 구원을
받는 것인가 확신이 없음이니라.
38 그리하여 뭐라 하느냐?
39 인간이기 때문에 죄를 짓지 않을 수
없으며, 인간이기 때문에 죄를 짓고
용서를 빌면 된다는 것에 편승해서 그
저 좋은 게 좋다는 식으로 그저 그리
흘러가는 것이 깨우쳐야 할 종교 지도
자요, 신도들이 가고 있는 오늘의 헛
된 신앙의 현주소이며, 종교 집단의
실체의 모습임을 너희는 알아야 할 것
이니라.
40 모든 신앙에 젖어 있는 자가 천사로서

나의 아들딸로서 하늘에 오르는 만백
성을 이끄는 것이 아니라, 자신이 이
미 사탄으로 오염되어 있으며, 자신을
분별치 못하는 이와 같은 시대가 되었
음이니라.
41 그리하여 내가 마지막으로 불쌍한 너
희를 구원하고자 나의 아들을 통하여
이 대장정의 역사를 이루며 이 법전이
세상을 덮는 무서운 소용돌이가 친다
는 것을 잊지 말라.

7,120 번째 하나님 말씀

2003년 8월 13일 09시 24분

1 사랑하는 나의 아들아!
2 **"네, 아버님! 말씀하옵소서."**
3 내가 성경에 기록하여 너희에게 전하
기를, '남의 눈에 들어 있는 티와 남의
작은 허물은 보며, 너희 눈에 들어 있
는 큰 대들보와 같은 티요, 너희 마음
이 잘못된 것은 모른다' 하였음이니라.
4 어찌하여 그걸 고치고 시정하려 하지
아니하는가?
5 지금 나의 아들을 통하여 수천 년 동
안 흘러온 그 믿음이 잘못됐다 했으
며, 이는 나를 경배하며 나의 뜻에 따
라 하늘에 오르는 길이 아니라 그리
말하였음이니라.
6 이를 너희가 더 잘 알고 있지 않은가?
7 모든 믿음의 길을 가는 백성이 지금
뭐라 말하느냐?
8 너희 스스로 지금 가는 것이 잘못되었
으며, 지도자들이 잘못되었으며, 상술
과 상업적으로 모두 전락하였으니,
9 이 종교 집단이 바로 서고 바로잡히지
아니하면 이 세상에 아름다운 천국은
이루어질 수 없다는 불안한 마음을 느
낀 백성이 7·80 퍼센트가 넘는다고
말하였음이니라.
10 너희 스스로 그와 같은 마음을 가지고
있으며 말을 하고 있음이니라.
11 그리하여 한탄하며 속으로 고통스러
워하는 자들이 수없이 있느니라.
12 그러나 너희에게 진정한 다른 진리요,
참뜻을 전해 주며 이것이 나 여호와가
원하는 길이며 하늘에 오르는 길이라
하여 나의 법전을 주었을 때, 언제 그
랬느냐는 듯이 너희 자신을 지키고 변
호하고 방어하기 위하여 연연하느니
라.
13 그리고 절대 그것을 받아들이려 하지
아니하느니라.
14 너희는 그것만을 보는가?
15 모든 이방인이 너희를 보며 어찌 말하
는가?
16 믿음의 길을 가는 자들이 이단이요,
사탄이요, 이방인이요, 잘못된 백성이
라 말하는 믿지 않는 백성이요, 나를
찾지 않는 백성이 왜 나를 믿지 아니
하며 찾지 않는 줄 아는가?
17 종교 집단이요, 지도자요, 믿는 자들
이 수천 년 동안 살아오면서 바로 보
여 준 것이 없으며 모범 된 것이 없으
며, 너희를 보고 배울 것이 없으며,
18 사랑을 베푼다 하는 백성이 더 사악하
고 간악하고 간교한 짓을 하고 왔기에,
19 모든 이방인이 너희를 믿지 않으며 보
지 않으려 하며, 너희가 가는 길을 같
이 가지 아니하며, 너희 보고 잘못된
자들이라 그리 말하느니라.

20 모든 건물을 지으며 역사하면서 해 준
것만큼 거둬들이며 자기가 얻은 것만
큼 반드시 남에게 주는 것이 인간 세
상에서 살아가는 법도며 모든 거래의
원칙이니라.
21 그러나 가장 사랑을 베푸는 종교 집단
너희와 거래하는 것을 너희가 말하는
이방인이 싫어하며 거래하지 아니하
려 하는 폐습과 습성에 젖어 있으며
모든 이방인이 그 생각을 하고 살아오
기에, 너희가 얼마나 잘못된 것이며
잘못 흘러온 백성인가를 스스로 알아
야 할 것이니라.
22 어찌하여 너희와 거래하는 것을 반대
하며 너희와 역사하는 것을 그 이방인
이라 하는 백성이 싫어하는가를 안다
면, 너희가 잘못 가는 것을 알 수 있을
것이니라.
23 그러니 지금 7·80퍼센트의 믿음은 잘
못된 것이며 이와 같은 믿음으로써는
구원을 받을 수 없다면 바로 서야 할
것이며 이를 바로잡는 것이 당연한 것
이 아닌가?
24 믿음의 길을 가는 백성 자신이 잘못됐
다고 그리 말하며, 그를 보는 나 여호
와가 잘못됐으며 나의 뜻이 아니라 명
하는 것을 너희는 가슴 깊이 새겨들어
야 할 것이며, 그 의미를 너희 스스로
깨우치는 그와 같은 변화의 역사를 갖
지 아니하면 아니 됨을 알라.

7,121 번째 하나님 말씀

2003년 8월 13일 09시 36분

1 사랑하는 나의 아들아!
2 "네, 아버님! 말씀하옵소서."
3 수천 년 동안 살아오면서 구원의 길이
요, 나에게 오르고자 하는 것이 너희
의 가장 큰 소망이요, 소원이라 그리
말하나,
4 지금 가장 중요한 것은 너희가 다른
길을 가고 있다는 것을 알아야 할 것
이니라.
5 나 여호와의 성령에 의한 믿음의 길을
가는 것이 아니요,
6 나의 아들이 그렇게 고통스럽게 죽어
가면서 너희에게 깨우침을 전하고자
했던 나의 진리의 길을 지금 가고 있
지 아니하다는 것이니라.
7 그 모든 것을 정반대의 길에서 나의
아들 예수의 이름을 찾으며 나를 찾으
며 구원을 받는다고 역사하고 살아가
고 있음이니,
8 그는 나를 경배하는 것이 아니요, 사
탄을 경배하는 오늘의 믿음으로 간다
는 것이 얼마나 중요한 것이고 무섭고
두려운 것인가를 알아야 할 것이니라.
9 너희는 정녕 나의 아들 예수가 아니
요, 나 여호와가 아닌 우리 부자의 흉
내를 내는 사탄을 부르며 그들을 섬기
며 진정한 믿음이라 가고 있다는 사실
을 알아야 할 것이니라.
10 이제 내가 너희에게 기록하여 전함이
니, 지금 너희가 바로 그와 같은 자요,
진정 나의 아들 예수를 찾는 것이 아
니요, 나의 아들 예수를 찾고 부르짖
으나,
11 그 마음속에 욕심이요, 사악한 마음이
요, 다른 신을 가지고 부르짖고 있음
이니, 나의 아들을 부르는 것이 아니

니라.
12 나의 아들 흉내를 내며 나의 아들 형
상을 그려 놓고 매달리고 부르짖는 것
이니,
13 그것은 내가 아니요, 나의 아들이 아
니요, 사탄을 놓고 사탄을 경배하고
따라가는 사탄의 자식이 되어 있다는
이 무서운 사실을 너희는 알아야 할
것이니라.
14 너희가 욕심이요, 다른 신을 가슴에
놓고 아무리 나를 부르며 나의 아들을
부르며 찬양 예수요, 구원이라 하며
오로지 나 여호와와 나의 아들만을 믿
고 긴다 헤도,
15 욕심이요, 사악한 그 마음의 뿌리를
뽑지 못하고 변화되는 삶을 살지 않으
면 진정 나의 아들을 부르는 것이 아
니요, 나를 찾는 것이 아니라는 사실
을 너희에게 일찍이 깨우쳐 주지 아니
하였더냐?
16 너희가 아무리 기도하고 울부짖어도
강아지 짖는 소리요, 파도 소리만큼도
듣지 않으며 관계없다는 이야기는 무
엇이더냐?
17 너희가 나를 찾는 것이 아니요, 사탄
을 부르짖고 사탄을 하나님이요, 나의
아들 예수요, 찬양의 예수요, 구원의
예수라 부르짖고 있다는 이 엄연한 무
서운 사실을 알아야 할 것이니라.
18 너희의 오늘의 마음이요, 믿음을 가지
고는 절대 나의 아들과 내가 서 있는
그 장벽을 넘을 수 없으며 거기에 들
리지 아니함이니, 오늘의 형태로는 근
접도 하지 못함이니라.
19 너희는 진정한 씨앗을 보지 못하고 잘
못된 씨앗을 가꾸고 다스려 온 오늘의
그 형태라는 것을 알라.
20 그러니 너희가 예수를 찾는 것도 나의
아들 예수를 찾는 것이 아니요, 사탄
을 경배하며 찾는 것이며, 나를 부르
짖는 것 또한 나를 찾는 것이 아니요,
사탄을 찾으며 나를 부르짖음이니, 감
히 너희가 나를 찾을 수 없다 함이 여
기 있음을 알아야 할 것이니라.
21 진정한 나의 아들 예수를 찾는 것이
아니요, 진정한 나 여호와를 찾는 것
이 아니요,
22 사탄이 나의 흉내를 내며 나의 아들
흉내를 내는 그와 같은 형상을 보고
그들을 부르며 믿고 가고 있다는 이
사실을 이제 법전에 기록하여 전함이
니라.
23 7·80퍼센트가 지금 믿음이 잘못 가고
있으며 잘못 역사하고 있으며, 종교
지도자들이 모두 사업적이요, 장삿속
으로써 전락되었다 함이니라.
24 그저 피조물 만백성으로부터 재물을
받으며 그 대가로 구원을 받는다고 가
르치는 것, 그리고 계명을 지키며 죄
를 짓지 아니하고 인간은 살 수 없다
고 말하는 것, 그대로 행하고 살 수 없
다고 말하는 것,
25 그 모두가 다른 신을 가슴에 두는 자
요, 나를 경배하고 나의 아들을 경배
하는 것이 아니라는 이 무서운 사실을
너희는 알아야 할 것이니라.
26 예수를 죽게 한 그들의 믿음과 복음도
나를 찾고 경배한다 하나 나를 찾음이
아니요, 나의 아들 예수를 부름이 아
니니라.

27 이제는 이 뜻을 알아야 할 것이며, 그
뜻이 아니라면, 믿음의 길을 가는 모
든 백성이 가슴속이 공허하고 마음속
에 허전함이 없이 지금 가는 길에 의
혹을 품지 아니하며 불안한 마음을 갖
지 아니할 것이니라.
28 바로 불안한 마음이요, 공허한 마음이
요, 잘못 믿음을 가고 있다 생각하는
그 자체가 완벽한 나 여호와요, 완벽
한 나의 아들을 찾는 것이 아니요,
29 사탄을 경배하며 사탄을 나라 부르고
나의 아들이라 부르며 나를 찾고 경배
하는 그와 같은 형국에 지금 빠져 있
기 때문이니라.
30 사탄을 위하여 우리 부자의 업적과 이
름을 이용하고 악용하는 것이 바로 종
교 집단이요, 지도자들이며,
31 사탄들이 우리 부자의 업적을 악용하
는 것을 진실로 나의 뜻인 줄 알고 나
의 아들 예수가 원하는 길인 줄 알고
지금 그 말을 듣고 나 여호와를 부르
며 나의 아들을 부르며 따라가는 것이
신도들이니라.
32 그러니 참진리를 배척하고 나의 뜻을
거역하는 믿음으로써 다른 예수를 믿
고 있다는 것을 알아야 할 것이며, 그
와 같이 오늘날 잘못되어 있음을 알아
야 할 것이니라.
33 너희는 어찌하여 잘못된 사탄을 신이
라 생각하며 잘도 섬기고 그리 잘 따
라가는지, 나 여호와는 너희 심성을
알 수가 없음이니라.
34 거짓 지도자들이 나의 성령이 아닌 다
른 복음에 빠진 그와 같은 자들이 가
르치는 것을 어찌하여 그리도 잘 따라
가며 잘 섬기며 열성적으로 죽기 아니
면 살기로 그 길을 가는지, 나 여호와
가 나의 백성 너희의 그 심성을 알지
못할 정도이니,
35 이것이 바로 욕심이요, 사악한 마음의
뿌리가 너희를 통제하고 다스리고 있
기 때문임을 알라.
36 이와 같은 내용이 이미 성경에 기록되
어 너희에게 전해졌음을 알아야 할 것
이니라.
37 너희가 성서의 내용을 찾아보도록 하
라.
38 이와 같이 잘못 믿음의 길을 가는 것,
그리고 우리 부자를 섬기는 것이 아니
요, 사탄을 신이라 섬기고 있다는 내
용이 성서에 수없이 기록되어 있음이
니, 그 내용을 찾아보라.
39 그러면 내가 법전에 기록한 이 내용이
잘못되었는지 진실인지 하는 것을 다
알 수 있거늘, 어찌하여 그를 보려 하
지 아니하며 들으려 하지 아니하며 믿
지 못하는가?
40 지금 잘못 가고 있으며 다시 태어나서
새로운 믿음의 길을 역사해야 한다는
것을 아는 신도들이 막상 참진리요,
진정한 뜻이요, 하늘의 빛이 내려올
때는, 그걸 가리고 아니라 배척하는
오늘의 마음 자세를 가지고는 나와는
관계없는 백성이요, 하늘에 오르는 길
이 아니요, 지옥의 길로 달려가는 것
임을 절대 잊지 말라.
41 이를 바로 듣지 아니하며 이를 다시
서는 삶의 계기로 만들지 아니한다면,
42 그 길고 긴 역사 속에서도 잘살고 못
살며 뜻을 이루고 못 이루는 그와 같

은 것을 후회하고 통곡하는 인생의 삶
을 사는 너희가,
43 정녕 천태만상의 변화가 이루어지는
백 년도 안 되는 육의 세상에서 희비
애락에 매달려 영원히 살며 영원히 존
재하는 그 세상에서 어떠한 형태로써
존재하느냐 하는 것이 얼마나 중요하
고 두렵고 무서운 것인지를 모르는 어
리석은 백성이니라.

7,122 번째 하나님 말씀

2003년 8월 13일 09시 50분

1 사랑하는 나의 아들아!
2 "네, 아버님! 말씀하옵소서."
3 모든 종교 집단이요, 백성은 욕심이라
는 그 뿌리를 버리고 살라 말하였음이
니라.
4 그러나 정녕 그 욕심의 가지를 버리지
못하고 나의 아들과 나의 이름을 아무
리 부르고 경배하고 소원한다 해도,
그는 우리 부자와 관계없다는 이 무서
운 뜻을 너희는 알아야 할 것이니라.
5 너를 따르는 제자들이요, 나의 법전을
읽고 깨우친 백성 또한 그러하니라.
6 아무리 내가 내린 성령이요, 참진리를
듣고 깨우쳤으며 나의 아들을 통하여
내리는 강론을 듣고 변화됐다 해도,
7 너희 마음속 깊은 곳의 욕심의 뿌리를
제거하지 아니하고 버리지 못했다면
그는 다른 신을 섬기는 것이며, 그 순
간에 나의 아들딸이 아니라고 법전에
기록한 그 내용의 의미를 깊이 새겨들
어 그리 행해야 함을 잊지 말라.
8 욕심을 가지고 나의 아들과 나의 이름
을 팔아 영리를 취하는 것이 오늘의
종교 집단이요, 지도자니, 이를 바라
보는 나 여호와의 마음이 과연 어떠하
겠는가?
9 나의 아들을 세상에 보내 그 고통의
시간 속에서 모든 것을 인내하고 견딘
대가가 과연 지금 그 뜻을 따라서 나
여호와가 내리고자 하는 사랑의 의미
를 만백성에게 전하여 죄 없는 세상이
요, 죄 없는 백성으로 지상에 천국을
이루는 그와 같은 삶을 살지 못하고,
10 그를 이끌어 간다는 자들이 사탄의 자
식으로 사탄의 앞잡이가 되어 우리 부
자의 업적과 이름을 팔아 저희의 영리
를 취하며 사탄을 돕는 그와 같은 길
을 가는 것을 바라보는 나 여호와의
마음이 얼마나 아프겠는가?
11 너희는 절대로 그렇지 아니하다 할 것
이니라.
12 나 여호와요, 우리 부자를 믿으며 다
른 신을 가슴에 두지 아니하고 산다
그리 말하느니라.
13 그러나 예수가 세상에 나가 큰 교회라
는 것을 짓고 큰 성전을 지기 위해 몸
부림치며 노력한 것이 없으며, 그건
잘못됐으니 차려 놓지 말라 그리 가르
쳤음이니라.
14 그러나 오늘의 종교 집단이요, 믿음의
길을 가는 너희의 가장 큰 소원이 무
엇이며 원하는 것이 무엇이더냐?
15 모든 종교 집단 지도자 너희는 크나큰
교회를 짓고 그 교회를 궁궐보다도 더
아름답게 차려 꾸며 놓고 그 속에서
목회 생활을 하는 것이 가장 큰 꿈이
요, 소망이 아니더냐?

16 그리고 많은 신도가 '옳소, 믿습니다.'
하며 그들이 가진 반지요, 재물이요,
지갑이요, 모든 것을 통째로 집어넣는
그와 같은 백성이 많이 나오는 자가
종교 지도자로서 성공한 자요,
17 그가 진정한 나 여호와의 뜻을 전파하
는 자라 하여 그를 위하여 모든 종교
지도자들이 그리 가고 있으며,
18 그것을 이루고자 그와 같은 역사를 이
루고자 모두를 다 바치며 강론하고 설
교하는 것이 아니냐?
19 너희가 아무리 기도를 열심히 하고 강
론을 열심히 하고 설교를 열심히 한다
해도, 그와 같은 생각과 마음을 가지
고 있다면 그는 우리 부자의 뜻을 거
역하는 것이니,
20 나의 아들 예수가 교회를 짓지 말라,
궁궐 같은 모습으로 하지 말라, 그 안
에서 호화로운 행사를 하지 말라,
21 그것은 창조주 나 여호와의 뜻이 아니
며 그를 보낸 이의 뜻이 아니라 그리
가르치고 전하였거늘, 그를 정면으로
거역하고 있음이니 바로 그것이 무엇
이냐?
22 영리를 위하여 너희 욕심을 채우기 위
해 지금 살아감이니, 이 세상이 썩어
져 있다 함이니라.
23 십계명을 지키며 참진리요, 나의 뜻에
의해 바른 백성으로 살라 그리 가르쳐
도 인간인 너희 마음이 수시로 변하며
자신도 모르게 무너지는 그 마음을 다
스려 잡고 그를 바로 세우기 위해서
엄격한 나의 계명이요, 나의 율법을
지키고 사는 것이라 그리 가르치고 그
길만 하늘에 오르는 길이라 그리 가르
쳐도,
24 수시로 변하는 그 마음이 이해관계와
남의 말을 듣고 귀의 얄팍함으로 인하
여 무너지고 쓰러지는 백성이 헤아릴
수 없느니라.
25 너희가 모든 것을 영리를 취하려는 방
법으로써 나의 피조물 만백성들에게
가르치는 것이 무엇이더냐?
26 그와 같이 어렵게 가라 해도 나의 백
성이 갈까 말까 하거늘, 그저 죄를 짓
고 용서를 빌면 구원을 받으며 그저
믿음만 가며 재물을 갖다 많이 쌓아
놓는 것으로써 모두 구원을 받을 수
있다 하니,
27 나약한 나의 백성이 마음이 흔들려 그
길을 선택하는 것은 당연하며, 그걸
바라보고 그 길을 가는 것은 인간의
나약한 마음이니라.
28 그것이 지옥으로 가는 길이요, 나로부
터 관계없는 길이라는 것을 모르고 가
는 그 불쌍한 백성을 보는 나 여호와
의 마음의 아픔을 알아야 할 것이니라.
29 이제 나의 아들을 따르는 제자들이요,
나의 법전을 읽고 깨우친 백성은 과연
하나의 악습을 버리고 하나의 잘못된
습성을 버리고 다스리는 고통이 얼마
나 힘들고 어려운지, 정녕 어렵고 힘
듦을 알 것이니라.
30 때로는 목숨을 던져서라도 그걸 지킬
수 있다면 하고자 하는 독한 마음으로
도 다스리지 못하는 것이 악습이요,
잘못된 습관이니라.
31 그 어렵고 힘든 고통의 길을 가는 것
이 믿음이라 하니, 그를 따르지 않는
것은 지금 나의 피조물 만백성들의 지

도자가 그리 가르치고 있기 때문이니
라.
32 그리하여 천국처럼 아름다워야 할 이
세상이 부패해질 대로 부패하고 썩을
대로 썩어졌음이니라.
33 그러니 그 속에서 지금 몸부림치는 백
성은 나 여호와의 뜻과는 아무런 관계
가 없으며 우리 부자가 역사하고자 하
는 그 뜻과는 관계없느니라.
34 다만, 우리의 업적과 나의 아들 예수
의 이름을 팔아 욕심을 채우는 것이며
그리고 우리 부자의 이름과 그 업적을
장사 밑천으로 사용하고 있으며 그 장
사를 하는 자들이니라.
35 나 여호와의 성전이 도둑의 소굴이 되
어 변하고 있다는 성경의 한 구절을
읽어 그 의미를 깨달으며 다시 한 번
짚고 넘어가야 함을 잊어서는 아니 될
것이니라.
36 내가 일찍이 나의 아들을 통하여, 나
의 성전이요, 나의 교회가 도둑의 소
굴로 변하고 있다고 기록한 성경의 한
구절은 오늘의 너희가 이와 같이 잘못
된 것이며 역사할 수 없다는 것을 기
록하여 깨우친 것이거늘, 너희는 그
말의 의미요, 두려움을 어찌 모르는가?
37 너희는 한 획을 고치지도 말며 한 줄
을 더 넣고 빼지도 말라 하며 그것이
성서며 그리 가야 한다 말하면서, 거
기서 가르치는 내용은 듣지 아니하며
그를 보지 아니한다면,
38 아무리 빼지 아니하고 더하지 아니한
다 해도 그것보다 더 잘못된 것이요,
어리석은 깨달음이 없음이니라.
39 너희가 한 획을 고쳐서도 안된다 하면
그 한 획을 고치면 안 되는 이유가 무
엇이더냐?
40 성서에 기록된 내용을 그대로 지키고
살아가야 하기 때문에 변질하고 변하
는 것을 막기 위해 하는 것이 아니냐?
41 너희가 성서에 한 줄을 넣었을 때 내
가 '나'라고 한 것을 너희가 '너'라 고
쳐 하나의 획이 틀림으로써 그 모든
뜻이 틀리게 되는 것이 두려워 그것이
안 된다 하며 그리 강조하는 것이 아
니더냐?
42 그러나 너희가 수없이 변질시켰으며
수없이 너희 임의대로 그저 마음에 맞
도록 고치고 다스린 것이 거기에 있음
을 너희는 알아야 할 것이니라.
43 성서를 고치지도 말고 더하지도 빼지
도 말라는 가장 중요한 그 의미는 그
대로 지키기 위함이거늘, 어찌하여 성
서에 기록된 내용을 그대로 행하지 아
니하느냐?
44 그러니 이것이 얼마나 어리석고 잘못
된 것이며,
45 너희는 7·80퍼센트가 지금의 믿음으
로써는 구원을 받을 수 없으며 잘못됐
다는 불안과 공포와 공허와 허전함을
느끼는 것이 바로 여기에 있음을 너희
는 알아야 할 것이니라.
46 사탄의 자식이 지금까지 성장한 것임
을 너희는 알라.
47 그리고 사탄의 자식들이 그와 같이 성
장하며 오늘과 같이 죄의 온상인 교회
를 짓고 성전을 짓고 성당을 짓고 지
키고 견딜 수 있는 것은 무엇인 줄 알
겠느냐?
48 나의 피조물 만백성 신도라는 자들이

기복 신앙에 빠져 있으며 그저 무엇을 얻고자 바라는 기복 신앙의 대표적인 자들이며, 그리고 요행수를 바라는 사행 심리에서 지금까지 그들을 도와주었기 때문이니라.
49 그리고 기복 신앙이요, 요행을 바라는 그와 같은 삶으로써 용서를 받는 것이며,
50 너희가 지은 죄는 변명으로 변호함으로써 모든 게 다 씻어지고 없어지는 것처럼 이끌어 간 종교 지도자들의 간교한 그 수법에 너희가 세뇌되었기 때문이니라.
51 이제 그들을 단죄하지 아니하며 그들을 다스리지 아니하고 그저 애완견이 끌려가듯이 고리에 매달려 끌려가는 그와 같은 형국으로 지금의 삶을 지속한다면,
52 너희는 머지않아 나에게 와 영원히 사는 그 세상에서 지옥으로 가며, 거듭나고 다시 태어나 천국에 오르는 길을 얻지 못함이니라.
53 너희가 거듭나고 다시 태어남은 육의 세상에서 백 년이요, 그 사는 삶이 아니라,
54 영원히 죽지 않고 존재하며 낙원에서 사는 것이니, 이를 너희는 그저 함부로 버리며 함부로 포기하며 함부로 버리는 자들이니라.
55 너희가 육의 세상에 가진 것을 모두 다 놓는다 하여도 이 길을 매달려야 할 것이며, 죽어도 이 길은 놓지 아니하며 그 길을 가야 하거늘,
56 가장 중요한 것은 놔 버리고 던져 버리고, 너희가 하나도 내 앞에 가지고 오지 못하는 물질을 세상에 만들어 놓은 것, 취하는 것, 소유하는 그것에만 연연하는 불쌍한 나의 백성은 이제 변화되는 삶을 살아야 함이니 그리 알라, 사랑하는 나의 아들딸들아!
57 간곡한 나 여호와의 뜻을 음미하고 읽고 깨우쳐 너희 스스로 가슴의 문을 열고 진정한 진리의 눈을 떠 하늘에 오르는 찬란한 그 빛을 보도록 그리하라.

7,123 번째 하나님 말씀

2003년 8월 13일 10시

1 사랑하는 나의 아들아!
2 "네, 아버님! 말씀하옵소서."
3 너를 따르는 제자들에게 반드시 바로 세우고 가르쳐야 할 것이니라.
4 너희가 똑같은 물건을 가지고 있어도 똑같은 물건을 하나씩 네 손에 가지고 있어도, 남의 것이 더 호화로우며 남의 것이 더 크게 보이며 남의 것이 더 좋게 보이는 그 마음의 뿌리를 뽑아야 함이니라.
5 그것이 욕심의 근원이니라.
6 너희에게 그 욕심의 근원이 있으니, 그로 하여금 남의 것을 탈취하고자 하며 남의 것을 취하고자 하는 모든 생각이요, 마음의 자세로 그것에 더 연구에 연구를 거듭하다 보면,
7 남을 무너트리며 남을 멸망의 길로 인도하는 그와 같은 방법으로써 남의 것을 취하고자 하니,
8 그것이 바로 욕심이요, 그 욕심이 사탄의 마음이라 함이니라.

9 정녕 천사와 같은 마음을 가진 너희라
면 남이 가진 것도 소중하나 제 것이
더 소중하며,
10 남의 것이 제 것보다 더 커 보이는 그
와 같은 마음의 자세를 가져서는 아니
될 것이니라.
11 너희가 남의 것과 제 것이 똑같은 것
을 취했을 때, 제 것이 더 아름답고 더
크게 보이는 마음이 천사의 마음이요,
하늘에 오르는 백성이 가져야 할 마음
이니라.
12 그러니 너의 제자들은 그와 같은 마음
서부터 바로잡으며 그와 같은 마음으
로 행하고 살도록 그리해야 함을 절대
잊지 말라.
13 모든 백성이 남의 밥그릇이 더 커 보
이고 제 것은 적게 보이는 그와 같은
마음을 가지는 것은 욕심이요, 그것이
사탄이요, 악마라 함이니라.
14 그와 같은 마음을 가진 자는 나에게
올 수 없으며 내 아들딸이 아니라는
것을 알아야 할 것이니라.
15 그와 같은 마음을 가지고 사는 것이
나의 아들을 따르는 제자들이니, 그
마음을 다스리고 살라 그리 말하라.
16 그렇지 않으면 너희 마음을 다스리는
역사를 할 수 없음을 알아야 할 것이
니라.
17 그와 같은 근본의 뿌리를 하나하나 고
치고 살아가라 하는 나의 법전이 어찌
하여 사탄이요, 사악한 길이라 그리
말하는가?
18 내가 나의 아들을 통하여 법전에 기록
하여 전하기를,
19 '이 세상의 모든 것은 내 아버지 것이
기에 내가 바로 살며, 내 아버지의 뜻
이 바로 살라는 것이기에 내 아버지의
뜻에 따라 순종하고 살며, 그리고 추
하고 더러운 일을 내 아버지가 하지
말라 했으니 하지 않고 산다.'
20 그리 기록하여 전하는 그것이 무엇이
사탄이요, 사악한 자요, 마지막 거짓
선지자가 행하는 역사라 감히 그리 말
하는가?
21 그렇다면 이제는 너희가 그 십계명을
한번 암송해 보라.
22 십계명을 암송하는 것이 하늘에 오르
는 길이요, 영혼의 양식이라 했으니,
23 그 십계명을 암송하고 암송하는 그와
같은 생활 습관을 가지고도 변하지 못
하거든,
24 나의 법전에서 십계명을 강조하며 '십
계명을 위주로 살라, 십계명을 버리고
지킬 수 없다는 것은 나의 아들딸이
아니라'는 그 의미를 깨달을 것이니,
25 어쨌든 너희가 깨닫고 얻어야만 변화
해 갈 수 있을 것이니라.
26 그리하고도 너희 마음이 다스려 지지
아니하거든 그리 기도하라.
27 '이 모든 것은 내 아버지 것이요, 내
아버지의 뜻에 따라 살아가는 것이 하
늘에 오르는 길이라' 하여, 항상 '내
아버지 뜻이요, 내 아버지 것이요' 이
와 같은 것을 마음속에 가지고 한번
살아 보라.
28 그리하고도 너희가 변화되는 것이 없
으며 역사하는 것이 없거든, 정녕 나
의 법전이 아니요, 나의 성령이 아니
요, 나의 아들이 잘못된 자라 그리 말
해도 될 것이니라.

29 그러나 그와 같은 마음을 가지고 부르짖고 살 때, 그 속에 변화의 역사가 서서히 있다 하면 이는 나 여호와의 뜻이요, 진정한 창조주 내가 너희에게 명하는 것이라는 걸 알아야 할 것이니라.

30 모든 인간이 그리 말하느니라.

31 더욱이 믿음의 길을 가는 백성이 인간은 죄를 짓지 아니하고 살 수 없으며, 마음속에서 부딪치는 수많은 것을 다스릴 수 없으며,

32 그걸 다스릴 수 있는 것은 나 여호와가 너희에게 은혜를 내리는 것이며 나 여호와가 너희를 이끌어 주었을 때만 변화된다고 그리 말하나,

33 나의 아들이요, 나의 법전에 기록한 내용은 과연 뭐라 말하느냐?

34 너희가 약속을 지키지 못하는 기도요, 행하지 못하는 그 기도는 내가 들어주지 아니하며,

35 너희가 하나의 악습을 버리고자 했을 때 그 악습을 딱 끊었을 때, 내가 너희에게 버리는 길이요, 버릴 이유를 가르쳐 주어 은혜를 내린다 하였으니,

36 이것이 오늘의 믿음의 길을 가는 것과 그 차이니라.

37 너희가 말하는 이방인이라 하는 모든 백성이 십계명을 지킬 수 없으며, 그와 같이 거짓되지 아니하고 욕하지 아니하고 남의 것을 탐내지 아니하고 살 수 없다고 말할 때,

38 그것도 다스려서 '그와 같이 살아가는 것이 하늘에 오르는 길이요, 하나님을 아는 백성이요, 하나님께서 이 세상의 모든 것을 준 것을 감사하는 뜻이라' 가르치는 것이 당연하거늘, 어찌하여 앞에서 이끌어 가며 지도하는 자, 그리고 나의 뜻에 살아가는 백성이 앞에 서서 그를 지키고 살아갈 수 없다고 말하는가?

39 이를 보는 나 여호와의 아픈 가슴을 너희는 과연 아느냐?

40 이를 어찌해야 다스려야 한다 말이냐?

41 그러나 이방인들은 그 뜻대로 살고 죄짓지 아니하며 거짓 하지 아니하며 살아야 한다는 십계명의 내용을 모르나, 그 십계명의 내용을 지키고 사는 것이 인간의 도리라 말함이니,

42 이는 곧 나 여호와의 진리이기 때문에 누구나 다 그를 알고 있음이니라.

43 그러나 유독 종교 집단이요, 나를 찾으며 모든 백성을 하늘로 인도한다 말하는 너희가 그를 지킬 수 없다고 선봉에 서서 외치고 있으니, 이것이 사탄의 자식이요, 사탄을 섬기는 것이니라.

44 그리고 너희가 나의 아들 예수를 부르는 것은 사탄의 형상을 부르는 것이며 나 여호와를 부르는 것이 나를 부름이 아니요, 진정한 나의 아들 예수를 부르는 것이 아니요, 사탄의 형상을 보고 부르는 것이라 말함이니라.

45 이 무서운 의미를 알라.

46 내가 나의 아들에게 나의 새로운 성경에 기록하여 너희에게 전했느니라.

47 너희가 정녕 악습을 버리고 고칠 수 없거든, 너희가 가진 악습 하나만 고치라, 그러면 그 속에서 모두를 다 얻을 수 있다 하였음이니라.

48 너희가 거짓말하지 아니하고 살 수 없

거든, 목숨을 내걸고라도 거짓말을 하
지 않는 훈련으로써 그 하나만 지키
라, 내가 나의 새로운 성경인 나의 법
전에 기록하여 전했느니라.
49 그리했을 때 너희는 모두를 다 깨우칠
수 있으며 모두를 다 깨달아, 십계명
정도는 차 한잔 마시는 것보다 더 쉽
게 지킬 수 있는 그 깨달음의 변화가
있다 하였음이니라.
50 너희가 내가 말하는 거짓 하는 것, 도
적질하는 것, 남을 시기하는 마음, 남
을 음해하는 마음, 가장 나쁜 악습 하
나를 목숨을 내걸고 지키고 한번 행해
보도록 하라.
51 그래도 깨달음이 없으며 나 여호와의
뜻을 모르며, '이게 진정한 하나님의
가르침이요, 하나님께서 원하는 길이
라' 너희 가슴에 와 닿지 않거든,
52 그때 나의 아들은 가짜요, 나의 법전
은 가짜요, 이는 믿을 수 없는 것이라
그리 말해도 내가 너희를 벌하지 아니
할 것을 나의 법전에 기록하여 너희에
게 전함이니라.
53 그러나 나의 아들이 새로운 성경이요,
나의 법전에 기록한 내용대로 너희가
단 한 가지만이라도 지키고 행했을 때,
54 너희 가슴이 열리지 않으며 하늘의 빛
이 무엇인지, 나 여호와가 역사하고자
하는 것이 무엇인지 네 가슴에 와 닿
아 깨달음을 얻지 못하며,
55 '앗! 하나님, 이것이었사옵나이다.' 그
말이 나오지 아니하거든 그때 가서 너
희가 나를 원망하며 모두를 다 저버려
도 말하지 아니할 것이니, 하나만 실
천하고 한번 행해 보도록 하라.
56 그것이 과연 무엇을 믿지고 무엇이 손
해더냐?
57 너희가 수십 년 동안 믿음의 길을 가
면서 바로잡지 못하며 고치지 못한 그
습성 하나를, 나의 법전을 보고 읽고
깨우쳐 그것 하나를 실천해 보면 세상
의 이치를 알 것이라 했으니,
58 그것 하나도 행하지 아니하고 구습이
요, 폐습에 젖어 세뇌된 대로 그저 맹
종 맹신하며 울고불고 나를 찾는다는
것이 너희는 지금 나를 찾는 것이 아
니요, 사탄을 찾는 그 길을 가고 있음
이니,
59 그것이 죽은 자의 삶이요,
60 그 죽은 자의 삶이 곧 지옥으로 연결
되는 그와 같은 삶이라는 걸 절대 잊
지 말라, 사랑하는 나의 아들딸들아!

7,124 번째 하나님 말씀

2003년 8월 13일 10시 05분

1 사랑하는 나의 아들아!
2 "네, 아버님! 말씀하옵소서."
3 지금 너희가 가는 길을 두려워하지 말
며, 너의 제자들에게 좌절하지 말며,
물러서지 말라 그리 말하라.
4 지금 열 명 중에서 열 명이 모두 다 단
단히 굳어져 있으며, 오로지 저희가
가는 그 믿음의 성벽을 무너트리지 못
하며 그들을 바로 세우지 못할 것이라
생각하느니라.
5 열이라는 숫자에서 너희는 하나도 차
지하지 못하며, 그 하나 중에서 백 분
의 일도 안 되는 숫자이니,
6 오늘의 그 모든 형제가 모든 나의 피

조물 만백성들을 구하는 길이요, 진정
한 길이라 말함이니,
7 너희가 감히 두렵고 용기 없음을 내가
알고 있음이니라.
8 그러나 너희는 여기서 알아야 할 것이
니라.
9 내가 이 세상의 모든 종교 집단이요,
믿음의 길을 가는 그 백성의 그 마음
이 80퍼센트 이상 잘못되었다 말하며
그들이 이대로 가서는 아니 된다는 마
음을 가지고 있음이니, 그들은 무너질
수 있으며 돌아설 수 있는 백성이니라.
10 다만, 20퍼센트의 직급을 가진 자들,
그리고 저희 삶을 위하여 저희 욕심을
채우기 위해 지금 혈안이 된 자,
11 그리고 진정한 믿음은 뒷전이요, 그저
참진리 같은 것은 필요 없으며, 나의
피조물 만백성들이 구원을 받고 안 받
는 것은 전혀 관계없이,
12 큰 성전이요, 호화로운 성전을 짓고
거기서 목회 활동을 하고자 하며 부귀
영화요, 육의 편안함을 얻고자 하는
20퍼센트도 되지 않는 자들이 이 세
상을 지배할 것같이 보이며 다스릴 것
같이 보이나,
13 80퍼센트가 잘못되었다고 깨닫고 있
다면 너희가 가장 미약하나, 그들이
너희를 받쳐 주는 것이며 그들이 너희
와 더불어 갈 수 있는 자들이 아니더
냐?
14 내가 내린 하나의 겨자씨인 너희가 조
금만 더 성장하여 그늘을 짓기 시작할
때 그들은 그 그늘 속을 찾아오게 될
것이며 그 그늘의 감사함을 알고 올
것이니,
15 그때가 머지않아 이루어질 것이니 두
려워하지 말며 겁먹지 말라.
16 모든 역사함은 너희가 승자라 말한 나
여호와의 뜻을 모르는가?
17 너희가 정녕 나의 법전을 믿으며 나를
믿으면 모든 승자는 너희 것이요, 너
희가 죽기 전에 이 세상에서 나의 위
대한 역사를 다 본다고 하지 아니하였
더냐?
18 그리고 천 년에 걸쳐 이 지상에 하늘
의 천국과 같이 이루어지는 그 기틀을
다지는 것이 너희요,
19 그 대명을 위하여 다 능력이 있고 쓰
임이 있기에 내가 부른 자들이요, 내
가 초청한 백성이라 하였음이니, 그와
같은 말을 의심하지 말며 두려워하지
말라.
20 그와 같은 마음이 흔들리고 의심하는
자체가 믿음이 없는 것이니, 그와 같
은 마음으로써는 절대로 아니 됨을 알
라.
21 내가 뭐라 했느냐?
22 종교 지도자들이요, 하늘에 오르는 길
을 가는 자들이라 한 그 백성이 마음
속에 불안함이 있는 것이 80퍼센트라
했으니,
23 과연 그들이 진정한 믿음이요, 하늘에
오르는 길을 가고 있는가?
24 그저 형식적으로 다른 대안이 없으며
다른 길이 없으며 진정한 목자가 세상
에 나오지 아니하여 그들을 바로잡을
자가 없기에 그들은 그리하느니라.
25 그러니 어떤 사람이 내가 목자요, 내
가 재림한 예수요, 나 여호와를 대신
해 내려왔다고 아무리 한 사람이 이

세상에 부르짖어도, 그 말을 듣고 깨
우칠 자가 없으며 멀리 있는 자는 그
를 듣지 못함이니,
26 내가 그걸 모두 기록하여 법전이요,
책으로 만들어, 살아 있는 지도자들을
세상에 내보내는 것이 내가 역사하는
방법이며,
27 법전이요, 책으로써 모두를 다스리고
자 하는 것이 나 여호와의 깊은 뜻이
요, 역사함임을 알라.

7,125 번째 하나님 말씀

2003년 8월 14일 04시 08분

1 사랑하는 나의 아들아!
2 "네, 아버님! 말씀하옵소서."
3 내가 나의 십계명에 너희에게 전하기
를 '네 부모를 공경하라.' 그리 기록하
여 너희에게 전하였음이니라.
4 너희 부모를 공경하는 그것이 나 여호
와를 공경하며 나를 사랑하는 그 기본
이요, 근본이요, 기초라 그리하였느니
라.
5 너희가 내가 십계명에 기록하여 '네
부모를 공경하라.' 그리 가르쳤거늘,
너희가 네 부모를 공경하지 아니하고
는 아무것도 역사할 수 없다 내가 그
리 말하였으며,
6 네 부모를 공경하는 그것이 나 여호와
를 믿고 나를 공경함이라 그리 말하였
음이니, 여기서 너희는 그 뜻을 알아
야 할 것이니라.
7 내가 '네 부모를 공경하라.' 십계명에
기록한 것은, '작은 하늘나라요, 그리
고 큰 하늘나라, 그와 같이 둘로 나누
어서 너희를 깨우쳐 주고자 하는 그
근본을 가르쳐 주고자 함이니라.
8 나 여호와가 존재하는 것은 이 세상의
모두를 통제하니, 전지전능한 아버지
라 하여 나 여호와가 이 세상을 다스
리는 큰 부모요,
9 그리고 너희가 작은 가정의 부모라 하
여 너희 자식들과 같이 더불어 사는
것이 작은 하늘나라의 한 가정의 형태
라 너희가 그리 내가 보고 너희를 그
리 가르쳐 오고자 함을 알아야 할 것
이니라.
10 너희가 네 부모를 공경하는 것은, 자
식이 부모를 공경함으로써 그 도리를
다하는 것으로 너희는 그리 생각하나,
그 의미가 아니니라.
11 너희가 부모를 공경하는 그것으로써
그 많은 형제요, 모두가 화합되며 사
랑으로써 형성되며, 그 모두가 다 뜻
을 같이할 수 있는 그와 같은 형국이
이루어지는 것이기 때문에 그리하여
너희가 가정을 하늘나라의 한 곳으로
보며,
12 나 여호와가 존재하는 것은 큰 하늘나
라의 삶이요, 모든 형태를 그리 보아
야 할 것이니라.
13 내가 너희에게 세상에 살아가면서 형
제지간에 반목하지 말며, 형제에게 미
련한 자라고 욕하는 자는 지옥 불에
간다 할 정도로 얘기했으면 너희가 화
합의 그 사랑이 얼마나 소중한 것인
줄 알겠느냐?
14 내가 너희에게 형제를 미련하다 하는
자가 지옥으로 간다 그리 가르침은 무
엇을 의미하는가?

15 너희가 가장 작은 소단위의 하늘나라
의 그 삶을 바로 살고 역사하는 백성
이 큰 하늘나라의 그 뜻을 역사할 수
있기 때문임을 너희는 알아야 할 것이
니라.
16 너희를 낳아 주고 길러 준, 눈으로 보
는 부모를 공경하고 존경하며 사랑하
는 것은, 너희가 자식과 부모 간의 그
도리를 떠나서 너희 모든 형제가 하나
가 되어 화목하게 이루어지는 것이 그
것이 근본이며 거기서 이루어질 수 있
는 것이니라.
17 부모를 공경하지 아니하는 자식들은
하나가 될 수 없음이니라.
18 그러나 부모를 공경하는 형제들은 아
무리 많다 해도 그들은 다 하나가 될
것이며, 서로 효성스러운 마음으로 가
며, 형제지간에 우애가 돈독한 것이니
라.
19 부모를 공경하지 아니하는 그 집안은
절대 화목하지 못하며 하나가 될 수
없으며, 형제지간에 우애가 없는 것이
너희 가정이니,
20 작은 하늘나라의 살림에서 부모를 하
늘에 있는 나 여호와라 생각하며 그
모든 형제의 식구가 다 부모를 공경함
으로 화목한 한 가정을 이룬다면,
21 그 하나의 화목한 가정들이 이루어지
고 이루어져서 너희가 화목한 가정만
이루어짐이니, 그것이 다 하늘나라에
내 뜻이 이루어지는 것이요, 큰 나라
가 역사하는 것이 아니더냐?
22 너희가 그리하여 부모를 정점으로 하
여 부모를 공경하는 그 마음으로써 화
목한 한 가정이 이루어졌을 때,
23 나 여호와를 공경하며 나를 경배하는
나의 백성이 나를 공경하는 그 마음이
하나가 됐을 때, 너희는 다 하나가 되
며, 성령이 임하여 너희가 서로 사랑
하고 믿고 살아가며,
24 오늘과 같이 인간이 인간을 두려워하
며 인간이 인간을 가장 무서워하며 그
리고 인간으로부터 모두를 경계하는
그와 같은 마음이요, 오늘의 삭막한
세상은 되지 아니하였을 것이니라.
25 그러니 너희가 지금 여기서 깨우쳐야
할 것이니라.
26 모든 종교 집단들이 정녕 나 여호와를
부르며, 나의 아들 예수를 찾으며, 너
희가 나에게 공경을 다하며 '전지전능
한 아버지의 뜻에 살아간다.' 하여,
27 너희가 육의 세상에 사는 부모를 공경
하고 살아가는 그와 같은 마음으로 나
를 믿고 살아가도록 그리 가르쳤다면,
너희가 본이 되어서, 그를 하지 못하
는 자들도 다 지금은 천사와 같은 백
성이 되었을 것이니라.
28 너희가 한 가정에도 여러 형제가 있지
만, 그들이 몇 형제가 부모에게 효성
스럽게 잘하고 부모를 사랑하는 마음
으로써 평소에 변함없이 살아간다면,
29 부모를 공경할 형편이 못 되는 형제
요, 그리고 또 성격상 그리하지 못하
던 형제도, 다른 형제가 부모를 공경
하는 것을 그들이 따라서 배울 것이
며, 그리고 그 자식 또한 그를 보고 배
워 가르쳐 나갈 것이니, 하나가 되는
것이니라.
30 그러니 너희 모든 종교 집단이요, 지
도자들이 나를 경배하고, 오로지 너희

만이 나의 뜻에 살아가며 나의 피조물
만백성을 구하는 역사요, 나의 뜻과
내가 원하는 것을 맞춰 나에게 효성스
러운 백성으로 살아간다는 종교 집단
이나 지도자들이,
31 너희가 바르게 효성을 하지 못했으며
바르게 나에게 사랑을 하지 못하였기
때문에 오늘 너희가 하나가 되지 아니
하고, 모든 인구가 하나하나 다 갈라
져, 오늘과 같이 형제지간에 반목하고
험악한 세상이 되었음이니라.
32 그러니 너희가 '네 부모를 공경하라.'
내가 십계명에 기록한 그 내용이 얼마
나 소중하며,
33 무슨 의미를 담고 내가 너희에게 가르
쳤는가를, 이제 나의 법전을 읽고 깨
우친 백성이요, 나의 아들딸, 그리고
나의 아들을 따르는 제자 너희는 우선
그 대목을 알아야 할 것이니라.
34 십계명에 '네 부모를 공경하라.' 한 것
은 작은 하늘나라뿐 아니라, 나 여호
와가 존재함이니, 나를 경배하고 나를
존경하고 사랑하며 따르겠다는 큰 사
랑을 베푸는 것이며 큰 나라를 이루는
것이니,
35 큰 나라의 형제들이 한마음이 되는 길
이니라.
36 그러니 너희가 그것을 지키지 못하는
자는 절대 가정의 화목을 이룰 수 없
음이니라.
37 부모를 무시하고 부모를 경멸하며 부
모를 존경하지 않는 그 형제는 서로
아귀다툼이요, 싸움 속에서 하나가 될
수 없으며,
38 너희는 남들만도 못한 그와 같은 살벌
한 인간관계로 살아가면서 서서히 나
이가 먹으면서 남남으로 변하는 그와
같은 무서운 것이 부모를 공경하지 않
는 자들이니라.
39 부모를 공경하는 자들은 화목하게 살
아가며 돈독한 마음으로 살아가게 됨
이니, 그 부모를 공경하는 마음을 배
운 백성이 한 가족이 모이고 두 가족
이 모였을 때, 이 세상은 나 여호와를
경배하는 백성으로 그득히 찰 것이니
라.
40 그러니 그 모든 죄가 종교 집단이요,
지도자요, 본보기로 살아온다는 자들
이 본을 보이지 못했으며 나 여호와를
진심으로 믿지 못했으며 진심으로 경
배하는 마음으로 살지 아니하고,
41 오로지 너희가 인간 욕심이요, 너희
삶을 위해서만 살아가는 그와 같은 형
제가 되었음을 너희는 알아야 할 것이
니라.
42 그러니 너희가 잘못됐다 내가 그리 말
하는 것이니 그 의미를 알라.
43 이제 너희가 '네 부모를 공경하라'는
그 의미를 알았다면, 나를 믿고 나에
게 따라와 모든 나의 사랑하는 백성이
성령으로 임하여 하나가 되는 그 세상
을 만들려거든,
44 너희가 가장 작은 가족 단위로 부모를
공경하는 그것부터 먼저 가르치며 그
것부터 먼저 행해야 할 것이니라.
45 그러니 너희가 얼마나 그와 같은 길을
무너트렸으며 그를 거역했으며 그를
깼는가?
46 너희가 부모를 찾아뵈는 그 시간이 있
으면 교회에 와서 기도하고 경배하며

재물을 바치는 것이 너희가 은혜를 받
는 것이요, 구원을 받는다 그리만 가
르치고 있었음이니,
47 너희가 하늘의 나를 사랑하고 하늘의
뜻을 역사하는 가장 작은 기본 단위인
가정의 부모를 공경하는 마음까지 무
너트리고 그리 다 파괴시켰음이니,
48 거기에 사랑이 어디 있고 하늘의 사랑
이 어디 있으며, 나를 따르고 경배하
는 그 뜻이 어디 있느냐?
49 그러니 오늘의 그 책임이 다 그들에게
있음이니라.
50 이제 사랑하는 나의 아들을 따르는 제
자 너희는 어렵고 힘든 길이라 해도
너희 부모를 공경하는 마음으로, 너희
부모를 공경하는 효성으로써 너희 모
든 형제가 깨우침을 얻어,
51 형제가 부모를 공경하는 마음으로 한
마음이 되었을 때, 너희는 화기애애한
그 아름다운 가정으로 됨이니라.
52 그것이 바로 무엇인 줄 알겠는가?
53 나 여호와를 진심으로 믿고 내가 존재
함을 믿으며 가는 형제들이 되어야 하
니, 바로 너희가 그와 같은 역사를 이
루기 시작하는 것이니라.
54 그리하여 너희가 나를 믿으며 나를 공
경하며 나를 따르는 그 순종하는 마음
이 진심이었을 때, 그것이 너희가 하
나가 될 수 있으며,
55 그 하나가 된 마음의 씨가 퍼지고 퍼
져 이 세상에 그와 같은 역사를 이룸
이니라.
56 십계명에 기록된 '네 부모를 공경하
라'는 그 의미 하나도 너희가 모르면
서 지금까지 가르치고 깨우쳐 온 종교
집단이요, 지도자들이니,
57 이제 내가 나의 아들을 통하여 그 모
두의 하늘의 뜻을 내려보냄이니,
58 그를 읽고 깨우쳐 너희가 정녕 맞다
생각하면 그리 따르며, 그렇지 아니하
거든 나의 법전은 사탄 것이라 하여
버려도 내가 말하지 아니할 것이니라.
59 다만, 나의 아들을 따르는 제자들이
요, 나의 법전을 읽는 백성 너희는 변
함없는 마음으로 이를 실천하고 먼저
행하도록 하라.
60 그래서 부모를 공경하는 것이 첫 번째
요, 부모를 공경하게 됨으로 형제지간
에 화목하고 우애가 있고, 너희가 가
슴을 열고 하나가 될 수 있다는 것을
잊지 말라.
61 그리했을 때 너희가 나를 믿게 되며,
나를 공경하며 나에게 순종하는 그 마
음이 진실된 마음이라는 것을 알라,
사랑하는 나의 아들딸들아!

7,126 번째 하나님 말씀

2003년 8월 14일 04시 17분

1 사랑하는 나의 아들아!
2 "네, 아버님! 말씀하옵소서."
3 너희는 하늘에 오르고자, 높이 오르고
자 하는 것으로써 모든 깨달음을 얻으
려 그리하지 말라 하였음이니라.
4 가장 낮은 자세의 밑으로 흐르며, 밑
에서 흐르는 그 낮은 생활에서 깨달음
을 얻을 때 진정한 참진리를 알게 되
며, 그것이 너희에게 진정한 값있는
진리라 그리 말하였음이니라.
5 그러니 너희는 더 큰 것만을 역사하여

무엇인가를 얻으려 하며, 너희가 더
큰 것 속에서 무엇인가 깨우침을 얻으
려는 그와 같은 마음으로 세상을 살지
말라.
6 모든 백성이 무엇인가를 얻고자 산속
에 올라가 기도하고 아우성을 치며,
무엇인가 가슴에 큰 것을 알 것처럼,
나로부터 큰 음성이요, 큰 사랑이요,
그 모두를 얻을 것처럼 울고불고하나,
7 그리한다 해서 이루어지는 것이 아니
며, 너희에게 역사하는 것이 아니니라.
8 그와 같은 것은 너희가 나와는 전혀
관계도 없는 속에서 나를 보려 하며
내 음성을 들으려 하며 은혜를 얻고자
하는 그와 같은 것이니, 그게 다 잘못
되고 부질없는 짓이니라.
9 나 여호와가 세상을 창조하였으며 내
가 너희에게 원하는 그 뜻을 알아 그
를 조용히 행하며 살아가면 될 것이니,
10 가장 낮은 곳이요, 가장 작은 곳에 나
여호와의 진리의 뜻이 있음을 너희는
알아야 할 것이니라.
11 나 여호와가 이 세상을 창조했을 때,
나는 나의 이 지상에서 서로 사랑을
하며 아름다운 마음을 가지고 사는 백
성 너희가 살아갈 수 있도록 내가 그
를 원했으며,
12 그와 같은 백성이 나의 아들딸이 되는
것임을 너희는 잊어서는 아니 될 것이
니라.
13 이 지상에서 모든 백성이 서로 사랑하
며, 서로 소중함을 알고 살아가는 그
와 같은 백성이 곧 나의 아들딸이기에,
14 너희가 그와 같은 마음으로 그와 같은
백성이 이 세상에서 존재하고 살아가
기를 내가 바랐던 것이며, 그를 원하
는 것이 나 여호와의 뜻이니,
15 내가 원하고 바라는 사랑을 베풀며,
작은 것을 과욕하지 아니하며, 남에게
실수하지 않는 그와 같은 삶을, 양심
에 부끄럽지 않은 삶을 살아가는 것이
너희가 나를 볼 수 있으며 나의 음성
을 들을 수 있으며 은혜를 입을 수 있
는 것이지,
16 그와 같은 것은 행하지 아니하며, 그
저 큰 것, 위대한 것을 얻고자 너희 자
신이 지금 어떠한 삶을 살고 있으며,
네가 살아가는 그 자세가 과연 양심에
부끄럼이 있는지 없는지 그것도 모르
면서,
17 양심에 부끄러운 행위를 서슴없이 하
는 자가 산꼭대기에 올라가 달밤에 나
를 찾으며 울고불고 아무리 광란의 짓
을 한다 해도, 그것을 내가 기억하겠
는가?
18 나는 모르느니라.
19 다만, 너희가 사랑하는 마음으로 사는
것이 내가 원하는 것이며, 그와 같은
백성이 이 세상에 존재하기를 바람이
니,
20 나누며 사랑하는 사람이 나의 음성을
들을 수 있으며 나를 볼 수 있는 것이
니라.
21 그리하여 이 세상의 모두를 역사하고
내가 너희로 하여금 이 세상을 대신하
여 이 세상을 다스리고 관리할 수 있
도록 나의 백성 너희를 내가 아들딸이
라 부르며, 너희를 나의 아들딸로 만
들어 세상을 다스리게 하였던 것이 나
의 뜻이 아니더냐?

22 너희에게 모두를 다 주어 이 세상을
다스리도록 할 수 있음이니, 그는 바
로 무엇이더냐?
23 사랑을 가지고 사랑을 베풀며 사는 나
의 백성만이 다스리고, 그리고 나의
아들딸로서 너희가 살 자격이 있어,
그들로 하여금 이 세상을 다스리려 하
였던 것이니라.
24 그러나 너희는 세월이 흐르는 그 속에
서 믿음이라는 것, 또 나의 뜻에 따라
서 나의 아들 예수가 너희에게 전하고
자 하는 그와 같은 근본적인 믿음을
바라지 아니하고,
25 그 믿음 속에서 생활하는 것이 아니
요, 나를 거역하는 그와 같은 삶으로
써 타락하고 변질되어,
26 나의 목적과 내가 역사하고자 하는 모
든 계획을 너희가 무너트리고, 그리하
여 그 계획이 다 실패작이 되도록 만
든 것이 오늘의 백성 너희니라.
27 나의 아들딸로서 존재해야 할 너희가
사탄의 자식으로 변질되어,
28 나 여호와의 뜻을 따르는 것이 아니
라, 사탄의 명령이요, 사탄의 지시에
따라 모두가 이루어지는 것이니,
29 그러니 내가 계획했던 모두가 다 실패
작이며 무너졌다는 것이 거기에 있음
을 너희는 알라.
30 그리하여 너희가 나의 아들딸로서 돌
아오기를 바라며, 너희가 거듭나기를
내가 바라기에,
31 바로 내가 원하는 그 삶의 형태를 너
희에게 보여 주기 위하여,
32 마음에서 나의 자식이 된 자, 그리고
자식이 되고자 하는 자, 그리고 너희
가 어찌하는 것이 나에게 오르는 나의
아들딸이 되는 것인가 그것을 모르기
에,
33 내가 그와 같은 것을 보여 주기 위해
인간의 형태로써 사랑하는 나의 아들
예수를 보냈으니,
34 예수의 살아가는 것이 너희가 나의 아
들딸이 되는 합당한 길이라는 것을 본
보기로 보여 주기 위하여 예수를 세상
에 내려보내 그리 살게 했던 그 의미
를 너희는 알아야 할 것이니라.
35 지금 변질되고 변질되어 나로부터 떠
나간 그 모든 나의 아들딸 너희를 내
가 사랑하기에,
36 너희가 원래의 모습으로 돌아와 나의
아들딸로서 존재하도록 하기 위하여
그와 같은 것을 너희에게 가르치고 깨
우치니,
37 그 본보기가 없으며 너희를 합당하게
교육시킬 방법이 없으며 너희가 보고
깨우칠 수 있는 것이 없기에,
38 내가 나의 아들 예수를 통하여 너희가
합당한 본보기의 삶이요, 나의 아들딸
이 되는 그 삶이 무엇인가를 보이기
위해 내가 나의 아들을 세상에 내려보
냈음을 이제 너희는 알아야 할 것이니,
39 그와 같이 행하는 자만이 나의 아들딸
로서 거듭남을 절대 잊지 말라.
40 나 여호와가 이루고자 하는 뜻을 그대
로 행하는 삶의 형태를 보여 주고자
그리하여 창조주 나 여호와가 예수를
너희에게 보내어 백성의 생활의 본보
기가 되는 삶을 살도록 하여,
41 그를 보고 나의 피조물 만백성들이 사
는 도리가 무엇이며 하늘에 오르는 삶

이 무엇인가를 너희에게 직접 보여 주
기 위하여 나의 아들을 그와 같은 형
태로 세상에 내려보냈던 것임을 잊지
말라.
42 그러나 너희는 어찌하였는가?
43 너희가 본보기로 삼아서 사는 삶이 너
희가 하늘에 오르는 길이요,
44 나의 아들딸로서 거듭날 수 있는 그와
같은 본보기로 보낸 나의 아들 예수를
그 종교 집단이요, 지도자들이 죽게
하였으며, 그를 뿌리내리지 못하도록
그리하였음이니라.
45 그리하여 내가 지금 너희를 다시 다스
리고자 너희에게 단 한 번의 기회를
더 주어,
46 삶의 기본인 나의 법전을 이제는 책으
로써 내가 너희에게 내려보내니, 그
뜻을 알아야 할 것이니라.
47 내가 나의 아들 예수를 보내어, 너희
가 인간의 도리요, 나의 아들딸이 되
는 그 합당한 삶을 사는 것을 본보기
로 보여 주었거늘,
48 너희가 지금까지 그와 같이 고통스럽
게 죽어 감이니, 지금까지 너희가 무
엇을 보고 깨우쳤단 말이던가?
49 그러니 2천 년의 암흑의 세월이 흘렀
다 함이니라.
50 이제 너희는 나의 아들딸로서 거듭나
며, 예수가 했던 그 합당한 삶이요, 본
보기의 삶을 그대로 실천하는 것만이
너희가 나에게 올 수 있는 것이니라.
51 그러니 너희는 이제 매일 그와 같은
삶을 행하지 못하고 타락할 대로 타락
되었으며 썩을 대로 썩어져 있기에,
52 내가 이제는 태워도 없어지지 아니하
며 찢어도 없어지지 않는 나의 법전이
요, 새로운 성경이요, 나의 아들을 통
하여 그 모두를 기록하여,
53 너희가 합당한 삶을 살다 거듭나는 그
역사를 이루도록 하기 위해 나의 아들
을 보냈다는 의미를 알라, 사랑하는
나의 아들딸들아!

7,127 번째 하나님 말씀

2003년 8월 14일 04시 29분

1 사랑하는 나의 아들아!
2 "네, 아버님! 말씀하옵소서."
3 성서에 기록되어 나 여호와가 너희에
게 깨우치기를, 나의 아들 예수가 그
리 전했음이니라.
4 '내가 진실로 진실로 너희에게 이르노
니, 인자의 살을 먹지 아니하고 인자
의 피를 마시지 아니하면 너희 속에
생명이 없느니라.'
5 이 뜻을 너희는 과연 어찌 가르치고
어찌 깨닫는가?
6 이는 바로 그러하니라.
7 나 여호와가 인간 세상의 너희에게 본
보기의 삶을 살도록, 나의 아들딸들이
바로 보고 살며 잘못된 것을 바로잡으
며, 하늘에 오르는 삶이 무엇이며 나
의 아들딸인 백성은 어찌 사는 것인가
를 보고 깨우치게 하기 위해 본보기로
나의 아들 예수를 세상에 내려보내어,
8 그와 같은 삶을 살아야만 너희에게 생
명이 있으며 나에게 구원을 받는다는
것을 너희에게 가르쳐 준 것이니라.
9 그와 같은 의미를 기록하여 너희에게
전하였거늘, 이것을 너희 임의대로 깨

우치고 가르치며 설명하는 자들이 비
유의 뜻을 잘못 가르쳤기에,
10 지금 나의 백성이 서로 공경하며 사랑
하는 그와 같은 마음이 아니라, 황폐
한 마음으로 갈기갈기 찢어 놓은 오늘
의 그 형국이 되었음이니라.
11 뭐라 말하였느냐?
12 '내 살을 먹고 내 피를 마시는 자는 영
생을 가졌고 마지막 날에 그를 다시
살리리니, 내 살은 참된 양식이요, 내
피는 참된 음료라' 이것이 다 무엇인
줄 알겠는가?
13 곧 내가 예수에게 인간의 삶의 근본이
무엇이고 기본이 무엇인가를 그에게
깨우쳐 세상에 내려가 나의 사랑하는
백성이 그걸 보고 그리 사는 것이 구
원을 받을 수 있다는 것을 일찍이 깨
우쳐 주었거늘,
14 나 여호와가 인간 삶의 본보기로 보낸
나의 아들 예수를 그대로 보고 따르는
것이 아니요, 그것을 전하지도 못하고
역사하지도 못하게 만든 것이 너희니
라.
15 그러면서 지금 구원을 받았다, 구원을
받는 길이라 그리 말함이니,
16 구원을 받을 수 있는 모든 길을 내가
미리 너희에게 전하여 깨우쳐 주며 성
서에 기록하였거늘, 그걸 그대로 받아
들이면 될 것이니라.
17 피요, 생명이요, 살이요, 양식이라 하
여 먹지 않는 자는 구원받지 못한다고
가르치는 것은 바로 나의 아들 예수를
통하여 내려보낸 인간의 기본의 삶이
요, 인간의 살아가는 자세요, 나의 아
들딸들이 살아가야 할 그 모든 것을
예수로 하여금 가르치고자 했으니,
18 그걸 보고 배우는 것이 그의 피를 마
시는 것이요, 살을 먹는 것이요, 그로
인하여 너희가 구원을 받으라는 그와
같은 의미가 거기 있음이니라.
19 내가 예수를 통하여 가르치고자 한 그
뜻을 바로 세우는 것이 너희 모두의
진실한 양식이요, 죽지 않는 양식이라
는 것을 알아야 할 것이니라.
20 내가 성서에 기록하기를, '내 살을 먹
고 내 피를 마시는 자는 내 안에 거하
고 나도 그 안에 거하니, 살아 계신 아
버지가 나를 보내시며 내가 아버지로
인하여 산 것같이, 나를 먹는 그 사람
은 나로 인하여 살리라' 그와 같이 가
르쳤으니 그게 무엇이더냐?
21 나 여호와의 뜻에 의하여 그 모두는
내가 예수를 통하여 나의 피조물 만백
성 너희를 바로 세우며 너희가 살아가
는 본보기로 세우고자 하였음이니 그
는 곧 무엇이더냐?
22 예수의 삶을 사는 것은 나 여호와의
뜻이요, 나의 아들을 보낸 나 여호와
의 뜻이요, 내가 역사하는 것을 너희
가 그대로 지키고 사는 그것이 바로
예수의 삶이며,
23 그 예수의 삶을 따라 사는 자만이 구
원을 받을 수 있다고 일찍이 가르쳤음
이니라.
24 그러나 너희는 그를 함부로 생각하며
예수의 삶을 본보기로 하는 것이 아니
요,
25 그저 찾기만 하면 구원을 받는다며 너
무 앞질러 가며,
26 너희가 필요한 쪽으로 나의 백성으로

부터 재물을 거둬들이는 도구요, 장사
밑천으로 전락시켜 사용하는 것이니
그리 알라.
27 나 여호와의 뜻에 따라 사는 백성은
예수의 삶을 그대로 행하고 사는 자가
구원을 받을 수 있는 것이며,
28 그와 같은 깨달음이요, 그와 같이 행
하지 않는 자는 절대 구원을 받을 수
없다는 것을 이제 명심해야 할 것이니
라.
29 이것은 하늘로서 내려온 떡이니 조상
이 먹고도 죽은 그것과 같지 아니한
너희가 사는 떡이요, 영원히 존재하는
떡을 예수가 가지고 내려와 전한다고
말하였음이니, 그게 바로 무엇이더냐?
30 구약 시대에 너희가 먹으면 죽지 않는
진정한 나 여호와의 말씀이요, 나의
성령의 떡을 내려보냈으나,
31 그 백성이 그를 먹고 지키고 그와 같
은 삶을 살지 아니하고, 영원히 먹어
도 죽지 않는 그와 같은 떡을 먹고도
죽은 자가 되었음이니, 그들의 삶이
욕심을 벗어나지 못하여 그와 같은 험
악한 세상이 되었음이니라.
32 그리하여 나의 아들을 통하여 너희가
먹으면 죽지 않는 그와 같은 떡이요,
생명수요, 그 모두를 내가 내려보냈거
늘, 그를 먹고 사는 백성이 지금 또 어
찌 되었는가?
33 예수를 배반했으며, 그 뜻을 따르는
것이 아니요, 2천 년 전에 역사했듯이,
예수를 통하여 먹으면 죽지 않는 그
떡을 먹고도 죽은 자가 되었으며, 다
죽음의 길로 달려가는 역사만 지금 하
고 있음이니,
34 그것이 비유의 뜻을 잘 알지 못하며
가르침을 모르며 진리를 모르는 종교
집단이요, 지도자들이 첫 단추를 잘못
끼웠듯이, 그들이 가르치고 행하는 것
이 잘못되었음이니라.
35 그저 교회를 짓고 화려한 곳에서 복음
을 전하여 재물을 거둬들이려는 것이
니, 진리와는 관계없는 그와 같은 짓
을 하고 있음이니라.
36 나의 아들 예수를 보내 너희가 영원히
살 수 있는 피와 살이요, 그리고 먹으
면 영원히 죽지 않는 떡을 나의 아들
예수를 통하여 너희에게 전하고 내려
보냈건만,
37 그걸 먹고 취한 백성이 지금은 다 죽
은 자요, 썩은 자로 전락하고 변화되
었음이니, 그를 잘못 받아들였으며 잘
못 사용하는 종교 집단이요, 지도자가
있기 때문에 그러니라.
38 나의 성령의 떡을 먹고도 지금까지 죽
는 삶을 산 자들이 너희니라.
39 그리하여 내가 너희를 바로잡기 위해
나의 성령이요, 나의 뜻을 책으로 만
들어 너희에게 전함이니,
40 이번에도 이를 먹고 받아들이고 깨우
쳐 바른 삶을 살지 못한다면, 이제는
영원히 나에게 오는 길이 없음을 알라.
41 그리하여 마지막이라는 그 무서운 의
미의 뜻을 깊이 가슴속에 새기도록 그
리하라.

7,128 번째 하나님 말씀

2003년 8월 14일 04시 36분

1 사랑하는 나의 아들아!

2 "네, 아버님! 말씀하옵소서."
3 나 여호와가 원하고 바라는 것은 무엇
인 줄 알겠느냐?
4 너희가 천 가지 만 가지 말을 하고 이
유를 대며, 교회를 짓고 성당을 지어
화려하게 꾸미는 것은 다 나 여호와의
뜻이라 하나,
5 그 모두는 나를 거역하는 삶을 사는
것이니, 나 여호와가 너희에게 바라고
원하는 것이 아님이니라.
6 내가 생명을 주어 세상에 나간 너희는
얼마나 영광되게 선택된 백성이던가?
7 너희가 인간으로서 영과 육이 같이 존
재하는 이 세상에서 살 수 있는 것은
이 세상 것을 다 주고도 갚지 못할 큰
은혜와 영광을 받은 것이니라.
8 그와 같이 큰 은혜와 영광을 내린 나
여호와가 너희에게 원하고 바라는 것
이 무엇인 줄 아는가?
9 어찌하여 너희는 그를 바라보지 아니
하고 그를 생각하지 아니하고 살게 되
었는가?
10 너희에게 내가 바라는 것은 하나뿐이
니라.
11 너희가 예수와 같은 삶을 사는 백성으
로서 거듭나는 것, 그리하여 나에게
올 수 있는 그 길의 빛을 볼 수 있는
것을 기다리며 너희에게 그와 같은 역
사가 이루어지기만을 바라는 나 여호
와요,
12 내가 그를 원해서 지금 이와 같이 너
희가 바로 살아갈 수 있고 바로 설 수
있도록 나의 아들을 통하여 마지막
160권의 법전이라는 그 근본이요, 기
초를 내려보냄이니라.
13 예수를 통하여 인간의 삶의 기본이 무
엇이며 근본이 무엇인가 그를 따라서
나의 아들딸로서 거듭나기를 바랐으
나, 너희가 그를 실패작으로 만들었으
며 그가 역사하지 못하도록 하였기에,
14 이제 나의 법전을 통하여 내가 원하는
그 삶을 살 수 있는 백성으로서 거듭
나기를 바라는 것이 나 여호와의 뜻이
니라.
15 그러니 이제는 나의 법전에 기록된 내
용을 그대로 지키는 삶을 사는 백성만
이 나에게 올 수 있다는 것을 알아야
할 것이니라.
16 예수가 너희에게 보여 주고자 했던 그
본보기의 삶이요, 그 모두를 내가 상
세히 풀어서 전하는 나의 법전을 읽고
깨우쳐 나의 아들딸로서 거듭나는 영
광의 길을 가지 아니한다면,
17 너희는 나와의 인연을 스스로 끊어 버
리는 자들이며,
18 나를 아버지라 부르기 싫어하며 나를
아버지라 섬길 수 없다 하며, 나로부
터 떠나는 것이니라.
19 그 순간부터 너희는 창조주 나를 아버
지라 부르는 것이 아니요,
20 모든 생명체를 내려보낸 진정한 아버
지를 아버지라 부르지 아니하고,
21 아무런 인연 관계요, 피 한 방울 섞이
지 않는 인간 세상의 다른 사람을 아
버지라 하듯이,
22 너희를 지옥으로 이끌어 가는 사탄을
아버지라 부르는 그 순간이 됨이니라.
23 지금의 믿음의 길을 가는 모든 백성은
너희 자신을 돌아다보며 다스리기도
바쁜 이 시점에 이단이요, 사탄이라

하지 말라.
24 그와 같은 행위를 할 시간도 없는 것이 너희니라.
25 다만, 나의 법전에 기록된 그 내용대로 예수와 같은 삶을 사는 것, 너희 자신이 그와 같은 길을 가는 데 노력하기도 바쁜 것이 나의 피조물 만백성 너희며 그 시간이 없는 것이 너희임을 알라.
26 좌우를 돌아볼 시간도 없으며, 잠시 쉬어 갈 시간도 없는 것이 너희거늘,
27 어찌하여 남을 평가하고 이웃을 평가하며 이단이요, 사탄이라 여유작작한 그와 같은 행위를 하는가?
28 모든 종교 집단에서 가는 백성 너희는 여유가 없음을 알아야 할 것이니라.
29 너희 자신의 변화됨이요, 너 자신이 어디에 서 있는 자인지도 모르면서, 이단이라 하고 사탄이라 하여 단죄하며,
30 너희는 정죄하지 말라 아니하였거늘, 너희 마음대로 심판하며 그들에게 죄를 내려 그 사람들의 마음을 아프게 하며 그 사람들에게 상처를 주니,
31 다른 사람들에게 상처를 주는 것이 죄의 심판을 내리는 것보다도 지상에서 더 가혹한 행위임을 알아야 할 것이니라.
32 좌우를 돌아다볼 시간도 없으며 남을 평가하고 남과 시시비비할 시간도 없는 너희들이거늘,
33 어찌하여 저 자신도 모르고 그와 같이 오만한 생각으로 살아가는가?
34 그것이 바로 지옥으로 가는 믿음의 대표적인 백성이 너희라는 것을 알라.
35 예수와 같은 삶을 사는 것, 그리고 이제 새로 내리는 법전대로 사는 그것이 나의 백성이 되며,
36 나 여호와는 그와 같은 백성을 얻고자 하여 지금 나의 아들을 통하여 160권의 법전까지 세상에 내려보내며, 너희에게 마지막 기회를 내려보냄을 알아야 할 것이니라.
37 너희는 자식들이 어떠한 삶을 살기를 바라는가?
38 바르고 고운 자식으로서 살아가기를 바라는 것이 육의 세상의 삶이니라.
39 그러니 나 여호와는 어떠하겠는가?
40 너희가 예수의 그 삶을 본보기로 사는 백성이요, 이제는 법전을 읽고 깨우친 그대로 행하는 백성을 얻고자 하며 그와 같은 나의 아들딸들을 얻고자 하며 내가 그들을 보고자 하여 나의 천국에 올 수 있도록 문을 열어 놓고 기다리고 있다 하지 아니하였는가?
41 나는 그와 같이 거듭나는 백성을 원함이니 그리 알라.
42 그 길을 가지 아니하는 자는 나와 아무런 인연이 없다는 것을 내가 너희에게 전하고자 함을 알아야 할 것이니라.
43 그것 외에는 아무것도 신경을 쓰지 말라 그리 전하라.
44 오로지 나의 법전대로 사는 것, 그리고 예수가 원했던 그 삶을 사는 것, 오로지 그 길을 위하여 그 삶을 위하여 너희는 모두를 다 바치며 모두를 다 역사하도록 하라.
45 그러니 좌우를 보며 남에게 이러쿵저러쿵 시시비비할 시간이 없다는 것을 알라.

46 그와 같은 시간이 없음을 알라 그리
전하라.
47 오로지 예수의 삶이요, 나의 법전대로
사는 데만 너희가 모두를 다 바치며
모든 신경을 거기에 맞춰 살아가도록
그리 전하라.
48 좌우의 귀를 열어 쓸데없는 잡담이요,
시시비비하는 것에 현혹되어 무너지
는 백성이 되지 말라 그리 전하라, 사
랑하는 나의 아들아!

7,129 번째 하나님 말씀

2003년 8월 14일 04시 43분

1 사랑하는 나의 아들아!
2 "네, 아버님! 말씀하옵소서."
3 내가 너희에게 원하는 삶이 무엇이라
말하였느냐?
4 예수의 삶을 그대로 살아온 너희를 만
나고자 하며 보고자 하는 것이 나 여
호와의 뜻이니라.
5 그와 같이 아름다움을 행하고 살다 나
에게 왔을 때 내가 너희를 만날 수 있
으며 볼 수 있음이니,
6 내가 너희를 만나고 너희와 더불어 살
아갈 수 있는 그와 같은 세상에 오기
를 바라는 것이 나 여호와의 간곡한
뜻이라면 너희는 과연 이를 알겠느냐?
7 나의 백성이 지금 어찌 되었는가?
8 너희는 나를 만나기 위해 나에게 오는
그 길을 오는 것이 아니요, 그것을 위
하여 살아가는 것이 아니라,
9 욕심이라는 다른 신을 버리지 못하여
나의 백성이 타락되었으며,
10 그와 같이 타락되게 만든 그 가장 중
요한 것은 종교 집단이요, 지도자들이
사랑하는 나의 백성을 맹종 맹신하는
가장 어리석은 백성으로 만들어 놓은
것이 그 죄의 온상이요, 그들이 가장
큰 원흉임을 알아야 할 것이니라.
11 나 여호와를 볼 수 없으며 만져 볼 수
없도록 그들이 만들었으며,
12 감히 나의 형상도 볼 수 없는 그와 같
은 나의 백성으로서 너희가 전락시켰
음을 알아야 할 것이니라.
13 그러니 너희가 나를 볼 수 없다는 것
은 무엇을 의미하는 것이냐?
14 너희가 내 음성을 들을 수 없으며 나
를 만질 수 없으며 나를 볼 수 없다는
것은 바로 무엇이더냐?
15 내가 너희를 보고자 해도 볼 수가 없
으며 만나고자 해도 만날 수가 없으며
내 음성을 들려주고자 해도 들을 수가
없으며 내 형체를 너희에게 보여 주고
싶어도 보여 줄 수 없다는 뜻임을 너
희는 알아야 할 것이니라.
16 그것이 너희가 오늘날 살아가는 처지
이니라.
17 너희가 나를 볼 수 없듯이 내가 너희
를 보지 못하게 되어 있으며,
18 너희가 나를 만질 수 없듯이 내가 너
희를 만지고자 하나 만질 수 없게 되
어 있는 것이며,
19 너희가 나를 만나고자 하며 내가 너희
를 만나고자 해도 만나지 못하는 것이
너희가 잘못 살아온 모든 것이니라.
20 너희가 잘못 살아와 나에게 행할 수
없듯이 내가 너희에게도 행할 수 없는
것이니, 이와 같이 하늘의 무서운 법
도를 알아야 할 것이니라.

21 그리하여 너희가 다시 태어나는 그 길
조차도 볼 수 없게 한 것이 오늘의 종
교 집단이요, 지도자들이니,
22 너희가 다시 태어나는 나에게 오는 그
영광이 얼마나 위대한 것인가, 그 길
마저도 보지 못하게 하며 거듭나지 못
하도록 하는 것이 오늘의 종교 집단의
지도자들이니라.
23 나 여호와가 너희에게 내리는 축복이
요, 영광이요, 너희가 거듭났을 때 나
로부터 받는 그 은혜요, 다시 태어났
을 때 그 축복이요, 영광은 너희가 감
히 상상할 수도 없는 그 위대한 것을
받지 못하도록 앞을 막고 길을 막는
것이 오늘의 종교 집단이요, 지도자들
이니라.
24 그리하여 그들이 저 자신이 지옥으로
가면서 나의 사랑하는 백성을 지옥으
로 이끌어 가니, 그를 보는 내 마음이
얼마나 안타깝겠는가?
25 저 자신도 모르게 그저 지옥으로 끌려
가는 가련한 나의 아들딸의 모습을 보
는 나 여호와의 마음이 너무나 아파
옴이니라.
26 그 모든 것의 시작이며 역사하는 것은
종교 집단에서부터 모두 이루어졌으
며 지도자로부터 모두 이루어졌음이
니라.
27 그리하여 종교 집단이요, 지도자들이
이 세상에 와 잘못 가르치고 잘못 전
했으며,
28 나의 성령의 비유의 뜻을 알지 못하는
자들이 제 임의대로 제가 유리하도록
저희가 살아가는 행복을 위해서 제 삶
의 부귀영화를 위해서 모두를 다 팔아
먹고 장삿속으로 활용하여,
29 나의 사랑하는 백성이 타락되고 타락
되어 이제는 회복할 수 없는 형국이
되었음이니라.
30 지옥 불로 가는 너희의 초라하고 가련
한 모습을 내가 더 이상 볼 수 없어,
31 지금 2천 년 만에 너희에게 단 한 번
의 기회를 마지막으로 주기 위해 나의
아들을 통하여 새로운 성경이요, 나의
법전을 이렇게 내려보냄이니라.
32 그러나 너희가 나의 법전을 접하고 나
의 십계명대로 사는 삶을 원하지 아니
하면, 내가 너희를 만나고자 해도 만
날 수 없으며 내가 너희를 가슴에 안
고자 해도 가슴에 안을 수 없으며, 나
를 보여 주고자 해도 보여 줄 수 없는
것이 하늘의 법도임을 명심해서 살아
가도록 그리하라.
33 너희가 나를 볼 수 있는 삶을 살았을
때 내가 너희에게 보여 줄 수 있으며,
너희가 나를 만날 수 있도록 변화된
아름다운 모습으로 살 때, 내가 내 모
습을 만날 수 있도록 해 줄 수 있는 것
이 하늘의 법도요, 하늘의 뜻임을 절
대 잊지 말라.
34 하늘의 모든 천기를 나의 아들을 통하
여 너희를 깨우치고자 이리 상세히 기
록하여 너희가 모르는 그 이치요, 뜻
까지도 가르침이니,
35 이게 바로 나의 성령을 모두 다 태워
너희를 구원하고자 지금 내가 내리는
새로운 성경이요, 나의 법전임을 잊지
말라, 사랑하는 나의 아들딸들아!

7,130 번째 하나님 말씀

2003년 8월 14일 04시 50분

1 사랑하는 나의 아들아!
2 "네, 아버님! 말씀하옵소서."
3 사랑하는 나의 아들딸 너희가 하늘에
오르며 나에게 오르고자 하는 그 삶의
길이라는 것이 무엇인 줄 알겠는가?
4 내가 이 세상의 가장 낮은 데에 있으
며 가장 기초적인 데 있으며 너희 모
두를 다 알고 있음이니라.
5 하늘의 뜻이요, 하늘에 역사하는 그
모든 것을 세상에 내려보냈으니, 너희
가 너무나 잘 아는 그와 같은 것이 하
늘에 오르는 길이니라.
6 그리고 가장 기초적인 것에서부터 시
작되는 것이며, 너희가 아는 그 모든
것을 행하고 실천하는 그것이 바로 나
에게 오르는 영광된 길이라는 것을 알
아야 할 것이니라.
7 사랑하는 나의 아들을 따르는 그 제자
들이요, 나의 법전을 읽고 깨우친 백
성 너희는 바로 하늘에 오르는 길의
축복이 무엇인 줄 알겠느냐?
8 너희가 인간 세상에 살면서 모든 백성
이 사랑하는 나의 아들의 제자 너희를
알고 지내는 그 모든 것이 축복이요,
복됨이 아니라는 생각을 그 상대방이
갖게 하는 그와 같은 삶을 살지 말라
함이니라.
9 너희를 만난 것이 영광이요, 축복이라
는 그와 같은 아름다운 마음으로 돌이
킬 수 있는 삶을 살아가야 하는 것이
너희 도리요,
10 너희를 알게 된 것이 복됨이 아니라
수치요, 너희 이름을 기억하는 것조차
불쾌한 마음을 갖게 살지 말라 하는
것이 나 여호와의 뜻이니, 너의 제자
들은 절대 그리 살아서는 아니 되는
것이니라.
11 모든 사람이 너희를 알며 내 아들을
따르는 제자들과 대화하며 더불어 의
논하며 그리고 서로 의지하고 살아가
는 것,
12 그리고 나의 아들을 따르는 제자 너희
이름을 기억하며 너희와 같이 생활하
는 것이 축복이요, 영광됨이라 그들이
깨달을 수 있고 느낄 수 있도록 삶을
살아가야 할 것이니라.
13 나의 법전을 읽고 깨우친 너희를 알고
지내는 것, 너희 이름 석 자를 기억하
는 것이 은혜요, 축복이요, 기쁨이요,
14 인간 세상에 살아가며 가장 소중한 것
을 얻은 것처럼 모두가 느낄 수 있도
록 지금서부터 변화되는 그 길을 가는
것이 나의 아들을 따르는 제자들이 가
야 할 길이라는 것을 절대 잊어서는
아니 될 것이니라.
15 또한, 그와 같이 너희가 남으로부터
인정을 받고 살아가는 삶을 사는 것이
하늘에 오르는 길이요, 나에게 오르는
그 기초가 다져진다는 것을 알아야 할
것이니라.
16 그를 지키지 못하면 너희는 하늘에 오
를 수 없음이니라.
17 나 여호와의 참진리요, 하늘에 오르는
것을 높고 넓은 곳에서 위대한 자의
가르침 속에서 무엇을 얻으려 하며 거
기서 깨달으려 하지 말라.
18 너희 자신이 춥고 더움을 너무나 잘

알듯이, 남은 네 입장이요, 네 마음을 모른다 하지 아니하였더냐?

19 그러니 바로 너희를 제일 잘 아는 자, 저 자신을 잘 아는 자가 자신을 다스려 깨우치는 것보다 더 위대한 것이 없으며 그보다도 더 위대한 스승이 없다 내가 말하였음이니라.

20 그러니 너희를 만나서 이름 석 자를 알며 너희와 손을 잡아 악수하고 대화를 하며 함께 식사를 하는 것이 영광이요, 축복이요, 은혜라 생각하며,

21 너희를 아는 것을 이 세상 것을 다 주고도 얻을 수 없는 소중한 인간관계요, 좋은 벗을 얻었다는 그 말을 듣는 것이 하늘에 오르는 길이요, 나에게 올 수 있는 영광된 길이니라.

22 너희를 보고 만나면 마음이 평온해지며, 공허한 마음을 달랠 수 있으며, 이 세상의 허전했던 그 마음에 그득히 알곡식을 채우는 것 같은 느낌을 얻을 수 있는 나의 아들딸이 되어야 할 것이며,

23 나의 아들을 따르는 제자들은 두말할 것이 없이 그와 같은 삶을 살아야 하는 것을 절대 잊지 말라.

24 그리하여 모든 백성이 그와 같이 변하고 그와 같은 아름다운 삶을 사는 모습으로 변했을 때, 그들이 곧 나의 아들딸이요, 나를 아버지라 부를 수 있으며, 천국에 오를 수 있는 백성이라는 것을 절대 잊지 말라.

25 너희는 가장 기초적이요, 가장 낮은 곳에 있음을 잊지 말라, 사랑하는 나의 아들딸들아!

26 그 모두는 세상에 다 내려와 있으며 그 모두는 너희가 다 아는 것이니라.

27 알고 있는 작은 것을 선하고 아름다운 쪽으로 생각해서 판단하고 그대로 행하고 실천하는 삶이 나에게 올 수 있는 가장 위대한 지름길이요,

28 하늘에 오르는 그 길을 보고 그 길을 향하여 달려오는 반석 위에 서 있는 모습을 너희가 보게 될 것이니 그리 알라, 사랑하는 나의 아들딸들아!

7,131 번째 하나님 말씀

2003년 8월 14일 05시 02분

1 사랑하는 나의 아들아!

2 "네, 아버님! 말씀하옵소서."

3 너희가 인간 세상에 살아가면서 더불어 살아가는 이웃이요, 형제요, 또 주변 사람을 평소에 의혹하는 마음, 의심하는 마음을 갖고 그를 바라보며, 의심하는 마음이 너희 가슴에 싹이 트기 시작하면, 그 의심하는 마음이 끝이 없이 마음속에서 무럭무럭 자라남이니라.

4 그리하여 모든 것을 다 의심하는 눈으로 보게 되며, 의심하고 경계하는 마음을 가지고 사는 것이 너희의 삶의 형태이니라.

5 그러니 너희가 남을 의심하면 의심하는 마음이 끝이 없듯이, 악한 마음을 먹기 시작하면 그 악하기가 끝이 없음이니,

6 그 악함이 너희 모두를 다 송두리째 태워 버리며 너희를 재로 만드는 그와 같은 형국이라는 것을 알겠느냐?

7 차라리 악한 마음이 너희 가슴속에 뿌

리를 잡고 서서히 잠식시켜 악한 마음
으로써 모두 다 채워졌을 때, 너희가
그저 태워져 한 줌의 재로 돌아간다면,
8 나 여호와는 오늘날 160권의 법전을
만들어 너희에게 전하지 아니하며, 나
의 아들 예수를 세상에 내려보내 그가
행했던 그 어렵고 힘든 그와 같은 삶
을 본보기로서 살아가는 백성이 되라
하지 아니하였을 것이며,
9 너희가 정녕 지키고 살 수 없다는 그
십계명을 지키고 살라, 그것만 하늘에
오르는 길이라 그리 가르치지 아니할
것이니라.
10 그러나 악한 마음으로써 태워져 재가
되는 것이 아니요, 그 악한 마음으로
사는 것은 나에게 와 심판을 받으며,
그 대가를 가지고 육에서 피부로 느끼
는 고통 그대로, 살아 있는 생생한 생
동감 있게 느끼는 고통 그대로 지옥에
서 모두 치른다는 것을 알아야 할 것
이니라.
11 그리하여 나의 가련한 백성을 그 길을
가지 아니하게 하기 위해 나의 아들을
통하여 제3의 시대의 마지막 역사를
열거늘, 어찌하여 나의 애절한 마음을
그리 모르고 이단이요, 사탄이요, 사
악한 자라 그리 말한단 말이더냐?
12 너희가 이제 알아야 할 것이니라.
13 어찌하여 너희 마음이 그리 사악하고
간교하단 말이더냐?
14 너희가 아는 백 가지 상식 중에서 아
흔아홉 개가 맞고 하나가 틀리면 그
하나를 이유를 달아 모두를 다 무시하
며,
15 너희가 아흔아홉 개가 잘못된 것은 인
정하지 아니하며 하나 잘된 것으로써
백 개가 다 잘 된 것처럼 그리 깨우치
며 그리 자만하는 것이 오늘의 종교
집단 지도자들이요,
16 그곳에서 구원을 받겠다고 재물을 바
치며 울고불고 따라가는 가련하고 불
쌍한 나의 백성의 오늘의 형국이니라.
17 그러니 너희가 악한 마음을 먹기 시작
하면 그 악한 마음이 너희를 다 잠식
하여 지옥에서 벗어나지 못하는 삶을
산다 했듯이,
18 너희가 선한 마음을 먹고 살기 시작한
다면 그 선한 마음이 끝이 없음이니라.
19 그리하여 그 선한 마음이 끝없이 우러
나는 아름다운 마음을 가지고 사는 것
이 나에게 은혜를 받음이요, 구원을
받는 길이라는 것을 잊지 말라는 것이
나 여호와의 뜻이니라.
20 나 여호와가 내려 준 이 우주 공간에
서 선한 뜻을 위하여 살다가 영원히
사는 하늘나라에 오라 하는 것이 나
여호와의 뜻이니라.
21 악하게 살지 말고 선한 마음으로 살라
는 것이니라.
22 너희가 세상사에 사는 것도 악한 자를
경계하며 선한 자와 더불어 가고자 하
는 것이 아니더냐?
23 그러니 모든 세상사를 아름다운 쪽으
로 선한 마음으로 보고 살라는 것이
나의 법전이요, 나의 아들을 통하여
너희에게 가르치는 것이거늘,
24 어찌하여 너희가 선한 마음을 갖지 아
니하고 살아도 너희 손으로 지은 교회
에 와서 빌고 재물을 바치고 용서를
빌며 하늘의 창고에 쌓아 놓으면 구원

을 받는다고 말하는가?
25 이것이 너희에게 얼마나 독소며 얼마나 무서운 말이더냐?
26 내가 너희에게 뭐라 표현하여 말하였느냐?
27 꿀 속에 독약을 발라 놓고 나의 아름다운 나비요, 벌이요, 그 모두가 가서 그를 마시고 죽게 한 것이 오늘의 종교 집단이요, 지도자라 그리 말하지 아니하였더냐?
28 그 형국에서 그를 마시고도 살 수 있다 하는 자, 그를 마시고 살 수 있겠느냐?
29 꿀 속에 붙어 있는 독소를 마신 그 나비나 벌이 살 수 있겠느냐?
30 개미나 그걸 입에 댄 자는 모두 다 죽게 되어 있음이니, 오늘의 종교 집단이요, 지도자들이 가는 곳에 너희가 발을 들여놓는 순간, 그곳에 가 '아멘, 할렐루야, 옳습니다.'하고 찬송하며 재물을 가지고 하늘에 오르는 영광된 표를 살 수 있다고 생각하며 재물을 바치며 거래하는 마음,
31 그 모두가 다 꿀 위에 바른 독소를 꿀인 줄 알고 마시는 자들이며, '마시라, 마시라' 하고 주어서 '산다, 산다' 하며 영원히 산다고 가르치는 그와 같은 형국이니, 너희가 바로 아담과 이브를 속인 사탄과 마찬가지니라.
32 사탄이 바로 꿀 속에 독소를 발라 놓고 먹게 하였으니, 그가 죽어 세상의 눈을 떴으며, 인간의 부끄러움을 알고 저 자신의 몸을 가려야 하며, 저 자신이 노력해서 얻어야 하며, 또 자식을 두기 위해 몸소 고통을 겪는 그와 같은 시련을 모두 알았던 것이 바로 무엇이더냐?
33 꿀 속에 있는 독소를 먹으라 하여 그것이 진정 위대한 꿀인 줄 알고 먹은 그와 같은 형국이니라.
34 오늘날 나의 피조물 만백성들이 독소를 발라 놓은 꿀을 먹도록 강요하는 종교 집단이요, 지도자들이 아담과 이브를 죽게 하고 부끄러움을 알게 했으며 저 자신이 인간의 형태를 포기했던, 그리고 고통 속에서 살아가게 하였던 그 사탄과 똑같은 자들이라는 것을 절대 잊지 말라, 사랑하는 나의 아들딸들아!
35 이를 명심하여 들으라.
36 모두가 다 화살이 되어 내 아들의 가슴을 쏠 자들에게 내가 적이라 알려 주는 것임이니, 그는 어찌하겠는가?
37 바로 그와 같은 형국이 오늘의 나의 아픈 마음임을 너희는 알아야 할 것이니라.
38 모든 적 앞에 이게 아군의 장수라 하여 그를 알려 줌으로써 적이 집중적으로 화살을 쏴 아군의 장수를 죽일 수 있게 하는 자가 바로 무엇이더냐?
39 그와 같은 것보다도 더 아픈 마음으로, 그와 같은 것보다도 더 저려 오는 마음으로 나의 아들에게 명하여, 너희를 사탄이요, 사악한 자식이요, 잘못된 자라 하여 내가 너희의 화를 돋우는 그와 같은 것을 나의 법전에 기록하여 너희에게 전하여 깨우치도록 그리함이니,
40 이보다 더 나의 아들을 고통스럽게 하며, 내 아들의 가슴에 화살을 쏠 수 있

도록 내가 이리 말하고 알려 주는 오
늘의 창조주 나의 아픈 마음을 너희가
알아야 할 것이니 그리 알라.
41 나의 아들에게 화살을 쏴 죽일 것을
알면서도 나의 아들 위치를 가르쳐 주
며 나의 아들에게 모두 다 노출시키도
록 하는 나 여호와의 찢어지는 이 아
픔을 안다면,
42 너의 제자들이요, 나의 법전을 읽고
깨우친 만백성 너희는 어떠한 길이 진
정한 길이며, 나 여호와의 성령인지
아닌지 시시비비하는 것을 생각할 것
도 없이,
43 나의 법전을 가슴에 안고 정독하여 하
늘에 오르는 그 길을 보고 구원을 받
도록 그리하라, 사랑하는 나의 아들딸
들아!

부 록

【하나님께서 가르쳐 주신 운동】

천재지변이 일어날 때, 동물이나 미물들은 미리 알고 대피하지만, 인간은 알지 못하고 큰 화를 당합니다. 하나님께서 인간에게 가장 높은 지혜를 주시고 완벽하게 창조해 주셨기에 동물들보다 더 잘 알 수 있지만, 욕심으로 마음이 혼탁해져서 한 치 앞을 보지 못하는 것입니다.

마찬가지로, 인간은 누구나 스스로 필요한 운동을 해서 건강을 지킬 수 있도록 하나님께서 만들어 주셨습니다. 우리의 머리에서 우리 몸에 필요한 동작을 해 달라고 끊임없이 신호를 보내지만, 인간이 혼탁하게 살아서 그 신호를 알아채지 못합니다. 그러니 자연스럽게 자기 몸이 원하는 그 신호를 따라서 운동하는 것이 하나님께서 가르쳐 주신 운동 방법입니다. 바로, 우리의 영이 육을 이끄는 운동입니다.

▶ 하나님 운동법

1. 눈을 감고, 발을 어깨너비로 벌리고 바르게 선다.
2. 몸에 힘을 풀고, 허리를 숙이면서 손과 머리를 아래로 내린다.
3. 허리를 펴고 싶을 때, 천천히 펴면서 하고 싶은 동작을 하면 운동이 시작된다. (사람마다 다르다.)
4. 멈추지 말고, 어떤 동작이든지 자기 몸의 느낌대로 계속 이어서 한다.

▶ 참고 사항

① 눈을 감은 상태로 아무 생각 하지 않고, 자기 몸의 느낌대로 움직입니다.

② 마음을 비우고, 욕심을 버리고, 지난날의 잘못을 반성하면서 몇 차례 시도하다 보면, 자기도 모르게 하고 싶은 동작이 끊임없이 생깁니다.

③ 운동 장소는 방 안이든 운동장이든 관계없으며, 걷거나 달리고 싶을 때는 눈을 떠도 됩니다.

④ 매일 40분 이상, 주 4회 이상, 3개월 이상 하면 음식 조절에 들어갑니다.
- 음식으로 생긴 병은 음식으로 치료하게 되며, 어떤 음식을 먹어야 하는지 스스로 알게 됩니다.
(자기 몸에 필요한 음식만 먹고 싶어집니다.)

⑤ 사랑하는 사람과 함께 운동하면 서로 치료해 주기도 합니다.

⑥ 운동을 하다가 몸의 어느 한 부분을 계속 손으로 자극한다면 그쪽에 이상이 있는 것이니, 의사에게 상담을 받고 적절한 치료를 받으면 됩니다.

⑦ 다이어트 및 기타 건강관리에 효과적입니다.

⑧ 꾸준히 운동하여 영이 맑아지면, 자신의 과거와 미래를 스스로 보게 됩니다.

누구나 스스로 하실 수 있습니다.

간행사

《새로운 성경》은:

· 새로운 성경은, 하나님께서 선량하고 선한 자를 선택하여 십계명을 암송하도록 하시고, 십계명을 암송한 다음에 음성으로써 들려주시는 말씀을 듣고 그대로 카세트테이프에 녹음해서 받아쓴 책입니다.

· 90분짜리 녹음테이프 700여 개에 달하는 말씀으로, 1999년 8월부터 2004년 7월까지 총 160권(권당 288쪽)을 완성하였으며, 그 이후에도 현재까지 계속 말씀을 내려 주고 계십니다.

· 새로운 성경은 "하늘을 두루마리 삼고 바닷물을 먹물 삼아 쓰고 써도 다 못 쓴다"는, 끝없이 방대한 하나님의 말씀이 두루마리로 직접 내려오는 것입니다. 이러한 새로운 성경은 구약과 신약을 폐하려는 것이 아니라 "인봉된 성서의 비유의 뜻"을 상세히 설명하여 완성하고자 하나님께서 직접 내려 주신 말씀입니다.

《새로운 성경》의 구성:

· 제 목: 2013년, 160권 모음집을 발간하면서, 본 도서의 제목을 "하나님! 말씀하옵소서"에서 《새로운 성경》 으로 명해 주셨습니다.

· 단행본: 각 권당 288쪽(신국판) 책이 160권까지 시리즈로 출판됩니다.
(모음집은 단행본을 16권씩 묶어서, 총 10부로 구성됩니다.)

《새로운 성경》의 성경적 근거:

· 신약 성경 [요한복음] 16장 13절에 "진리의 성령이 오시면 그가 너희를 모든 진리 가운데로 인도하시리니 그가 자의로 말하지 않고, 오직 듣는 것만을 말하며" 하신 말씀처럼 하나님의 음성을 들은 것만 기록하였으며,

· "장래 일을 너희에게 알리시리라" 하신 말씀과 같이 개인, 나라, 인류의 "장래"일을 하나님께서 알려 주시는 것만 기록하여 책으로 만들었습니다.

《새로운 성경》의 기록 방법:

- 1999년 8월부터 하나님께서 저에게 들려주시는 음성을 기록하였습니다. 처음에는 제가 들은 말씀을 불러 주면 저의 아내가 기록하여, 2000년 1월 29일에 1권 초판이 세상에 나왔습니다. 2000년 4월부터는 주시는 말씀을 받아 녹음기에 기록하여 시리즈로 출간하기 시작하였습니다.

- 녹음을 시작하면서 하나님의 말씀을 받는 데 가속도가 붙었고, 2001년 5월 3일에 1부(1~16권까지)를 인쇄하여 출판하였으며, 2004년 7월까지 총160권 분량의 말씀을 받아 기록하였습니다.

하나님께서 저에게 주신 것은:

- 첫째, 만백성을 상대로 내려 주시는 "기도", 둘째, 수시로 내려 주시는 "묵상", 셋째, 개인의 과거, 현재, 미래를 알려 주시는 "개인 기도", 넷째, 개인의 건강을 위해서 내려 주시는 "음식 처방", 다섯째, 하나님께서 가르쳐 주신 "운동"등이 있습니다. 이 중에 첫 번째, "기도"를 책으로 편찬하였습니다. 사람의 생사, 개인의 미래에 관한 천기는 수록하지 말라 하셨습니다.

강론 안내:

- 하나님께서는 지금도 매일 저에게 새로운 하늘의 비밀의 말씀을 내려 주고 계십니다. 수시로 내려 주시는 말씀을 정리해서 제자를 육성하라는 말씀에 따라 매주 강론을 하고 있습니다. 누구나 무료로 들으실 수 있습니다. (book160.com)

《새로운 성경》을 읽는 분들에게 드리는 선물:

- 개인 기도: 개인의 과거, 현재, 미래에 관하여 말씀을 내려 주십니다.

- 음식 처방: 사람은 음식을 먹고살다가 건강을 잃으니, 음식과 운동으로 건강을 되찾는 방법을 알려 드립니다. 단, 하나님이 계심을 믿고, 십계명을 지키겠다고 진실로 서약하는 분들께 알려드립니다.

《새로운 성경》의 은혜와 기적:

- 새로운 성경 전160권은 16권씩 묶어서 총 10부의 모음집으로 구성됩니다. 모음집 한 부를 읽고 깨우치는 자에게 하나님께서 다음과 같은 기적이 있다고 하셨습니다.

· "첫째, 그가 죽어 하늘에 갔을 때 그의 죄를 묻지 아니하며, 구원을 받는 위대한 은혜가 있으며, 둘째, 그의 소원과 소망이 이루어지고, 셋째, 죽은 자(부모, 형제, 자식, 사랑하고 은혜 입은 분)의 이름으로 구입한 책을 읽고 누군가 한 사람이 깨우칠 때, 그 죽은 자가 지옥에서 천국으로 구원을 받게 되며, 넷째, 유산, 중절 수술 등으로 태어나지 못한 아이를 위하여 구입한 책을 보고 한 명이 깨우쳤을 때, 그 아이가 사람으로 다시 한 번 태어나는 은혜를 받는다."

· "새로운 성경"을 3회 이상 정성을 다해 정독하는 자, 성서의 비밀을 알게 되고, 세상의 이치를 알게 되며, 세상을 지배하고 통제할 수 있는 지혜를 다 얻게 된다고 하셨습니다. 이 책은 만백성이 정독하고 이웃에게 전하여, 평생 가슴에 묻은 슬픔과 고통의 짐을 벗고 미래를 위한 힘찬 삶을 살아가도록 하는 책입니다.

끝으로

· 하나님께서는 흰 눈이 세상을 덮듯이 새로운 성경을 온 세상에 전하라고 하셨습니다. 《새로운 성경》을 각국어로 번역해서 온 인류에게 구원의 길을 깨우쳐 주고, 그 수익으로 가난하고 어려운 백성을 구제하여, 만백성의 영과 육을 함께 구원하는 선지자의 임무를 수행하라고 저에게 명하셨습니다.

· 하늘에서 내려 주신 말씀의 보화를 만백성에게 나누어 주는 것이 선지자의 임무라고 하셨습니다. 새로운 성경을 통해서 얻는 재물을 사용할 곳도 하나님께서 일일이 명해 주십니다. 모든 재물은 저의 자의로 쓸 수 없고, 하나님께서 명하시는 대로만 쓰여집니다.

· 어떤 명분으로든 십일조나 각종 헌금을 거두어들이지 말라 하셨으며, 국내뿐 아니라 각국에 성전과 단독 서점을 운영하며, 한국의 많은 젊은이들을 전 세계에 지도자로 내보내라고 하셨습니다.

· 우리는 세계적으로 새로운 성경을 보급하며 어려운 이들을 돕는 역사를 해 나갈 것입니다. 지금까지 비록 몇 명 안 되는 제자들과 함께 이러한 일을 역사했지만, 앞으로도 계속 하나님께서 기뻐하시는 일들을 해 나갈 것입니다. 부족한 저희에게 여러분들의 지혜와 성원을 보내 주시기를 바랍니다. 많은 분들의 참여와 도움을 간절히 기다립니다. 감사합니다.

한국어로 내려온 《새로운 성경》 단행본을 출간하며
2016년 4월 10일

발행인 **김 용 철**

한국어로 내려온

새로운 **성 경** · 7부 · 제98권

지은이 하나님 말씀
대역자 김용철

초판인쇄 1쇄 2017년 4월 3일

펴낸 곳 도서출판 하얀마음
등록번호 제 10-2107호 (2001년 2월 14일)
주소 서울시 노원구 덕릉로86길5, 2층
전화번호 02) 313-1114
팩스 02) 393-5554
전자우편 book160@hanmail.net
편집위원 조나영 김미향 이석교
제작지원 김남태 이은미 김보라 조옥순

도서상담 1600-7527
ISBN 978-89-5875-198-4 (04230)
978-89-5875-100-7 (세 트)

값 10,000원
잘못된 책은 구입하신 곳에서 바꾸어 드립니다.

※이 책은 10부로 제작되며, 각 부 16권씩 총160권으로 구성됩니다.※

1부	2부	3부	4부	5부	6부	**7부**	8부	9부	10부
1권	17권	33권	49권	65권	81권	97권	113권	129권	145권
2권	18권	34권	50권	66권	82권	98권	114권	130권	146권
3권	19권	35권	51권	67권	83권	99권	115권	131권	147권
4권	20권	36권	52권	68권	84권	100권	116권	132권	148권
5권	21권	37권	53권	69권	85권	101권	117권	133권	149권
6권	22권	38권	54권	70권	86권	102권	118권	134권	150권
7권	23권	39권	55권	71권	87권	103권	119권	135권	151권
8권	24권	40권	56권	72권	88권	104권	120권	136권	152권
9권	25권	41권	57권	73권	89권	105권	121권	137권	153권
10권	26권	42권	58권	74권	90권	106권	122권	138권	154권
11권	27권	43권	59권	75권	91권	107권	123권	139권	155권
12권	28권	44권	60권	76권	92권	108권	124권	140권	156권
13권	29권	45권	61권	77권	93권	109권	125권	141권	157권
14권	30권	46권	62권	78권	94권	110권	126권	142권	158권
15권	31권	47권	63권	79권	95권	111권	127권	143권	159권
16권	32권	48권	64권	80권	96권	112권	128권	144권	160권